はじめて経営学を学ぶ
Introduction to Management

田尾雅夫
佐々木利廣 編
若林直樹

はじめに

　経営とは何か。それに対する回答は簡単のようで難しい。百人百様の答えがありそうである。私の場合，講義を始めるに際して，とりあえずはヒト，モノ，カネ，そして情報という資源を組み合わせて，より多くの，より上質の成果を得ることであり，それを理論化するのが経営学という学問であると言い，結局どのようなものかは，講義が終わって，できれば自身で考えてほしいようなことを言うのがいつものことである。そして情報はともかく，ヒトもモノも，そして当然カネも絶対的に少ないことから，経営は難しいということになる。有り余るほどあれば経営はいらない。したがって，少ない資源をヒトの知恵で補うことになる。その知恵を出しあうことから経営は始まるということもある。知恵を出すのは，結局ヒトである。そのヒトを育てるために経営学という学問がある。

　経営学とは，現場のヒトが出しあう知恵を集約する（理論化する）学問である。現場の元気が学問を元気にする。したがって，現場がいつも優位にあるなどとは，学者の沽券にも関わることなので言いたくはないが，実際には，学問はそれを，残念ながら後追いすることが多い。本書は教科書，そして入門書である。後追いしながらも，後追いのテクニックを提供することができれば，見方や考え方，現場の知恵を集約できる手掛かりを得ることができる。そのための教科書である。

　とくにいま，経営をめぐり，経営学をめぐるこの娑婆は喧しい。うたた寝もできないほどである。超高齢社会といい，グローバル化といい，そして高度情報化といい，少ない資源をどのように活用するか，できるかがこの社会の存続に直接関わろうとしている。行政にまで経営が乗り込んできた。もしかすると，その知恵が集約できなければ，この社会が傾くこともありえないことではない。関係のない，将来も，経営に関わることなどないと考えている人でも，資源を

どのように集めるか，そして活かすかという経営学の予備的，そして初歩的な知識程度はもっておいてもよいのではないか。

　この教科書は初歩的である。初歩的に経営とは何かを概略的に掴むことを目的として書かれている。この程度のことは知っておいてほしいという基礎知識を陳列している。会社に入れば，自分で自営業を営んでも，そして，家計の倹約のためにも，初歩的な経営学の知識は必要になる。その意味では，この程度の知識に関係のない人はいないようにも思うのだが。少ない資源を活かすために，これからは，これまでにもましていっそう経営の時代になる，経営学の時代になる。

　なお，経営学という学問は広い，そして学際的である。したがって，掴みどころがないという人も多い。寓話でいえば，象に対する盲人のたとえである。長い棒のようだという人もいれば，壁のようだ，長い紐のようだという人もいる。牙を掴んで怖いという人もいる。結局わからない。広いものを広くとらえるためにも，編者の1人は心理学を出自とし，もう1人は社会学を出自としている。執筆に加わった人たちも，経営学プロパーというべき人たちは多くはない。まさしく学際というべきである。実際，図書館や書店でこの分野の書棚を見れば，1人の著者による教科書もなくはないが，それではやはり分野的な偏りがなくはない。教科書的になるほど，何人かの著者が分担執筆して共著の体裁になるのが，むしろ当然ともいうべき分野のようである。ということは，その著者たちが，それぞれ得意とする領域で，それぞれ渾身の執筆ができるかどうかが評価の分かれ目になる。

　各章は，それぞれ中堅以上の人たちに担当を願った。それぞれその分野では第一人者として活動している人たちである。その意味では贅沢な教科書ができた。入門書ではあるが，単なるイントロダクションを超えて，多少ともその分野の専門の深い匂いを嗅ぐことはできるようである。全体を通読して，さらに関心が絞れるようであれば，その著者の著した文献などに当たることをすすめたい。

　なお，出版に際してはナカニシヤ出版の酒井敏行氏にお世話になった。氏の粘り強い忍耐がなければ本書は出版できなかったかもしれない。出版が遅れたことには，著者全員を代表してお詫びをし，また，考えていたよりもはるか

に好ましいテキストに仕上がったことを感謝しなければならない。

2005年10月

著者を，そして編者を代表して

田尾雅夫

目次

はじめに　*i*

第Ⅰ部　会社って何？　経営って何？

１．経営戦略を立てる　2
 KEY WORD 1　経営戦略とは　2
 KEY WORD 2　戦略問題の認識　8
 KEY WORD 3　経営戦略案の評価・選択　13
 KEY WORD 4　経営戦略案の実施　17

２．競争優位を構築する　21
 KEY WORD 1　完全競争とその帰結　21
 KEY WORD 2　ポジショニング・スクールの戦略論　23
 KEY WORD 3　資源ベースの戦略論　29

３．ネットワークで経営する　35
 KEY WORD 1　ネットワークによる組織デザイン　35
 KEY WORD 2　ネットワーク組織　38
 KEY WORD 3　プロジェクト・チームと戦略的提携　40
 KEY WORD 4　ネットワークを用いた競争能力の構築　46

４．組織をデザインする　50
 KEY WORD 1　組織デザインとは何か　50
 KEY WORD 2　組織形態　55
 KEY WORD 3　新しい組織形態　58
 KEY WORD 4　戦略的組織デザイン　60

5．企業は文化をもっている　67
- KEY WORD 1　企業文化　67
- KEY WORD 2　文化と経営戦略　72
- KEY WORD 3　望ましい文化　73
- KEY WORD 4　文化の変革　77

6．組織の基本的な見方を学ぶ　79
- KEY WORD 1　システム　79
- KEY WORD 2　環　境　82
- KEY WORD 3　進　化　87

第Ⅱ部　ビジネスマンとして生きるってどういうこと？

7．自分のキャリアをつくる　94
- KEY WORD 1　バウンダリーレス・キャリア　94
- KEY WORD 2　組織と個人の統合　100
- KEY WORD 3　個人主導の能力開発　103

8．リーダーシップを育てる　107
- KEY WORD 1　リーダーシップの2次元　107
- KEY WORD 2　リーダーシップの測定　110
- KEY WORD 3　リーダーシップの発揮　115

9．やる気を引き出す　123
- KEY WORD 1　内容理論　123
- KEY WORD 2　フロー体験　129
- KEY WORD 3　過程理論　134

10．起業家として行動する　138
- KEY WORD 1　ベンチャー創造　138
- KEY WORD 2　起業家（アントレプルナー）の役割　141
- KEY WORD 3　誰がアントレプルナーになるのか　144
- KEY WORD 4　アントレプルナーの強みと限界　146

11．組織として学習する　151
- KEY WORD 1　シングル・ループ学習／ダブル・ループ学習　151

KEY WORD 2　ナレッジ・マネジメント　　154
　　　KEY WORD 3　学習する組織　　157
　　　KEY WORD 4　組織内地図　　160

第Ⅲ部　マネジメントの最前線ってどんなの？

12. お金を目的としない組織を経営する　　166
　　　KEY WORD 1　お金を目的としない組織　　166
　　　KEY WORD 2　非営利組織　　171
　　　KEY WORD 3　中間支援組織とパートナーシップ　　174
　　　KEY WORD 4　コミュニティ・ビジネスと地域の経営　　176

13. 新しい製品やサービスを作り出す　　182
　　　KEY WORD 1　イノベーションとその源泉　　182
　　　KEY WORD 2　イノベーションと競争　　185
　　　KEY WORD 3　製品開発プロセスの管理　　189
　　　KEY WORD 4　製品アーキテクチャと組織構造　　193

14. 企業として環境問題に取り組む　　199
　　　KEY WORD 1　持続可能性　　199
　　　KEY WORD 2　環境主義企業とグリーン・ステイクホルダー　　201
　　　KEY WORD 3　環境原則と環境マネジメント　　205

15. 企業として社会的に行動する　　212
　　　KEY WORD 1　コンプライアンスと信頼　　212
　　　KEY WORD 2　コーポレート・ガバナンス　　217
　　　KEY WORD 3　ＣＳＲ　　222

16. 女性として企業社会に生きる　　228
　　　KEY WORD 1　女性労働の台頭　　228
　　　KEY WORD 2　ダイバーシティマネジメント　　231
　　　KEY WORD 3　男女共同参画　　238

第Ⅳ部　はじめて経営学を学ぶ

17. はじめて経営学を学ぶ　　　　　　　　　　　　　　　244
　　　KEY WORD 1　「経営」の考え方や現象についてふれる　244
　　　KEY WORD 2　「経営」について深く学ぶ　251
　　　KEY WORD 3　「経営」について語る　255

おわりに　263
参考文献　265
索引　277

装丁＝鷺草デザイン事務所

第Ⅰ部 会社って何? 経営って何?

1

経営戦略を立てる

本章のポイント

1. 経営戦略とは企業のドメイン(生存領域)を決定するもっとも基本的な意思決定である。
2. 経営戦略には多角化戦略と垂直統合戦略があり、進出する新しい事業領域の魅力と、その企業がもつ独自の強みとなる経営資源との関係という観点から評価される。
3. 経営戦略を適切に実施するためには、それに適した組織構造が採用されなければならない。すなわち「組織構造は戦略に従う」。一方で、既存の組織構造が、その企業の新しい戦略展開を制約することもある。

KEY WORD 1　経営戦略とは

経営戦略の決定

　1802年、アメリカのデラウエア州に設立された小さな火薬会社は、最初の100年間は黒色火薬を製造・販売していた。この会社はその後、第1次世界大戦終戦を機に、合成樹脂、合成繊維、化成品、農作物保護、エレクトロニクス、エネルギー資源などの分野へと多角化していき、今日も世界有数の企業として成長・発展を遂げている。デュポン社である。一方で、かつてわが国最大の売上高を誇った企業が、倒産していく現実もある。200年にわたり成長・発展していく企業もあれば、一時的に大成功をおさめてもその後倒産してしまう企業もある。このちがいはどこからくるのだろうか？

企業経営の長期にわたる成長や発展には，さまざまな要因が関わっている。それらの中で，経営者が行うもっとも重要な意思決定が，経営戦略の決定なのである。現代の典型的企業は，何を生産・販売しみずからのビジネスとするのか，どのような顧客と取引をするのかを選択することができる。すなわち企業は自身が適応しようとする環境をみずから選択し，その環境の中でどのようなポジションをとるのかを決定することができる。このように企業がみずからの「ドメイン（生存領域：domain）」を選択することを「経営戦略の決定」という。

企業が長期的に成長・発展していくことができるか否かは，環境の変化を認識し，みずからのドメインを適切にシフトしていく経営戦略を決定できるか否かにかかっている。この章では，企業がどのようにして経営戦略を立案・実施していくのか考察していこう。

経営戦略の概念とレベル

経営戦略というのは，経営者が自社のビジネスは何であるのかを決める意思決定であり，経営上もっとも基本的な決定である。自社のビジネスが何であるかがわからなければ，資金がいくら必要か，どのような人材を採用すればよいのか，どのような資源を社内に獲得する必要があるのかを決めることができないからである。社会の中で自社が何をビジネスとしていくかということは，いったい誰を顧客として，どんな財・サービスを商品として販売するのか，あるいはまた，誰から何を原材料や生産要素として仕入れるのかを決めることを通じて明らかになる。このように，企業がどのようなインプットをどこから手に入れ，自社内でそのインプットをどのように加工し，どのようなアウトプットを誰に販売するかを決めることを「ドメインの決定」という。経営戦略とは，このドメインの決定を通じて，企業が何をするのか，そのためにどのような経営資源をいかにして獲得・蓄積していくのかに関する意思決定なのである。

経営戦略には，ドメインという概念を中心に，3つのレベルがある。第1は「企業戦略（Corporate Strategy）」である。企業戦略は，新しいドメインの決定と必要な諸資源の獲得・配分方針を決める意思決定である。企業戦略は，複数の事業にまたがる決定でもあるので，全社戦略といわれることもある。

第2は「事業戦略（Business Strategy）」または「競争戦略（Competitive Strategy）」である。ドメインが決まると顧客や製品が決まるので，どの企業が競争相手か

も明らかになる。与えられたドメインの中で、いかに競争優位を達成するかということに関する意思決定を、事業戦略または競争戦略という。低価格を追求し市場でリーダーシップをとるのか、高付加価値商品を開発して製品差別化を行うべきか、といった決定はこの競争戦略に含まれる。

第3は「機能戦略（Functional Strategy）」である。財務、研究・開発、生産、マーケティングなど、企業がもつそれぞれの機能ごとに、与えられた資源の範囲内で長期的な目標と方針が決められる。

この章の以下の部分では企業戦略を、次章以降では事業戦略をそれぞれ取り上げることにする。

企業戦略　企業戦略はドメインの新たな設定を意味するが、それは次の2つの意思決定を通じてデザインされる。第1は、どのような製品－市場の組み合わせを自社のビジネスの対象とするか、第2はその製品－市場分野でビジネスプロセスのうちどの部分を自社の担当とするかである。前者を「製品－市場戦略（多角化戦略）」、後者を「垂直統合（分割）戦略」という。

①**製品－市場戦略（多角化戦略）**　製品－市場戦略とは、企業がどのような顧客（市場）のニーズを満たすことでその企業のミッションとするか、そのためにどのような「財・サービス」を提供することをビジネスとするのかを決定することを通じてドメインを策定していく意思決定である。製品－市場戦略を理解するには、表1-1のような企業成長マトリックスが役立つだろう。

ニーズの軸は、おもに顧客の種類を意味し、具体的には地理的特性、国際的特性、性別、年齢別、所得層別、取引量別（大口取引か小口取引か）、注文様式別（受注生産か見込生産か）などの次元から見た、マーケティング面での新規性によって現在の顧客層か新しい顧客層かに分類される。製品の軸は具体的には、その製品の機能・性能特性や、それを実現するための製品技術的能力あるいは工程技術面での能力特性などの次元によって、現在の製品か新製品かに分類される。

このように考えると製品－市場戦略は、次の4つに分類される。第1に「市場浸透」は、現在と同じタイプの財・サービスをもって、同じタイプの顧客層により広く提供する戦略である。この場合、基本的にはドメインの変更はなく、既存の製品－市場分野における市場占有率の増大と成長を目指すことになる。

表1-1　企業成長マトリックス[1]

ニーズ＼製品	現	新
現	市場浸透	製品開発
新	市場開発	（純粋な）多角化

その意味では企業戦略と競争戦略が一致している場合でもある。

　第2に「市場開発」とは，既存の製品をもって，現在とは異なるタイプ（たとえば所得層，年齢層，地理的特性など）の顧客層・市場を開拓していくことをいう。従来国内でのみ生産・販売していた商品を外国でも生産・販売するといった国際化戦略や，法人顧客を対象としてきた営業活動を個人顧客に拡大する戦略などがこの中に含まれる。特定の顧客層にのみ依存しているよりも，異なる種類の顧客層にもビジネスを展開したほうが，より大きな市場を獲得できるとともに，特定顧客層に依存するリスクを分散できるからである。

　第3に「製品開発」とは，現在の顧客層を対象としつつも，現在の製品とは異なる新製品を開発していく戦略である。製品ラインを高級品から普及品までそろえるフルライン戦略や，技術の高度化（たとえば，カセットテープからフロッピーディスク，CD，DVDのように）を通じた新製品開発戦略などがある。展開される新製品と既存製品の間に，共通の技術や資源が使われている場合，いわゆる「範囲の経済」がはたらくからである。

　第4の「多角化」とは，新しい財・サービスの開発を通じて，これまでとは異なった顧客層を獲得することをいう。これは技術面でもマーケティング面でも既存のビジネスから飛躍する戦略であり，いわば純粋な多角化である。

　第4の純粋な多角化と，第2・第3の製品開発，市場開発をあわせて「広義の多角化」という場合がある。企業は製品開発や市場開発を通じて，多かれ少なかれ従来の事業領域とは異なった領域に進出することがあるからにほかなら

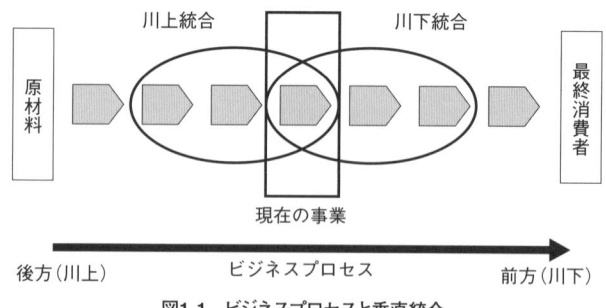

図1-1　ビジネスプロセスと垂直統合

ない。市場浸透がドメインの変更をともなわないという意味では，結局のところ企業戦略とは「多角化」の意思決定であるということもできる。

多角化の戦力行動を具体的に実現するには，当該企業みずから新製品を開発したり，あるいは生産・販売拠点を新市場に設立したりする場合と，買収・合併などを通じてすでにある外部の事業を獲得する方法がある。いずれの場合も，新しい事業を担当する組織と既存の事業を担当する組織の管理面での統合と，経営資源面での整合性が，多角化を成功させる重要なポイントとなる。

②**垂直統合（分割）戦略**　　「垂直統合（Vertical Integration）」戦略とは，ビジネスプロセスのどの段階を自社の事業とするかに関する決定である。原材料の調達や研究開発から，生産・流通機能を経て最終製品の販売に至る一連のビジネスプロセスの中で，当該企業が現在担当している以外の新しい機能領域を，企業内部に取り込み直接管理下におく戦略行動をいう。たとえば，ある製品の最終組立工程を担当している企業が，部品生産機能を担当する納入業者，研究開発機能をもつ機関を買収して内部化するような戦略は，「後方統合」（または「川上統合」）という。一方，従来取引をしていた卸問屋を買収して，販売流通チャネルを企業の内部に統合する戦略を「前方統合」（または「川下統合」）という。

ある企業がこれまで取引をしてきた流通業者を垂直統合するということは，その企業の取引相手が従来の流通業者から，さらに先の小売店や最終消費者へとシフトすることを意味する。また従来の部品業者を内部化すれば，その部品業者へ資材納入していた業者と新たな取引関係を結ぶことになる。このような垂直統合は取引相手をシフトさせるという意味で，企業組織のドメインを変化

させるとともに，企業が直接制御する経営資源の内容・量を変化させる。

　企業が垂直統合する理由はいろいろあるが，基本的には市場取引にまつわる不確実性を，内部化することを通じて削減できるからである。大量生産体制が築かれ生産規模が大きくなると，生産した製品をより確実に販売しなくては投下資本を回収できなくなってしまう。問屋や小売店といった他社に販売を任せるのではなく，自社が直接それらの機能を行うことによって，価格やブランド・イメージを管理しながら営業できるだけでなく，最終消費者のニーズ情報を直接入手し，新商品の開発に活かすこともできる。

　例をあげて説明しよう。かつて激烈な新製品開発競争が展開されたわが国の電卓産業では，最盛期50社以上の電卓メーカーが競争していた。そのうちシャープとカシオのみが半導体の設計機能を内部化していたのに対し，他のほとんどのメーカーは市販の半導体を購入して電卓を組み立てる機能のみに特化していた。初期の段階では市販の半導体を利用した企業のほうが低コストで電卓を生産することができたが，次々と高機能・小型の電卓を開発していったシャープやカシオの新製品開発競争についていくことはできず，しだいに淘汰されてしまったのである。

　部品メーカーが最終製品の製造機能を垂直統合すれば，社内で生産した部品をかならず購入してくれる顧客を確保できることを意味する。そのため安定的な部品生産ができ，品質や効率が良くなる場合もある。しかし逆に，市場での競争にさらされないために，部品の品質向上や低コスト化へのイノベーションを怠ったり，その結果，最終製品に市場から購入するよりも高い部品を使わせたりすることになり，結果として高価格の最終製品しか生産できなくなってしまう可能性もある。また，部品のみに特化している企業ならば，その部品を使う最終製品を生産している世界中の企業と取引をすることができる。しかし垂直統合は，その事業の競争相手の変化をまねく場合もある。垂直統合をし，自社内に最終製品製造機能をもってしまうと，これまで顧客であった最終製品を生産する他の企業が，この企業から部品を購入しなくなり，大きな市場を失うことにもなりかねない。その結果，部品の生産規模が自社内取引分に限られてしまい，コストが高くなってしまうかもしれない。このような場合には，その企業がより競争力を発揮でき成長できる事業領域に特化するために，ビジネス

プロセスの一部を切り離すこともある。このような戦略を,「垂直分割 (Vertical Disintegration)」戦略という。

　垂直統合によって，それまで市場を介して取引されていた経営資源は，内部組織における権威関係によって調整されることになる。たとえば，企業内の部門間部品取引では内部取引価格が採用されるが，その価格水準や部門間の資源配分は市場メカニズムによってではなく，経営計画と権威関係によって調整・決定されることになる。このように取引を調整するメカニズムが市場メカニズムから内部組織にシフトするため，垂直統合は組織デザイン問題とも密接に関係した戦略行動となる。

KEY WORD ❷ 戦略問題の認識

戦略問題の認識とは　経営者はどのように考えて，経営戦略を立てているのだろうか。現実のプロセスは非常に複雑ではあるが，経営戦略のデザイン過程は，基本的には問題の認識・定式化，代替的戦略案の評価・選択，選択された戦略の実施という3つの段階に分けて考えるとわかりやすい。

　あらゆる問題解決活動は,「問題 (problem)」の認識から始まる。ここで問題とは,「現在の状況と望ましい状況との差異」であり，この差異を縮小する一連の手段を探索・設計・選択することが，問題解決活動なのである。したがって問題を認識するには，現在の状況と望ましい状況を，比較可能なかたちで定式化する操作的能力がなければならない。現実の経営状況では「いったい何が問題なのか」を認識し「その問題をどのように定式化することができるのか」がもっとも難しい課題であり，問題を適確に定式化できればその問題解決はほとんど終わったといってもよい。「問題」は，問題が解決できるように定式化されなければならないのである。

　問題が「現在の状況と望ましい状況との差異」であるとすれば，問題が発生するのは，現在の状況が低下するか，望ましい状況が上昇するか，いずれかもしくは両方の組み合わせによってである。

既存事業の業績悪化　企業がこれまでと同じように行動していても，現在の業績が低下してしまうのは，おもに環境の変化が原因である。こうした環境の変化にはさまざまなものが含まれるが，戦略上重要な要因としては，①マクロ経済の動態，②人口動態，③社会・文化の制度的システムの変化，④技術の変化，⑤製品ライフサイクルの終焉などがあげられる。

　第1に，マクロ経済の動態として典型的な要因には，可処分所得の水準や分布の変化があげられる。所得水準が低下すれば，高価格・高機能商品に対する需要は減少し，そうした商品を扱っている企業の業績は悪化する。第2に，人口動態には，性別・年齢構成比や人口移動が含まれる。特定の年齢層に対する依存度が高い企業の業績は，顧客の加齢とともに市場を失っていく可能性がある。第3に，消費者の趣向，生活パターン，選好の変化，法的規制などの制度的システムの変化は，企業の業績に大きな影響を与える。主婦層が平日の昼間に働きに出る傾向が高くなれば，おもに日中開店し小口買回り品を扱う伝統的な商店街は衰退してしまう。航空運賃の自由化によって，かつてのナショナル・フラッグ・キャリアだったパンアメリカン航空の業績が一気に悪化してしまうといった例もある。第4に，新しい技術の登場は，従来の製品に対する代替品を生み出すことがあるので，技術革新についていけない企業の業績は悪化してしまう。このように諸要因が複雑に絡みあって，企業側は従来と同じ活動をしていても，業績が悪化してしまうことがある。こうした業績の悪化と環境変化の認識は，新しい戦略転換への重要な契機となる。

　第5の，製品ライフサイクル（Product Life Cycle）とは，製品についても生物と同じように寿命があり，導入期，成長期，成熟期，衰退期という一連の段階を経るという仮説である（図1-2）。市場規模の成長率は，導入期には緩やかに上昇し，成長期に入ると急速に高くなるが，しだいに鈍化しやがて成熟期を迎え，衰退期にはマイナスになっていく。導入期には，顧客はおもに高機能・高価格製品を求める高所得者で，需要はかならずしも大きくない。成長期に入ると中流階級にシフトして需要が急増し，一方で機能の標準化が進み普及価格をめぐる価格競争が激しくなる。成熟期になると需要は一巡して安定し，競争は価格競争よりも非価格競争の面で激しくなる。衰退期には需要が縮減し，撤退を検討する時期となる。

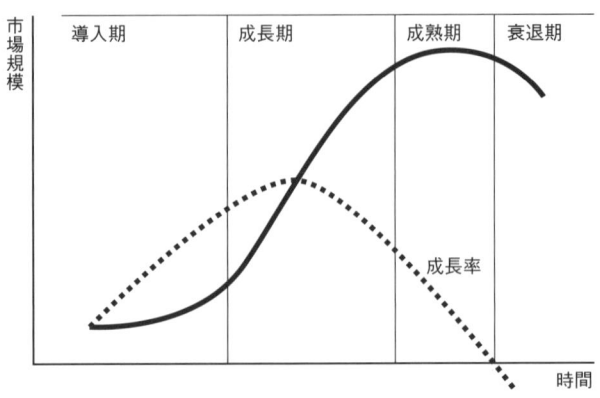

図1-2　製品ライフサイクル

　製品ライフサイクルを仮定すると，既存の製品－市場戦略を継続するだけでは，企業の業績は衰退してしまうことになる。そのため新たな成長分野への多角化を考えなくてはならないのである。

新たな事業機会の登場　企業の現在の業績が悪化しなくても，新たなビジネスの機会が発生した場合には，その新しいビジネスを実現した場合に得られるであろう利益と現状とを比較すると，その企業は機会損失をこうむっていることになる。そのため新たな事業機会の登場は，企業にとって望ましい状況の水準を引き上げる効果をもち，新しい戦略展開のきっかけを与える場合がある。新しい事業機会が生まれる要因のうち戦略的に重要なものには，①外部環境要因，②余裕資源の発生，③新たな経営資源の獲得などがある。

　第1に，先に業績悪化の原因として取り上げた外部環境の諸要因は，一方で新しい事業機会を作り出すことがある。マクロ経済が好況であれば高額商品が飛ぶように売れるようになる。昼間に都市部で就業している若い夫婦層が，伝統的な都市部商店街から郊外の住宅地へと移動すると，自動車の所有率が高くなり，自動車での移動に依存する生活が展開される。郊外型の大きな駐車場が付帯したショッピングセンターで，1週間分の生活品を購入していくライフスタイルが生まれてくる。電波関連の法改正にともなって，携帯電話市場がつくられ，新たな技術を基礎としたデジタルテレビ産業が立ち上がる。このように

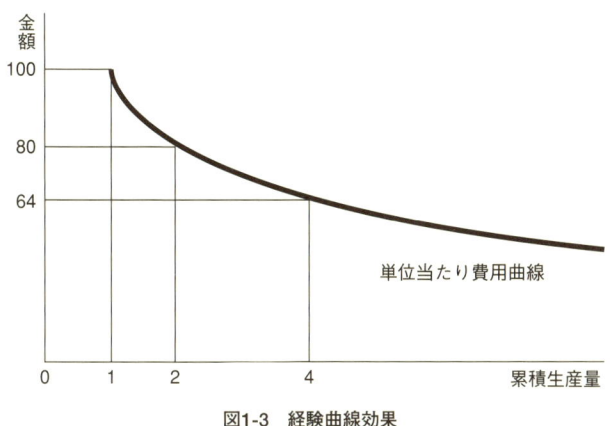

図1-3 経験曲線効果

外部環境の変化は，企業にとってより望ましい状態を上昇させる効果をもつ場合がある。

　第2に，通常企業内では，すべての経営資源が100％フルに活用されている状態が実現されることはまれであり，何らかの意味で企業は余裕資源をもっている。こうした余裕資源の存在は，もしそれを活用すれば得られたであろう利益を失っていることを意味する。こうした余裕資源が発生する理由にはいくつかあるが，経験曲線効果は1つの重要なメカニズムである。

　経験曲線効果とは，同じ商品について累積生産量が2倍になるごとに，単位当たりのコストが一定割合で低下するという関数関係を意味する。たとえばある機種の航空機の生産において80％の経験曲線を仮定すると，1機目の生産に要したコストが100であっても，2機目には80，4機目の生産では64しかコストがかからなくなる。この場合，累積生産量が2倍になると，単位当たりコストは20％ずつ削減されていく（図1-3）。このような経験曲線は多くの産業で観察されることが報告されているが，その原因には，単純な規模の経済だけでなく，従業員の習熟や工程技術の革新などがある。従業員はある作業を行うことを通じて，その作業を単純化し，プログラム化し，より早く効率的に行うことを学習する。また手作業を機械化したり，信頼性を高めるために部品や生産工程を再設計することを通じて，大幅にコストを削減することができる。

　経験曲線は，累積生産量を早く増やし，経験曲線を他社より早く下げてきた

企業のほうが，市場においてコスト優位に立てるということを示している。このことは価格が安定している段階では，より大きなマーケットシェアを早くとった企業のほうが，利益率も高いということを意味している。経験曲線効果はとくに累積生産量が少ない段階で強くはたらくので，マーケットシェアをとるためにあえて低い価格を設定し，市場浸透を優先する場合もある。

　この経験曲線効果の仮定は，操業の水準を一定とすると，企業内にはつねに余裕資源が発生する余地があることを意味する。この余裕資源は，それを有効に活用する可能性，すなわち新たな経営戦略の展開を促す内的な要因となる。

　第3に，企業は既存のビジネスを追及していく過程で，そのビジネス以外にも転用できる経営資源を学習・獲得することがある。もともと経営資源は，そこから多様なサービスを引き出すことができる可能性をもつものでもある[2]。たとえば，優れたピアノを製造する技術に木材加工技術があるが，この木材加工技術は家具やボート，スキー板などの製造にも転用できる。また，キヤノンは電卓事業では成功したわけではないが，この電卓事業を実現するために採用した電子工学系の研究者のもつ知識が，もともとキヤノンにあった精密機械工学の技術と結びつくことを通じて，全自動一眼レフカメラやレーザープリンター，ステッパーなどの開発に利用されることになったのである。このような新しい資源の獲得は，企業が想定する望ましい状況を，それらを効果的に活用した場合に得られる利益水準にまで押し上げる効果をもつため，新しい経営戦略を展開していく問題認識の重要な契機となるのである。

　ここで冒頭にあげたデュポン社の事例を検討してみよう[3]。デュポン社はもともと黒色火薬専業メーカーであり，第1次世界大戦の特需によって急速に成長した企業である。この戦争特需によって1914年から1918年の間に，デュポン社の従業員が5300人から8万5000人に，管理職数は94人から259人に，使用総資本は8350万ドルから3億900万ドルに，火薬の生産能力は840万ポンドから4億5500万ポンドになるまで成長した。このとき経営者は「戦争はかならず終わる」という認識のもとに，その際には社内に膨大な経営資源が余ることになると考えた。同時に彼らは「火薬工場は単なる物的資源ではない」と考え，「実験室，販売組織，ニトロセルローズの複雑な化学技術をもった人々，大量の従業員，巨額の資金・資材を管理する能力をもった人々を活用」する可

能性について検討した。その結果，1919年以降，火薬製品のほか，化学薬品，ペイント・ワニス，パイロキシリン，人造皮革，レーヨンなどの産業に多角化していったのである。このような余裕経営資源の多様な意味についての解釈が，デュポンの多角化戦略を導いていったのである。

KEY WORD 3　経営戦略案の評価・選択

ROI（投下資本利益率）　企業はある戦略案を評価する際に，密接に関係する次の3つの基準を重視する。第1に新しい事業分野のビジネスとしての魅力，第2にその企業が行っている既存のビジネスあるいは経営資源との関係，第3に競合する可能性のある他社との競争優位性である。ここではよく知られている評価・選択基準として，ROI，シナジー効果，PPMを紹介しておこう。

新しいビジネスを展開するということは，それに必要な経営資源を獲得し戦略を実行するための資本投下を必要とする。したがって，この投下資本に対する利益の割合＝ROI（投下資本利益率：return on investment）が高い戦略案は，ビジネスとしての魅力が高いということになる。

現実の企業では，新規事業投資を検討する際，たとえば3年めには単年度ROIがプラスになるか，また5年めで単年度ROIが10％以上でかつ累損を一掃できるか，といった戦略評価基準が用いられる。この基準は，具体的な事業の内容を問わず財務的表現によって統一的に評価できるという利点をもっている。一方で，たとえば新規事業のほうが既存事業よりも不確実性が高いので，ROIが低く見積もられる傾向が高くなり，新戦略への投資に抑制的にはたらく場合があるということ，また必要投資額や将来の期待利益の予測そのものが非常に難しく信頼性に乏しいという問題もある。

シナジー効果　新しい戦略を実施する際，あらかじめある種の経営資源をもっている企業と，それをもっていない企業との間に，大きな成果の違いが生まれることがある。このような現象は「シナジー効果」と呼ばれる。シナジー効果はしばしば「2＋2が4ではなく5にも6にもなる効果」と表現されるが，その本質は，既存の経営資源を多重に利用する

1　経営戦略を立てる

ことを通じて，その資源をもたない場合に比べて有利にビジネスを展開できることを意味している。したがってシナジー効果は，その経営資源の内容によって次のように分類することができる。

①販売シナジー：共通のブランド，販売網，販売施設，販売管理組織など，販売に関する経営資源の多重利用を通じたシナジー。

②生産シナジー：共通の生産設備や人員，共通の生産技術，共通の原材料など，生産関連資源の多重利用を通じたシナジー。

③技術シナジー：研究開発資源や技術資源の多重利用を通じたシナジー。

④投資シナジー：プラントの共同利用，原材料の共同倉庫，類似製品に対する研究開発の波及効果，共通の工具・機械などの多重利用を通じたシナジー。

⑤マネジメントシナジー：経営管理能力の多重利用を通じたシナジー。

ここで重要なことは，シナジーにはプラスにはたらくものもあればマイナスにはたらくものもあるということである。高級品の製造・販売で確立したブランド・イメージを，廉価品を拡販することで台無しにしてしまうこともある。また，たとえば単品受注生産のビジネスと見込大量生産のビジネスに必要とされる管理者の能力がまったく異なることからもわかるように，経営管理者の経験に基礎をおくマネジメントシナジーはマイナスの効果をおよぼすこともあるので注意が必要である。

基本的に企業は既存事業での強みを維持できる周辺領域，つまりシナジー効果がはたらく新規事業領域に進出することで，新しい戦略ドメインでも競争優位を維持していくことができる。しかし，シナジー効果を過度に重視しすぎると，新規性に乏しい戦略展開しかできなくなる恐れもある。

PPM PPM（プロダクト・ポートフォリオ・マネジメント：Product Portfolio Management）は，ボストンコンサルティンググループとGEが開発した戦略の評価手法である。ポートフォーリオとは「組み合わせ」のことであり，PPMは複数の事業の組み合わせを，企業の稀少資源（とくに財務資源）の配分問題という視点から評価する手法である。

事業評価の基準は，個々の事業そのものの魅力度（一般にその事業の成長率で測定する）とその事業を行った場合の自社の競争上の地位（一般に相対的マーケ

---- TOPICS ----

相乗効果

　企業がもつ事業の組み合わせの種類には，相互に一方の事業の成功が他方の事業の需要を生み出すような関係をもつものもある。たとえば，社会が電化されていく時期に発電事業と電化製品事業を組み合わせたGE（General Electric）社や日立製作所などがある。発電機が普及すれば，電力供給量が増加し，オイルや石炭と比較した電力の価格は低下するから，家庭電化製品や鉄道への代替が進む。家庭電化製品や鉄道が普及すると電力需要が増加し，発電機の需要が増加する。発電機が普及すればさらに電力供給が増大し……といった好循環が生まれるのである。しかしこうしたサイクルも電化が普及し，受注生産の発電事業と見込み生産の電化製品事業の相互関係が薄れてくると，マイナスのマネジメントシナジー効果を生むこともある。

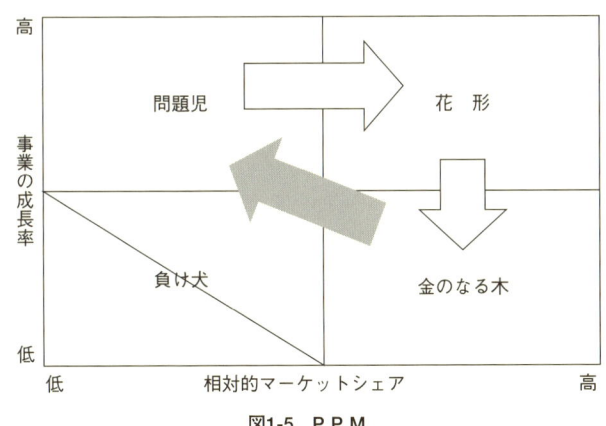

図1-5　ＰＰＭ

ットシェアで測定する）を利用する。成長率とマーケットシェアを用いると，図1-5のような事業分類が可能になる。

　それぞれのセルには名前がつけられている。「金のなる木（Cash Caw）」は事業としてはライフサイクルの成熟期に入っているために成長率は低いが，自社のシェアは高い。シェアが高いため収入は多いが，成長率が低いため追加的な投資の必要性が低い事業である。「花形（Star）」は成長率も高くシェアも高い事業である。シェアが高いから収入も多いが，成長率も高いので現在のポジションを維持するために追加的な投資も多く必要とする。「問題児（Wild Cat）」

は，成長率は高いがシェアが低い事業である。この事業は投資の必要性が大きいにもかかわらず，収入が相対的に少ない。「負け犬（Dog）」は，成長率，シェアとも低く，投資すべき事業として考えられない。

　このように考えると，企業全体としては，「問題児」「花形」「金のなる木」のそれぞれに分類される事業をバランスよくもつことが望ましいというインプリケーションが導かれる。すなわち，「金のなる木」で上げた収益を「問題児」の事業に注ぐことができるから，「問題児」に収入以上の投資を行うことでシェアの向上を目指し，いずれ「花形」に育つようにすることができる。「花形」の事業は将来の「金のなる木」になるよう，収入と投資を均衡させつつ管理すればよい。各事業をバランスよくもっていれば，複数の事業間で稀少資源である財務的資源が最適なバランスをもつように配分される。このような資源配分の観点から，新しい事業の他の事業との組み合わせの効果を評価するのがPPMなのである。

　このPPMを使用する場合には，前に述べた製品ライフサイクルが前提となっていることを知っておく必要がある。すなわち事業の成長率は初期には低い段階からしだいに高くなり，その後成長率は低下し始め，成長から衰退に向かうという仮説である。この仮説は，「問題児」「花形」「金のなる木」の順で，事業が成長・衰退することを意味している。したがってもしライフサイクル仮説が通用しない条件が生まれると，PPMは限界に直面する。

　たとえば，いったん成熟に達したと考えられた製品が，画期的な技術革新を通じて再度成長軌道に乗る「脱成熟（de-maturity）」が起こると，「金のなる木」の事業がふたたび「花形」になる場合がある。そのためには，「金のなる木」から得られた収益を「問題児」に注ぐのではなく「金のなる木」に再投資することが必要となる。このようなケースでPPMのインプリケーションに従えば，「金のなる木」を早く枯らしてしまう効果しかもたないことになる。かつて成熟に達したと考えられていた機械式腕時計が水晶振動子と半導体を利用したクォーツ式腕時計に進化したようなケースでは，既存の「金のなる木」に投資し続けたセイコーなどの企業だけが，脱成熟をリードし乗り越えることができたのである[4]。

　経営戦略論の多くの研究は，このように良い戦略案とはどのようなものかを

> **TOPICS**
>
> ### 腕時計業界における脱成熟[5]
>
> 　16世紀ドイツ南部で発明された機械式腕時計は，17世紀にはフランスで装飾品として流行し，18世紀イギリスでのヒゲゼンマイの開発を経て，19世紀以降はスイスが世界の時計生産基地となっていた。当時の標準的な時計は，日差±10〜30秒，部品点数100以上で，高度な精密機械加工技術を要し，おもに計時と装飾品としての機能をもつ高額商品であった。1966年には世界市場の47％はスイス製で，技術的にも市場面でも成熟していたと思われていた。これに対し，1969年セイコーが開発したクォーツ式腕時計を契機に，腕時計産業は新しい成長段階に突入した。従来とはまったく異なる技術（半導体，液晶，水晶振動子，電池などのエレクトロニクス技術）によって，日差±0.2秒以下という高精度の時計を，圧倒的に少ない部品点数（最小では10点以下）と低コストで実現することになった。その結果，計時・宝飾以外に，気軽に付け替え可能なファッションとして，子供のおもちゃや携帯電話などいたるところに組み込まれることになった。機械式腕時計の国内生産量は1970年頃まで約40万個で推移していたが，クォーツの登場によって1982年には300万個の腕時計が生産されるに至ったのである。セイコーはこの脱成熟化をリードしたのに対し，スイスの時計産業は大きな打撃を受けたのである。

評価する基準を研究してきている。ここで重要なことは，経営戦略は単に現時点での事業の魅力や収益性だけでは評価できないという点である。その企業がすでにもっている事業や経営資源との関係を十分に考慮するとともに，新しい事業を行うことを通じてどのような経営資源や経験が学習されるかについても検討する必要がある。前に述べたキヤノンの事例のように，その事業を通じて学習・蓄積された経営資源が，仮にその事業の収益に貢献しない場合でも，その次の事業展開にとって重要な役割を果たすことになる場合もあるからである。

KEY WORD 4　経営戦略案の実施

経営戦略の実施と組織　経営戦略を実施に移すためには，それに適した組織をつくらなければならない。チャンドラーは，それまで単一製品－市場分野でのビジネスのために，機能別部門組織を採用していた企業が，組織構造の修正なしに異なる管理能力を要求される事業に多角化した場

合には，深刻な管理問題を引き起こすことを明らかにした。そのような場合には，企業全体を事業部制のように分権化した組織構造に設計しなおさないと経営者は経営することができなくなってしまう。このような意味で，組織は戦略を実現する手段としての性格をもっているため，まさに「組織構造は戦略に従う」のである[6]。

　一方で，最近の組織理論の研究は，企業がどのような経営資源を学習できるのか，どのようなイノベーションを行うことができるのかは，その企業の組織構造や組織文化に大きく依存していることを明らかにしてきた[7]。戦略問題の認識で述べた新規事業のアイディアの創出は，組織内で経営資源について多様な解釈を促進するようなコミュニケーションが活発に行われることが重要な条件である。また仮に個人が新しいアイディアをもつことができても，それをビジネスとして実現していくためのさまざまな機能の協力や支援体制が整っていなければ，企業の戦略としては実現されることはない。戦略そのものが，組織的な問題解決の結果として創造される所産なのである。このような意味では，「戦略は組織に従う」ことになる。

　現実の企業の成長と発展は，組織と戦略のダイナミックな相互関係の中で形作られていくものである。ある時点での企業の業績は，その企業がもつ経営資源をどれだけ有効に活用しているかに依存している。経営資源からどのようなサービスを引き出すことができるのか，それらを有効に管理できるかどうかは，その企業の組織がどうなっているかに依存している。こうして活用されている経営資源から余裕の資源が生まれたり，新しい資源が学習されたりすると，企業は新たな戦略展開をすることができる。新しい経営戦略を実施するにはまた新たな経営資源を獲得する必要があるし，そうして得た経営資源を効果的に活用するためには組織の再設計が必要になるかもしれない。このように戦略と組織は，時間の流れの中でダイナミックな相互関係をもっているのである[8]。

経営戦略の意義

　最後に経営者が経営戦略を明確に立てることの意義について指摘しておこう。

　第1に経営戦略は，企業成長の可能性を決定する意思決定である。どのようなドメインにある企業も，現在のままの状態を維持していくだけでは十分ではない。もしその産業で利潤を上げる機会があれば，他の企業が新規参入してき

て産業全体の利益率を落としてしまうかもしれない。技術革新が進むことによって，あるいは顧客のニーズが変化することで，その産業そのものが衰退してしまうかもしれない。こうした変化の時代にあって，企業が成長するためにはたえず現在のドメインを見なおし，再定義していくような経営行動が要求されているのである。

　第2に経営戦略は，企業組織のメンバーに共通目的を提供する。バーナードの指摘にもあるように[9]，経営者の役割は，「共通目的」「協働意欲」「コミュニケーション」を確保して組織を維持することである。とくに多様な能力や異なる関心をもつ人々が共に働いて効果を発揮するためには，明確な共通目的を共有する必要がある。今日のように，1つの企業が複数の多角化したビジネスを手がけている場合には，なおさら企業全体のアイデンティティーを確保するための共通目的が重要になる。経営戦略は，こうした具体的な共通目標を与える基本的な意思決定なのである。

　第3に明確な経営戦略の策定は，従業員の活性化に貢献する。従業員の活性化はしばしば人事・労務管理問題として取り上げられるが，そのように限定的に考えることは適切ではない。いくら高い賃金をもらっても，毎日平凡な仕事の繰り返しでは，活力は失われていく。従業員が活き活きと働くのは，新しいチャレンジングな仕事が与えられる場合や，昇進して部下をもつようになる見通しがもてる場合などである。つまり企業が新しいドメインで新たな事業を展開し，新規の従業員を採用し，市場で成功をおさめることによって成長することこそが，従業員を活性化させる唯一の方法なのである。従業員が活性化するから，さらなる成長も追求されていくのである。企業の成長を企画し，従業員が活性化するような仕事を生み出すことこそ，経営者が決定する経営戦略の重要な意義なのである。

　第4に経営戦略は，新しい戦略問題の認識への指針を提供する。すでに述べたように，経営戦略をつくる際のもっとも重要なポイントは，戦略問題を適切に認識・定式化できるかという点に求められる。問題の認識は，何らかの意味での基準と現実とのギャップとして行われる。明確な経営戦略をもっているということは，現在展開しているビジネスについて明確な論理をもっていることを意味しているから，現在の経営戦略は次世代の戦略問題認識の基準となるの

である。つまり明確な経営戦略をもっている企業は，次もまた明確な経営戦略を立案することができる可能性が高く，そうでない会社は次もまた失敗する可能性が高いということになる。このような意味で，経営戦略の決定は，企業成長の駆動力（driving force）としての機能をもっているのである。

　以上のような意味で，企業経営者の行う意思決定のうちもっとも重要で，けっして他者に委譲できない意思決定がこの経営戦略の決定なのである。

■■■　ブックガイド　■■■

　　A・D・チャンドラー Jr.『組織は戦略に従う』（有賀裕子訳）ダイヤモンド社，2004年。　米国の事業部制組織成立史を解明しつつ，ダイナミックな環境の中で展開される経営者の本質的職務としての経営戦略の決定ならびに組織構造のデザインの関係を，理論的にも実践的にも十分リアルに描き出した古典的名著。「構造は戦略に従う」という命題を主張した。『経営戦略と組織（Strategy and Structure）』（実業の日本社刊）の新訳版。
　　P・F・ドラッカー『新訳 現代の経営』〈上〉〈下〉（上田惇生訳）ダイヤモンド社，1996年。　経営学の初学者が企業経営のイメージをもつために格好の書であるとともに，わが国の経営者にもっとも広く読まれてきた名著である。企業を経営するとはどういうことか，フォード物語など具体的な事例を通じて分かりやすく書かれている。
　　伊丹敬之『経営戦略の論理』　日本経済新聞社，2005年。　企業を一方で「経営資源」の集合体として，他方で経営者によって管理される組織体として考えるペンローズの理論を基礎に，企業成長と経営戦略のダイナミックな展開を解明した名著であり，実務的にも役に立つ。「見えざる資産」や「ダイナミックシナジー」などのキーコンセプトは海外の戦略論にも大きな影響を与えている。

■■■　注　■■■

　1) Ansoff（1965）より作成。
　2) 伊丹（2005）を参照。
　3) Chandler（1962）を参照。
　4) 新宅（1994）を参照。
　5) 新宅（1994）を参照。
　6) Chandler（1962）を参照。
　7) 桑田・田尾（1998）を参照。
　8) Penrose（1959）を参照。
　9) Barnard（1938）を参照。

2

競争優位を構築する

本章のポイント

1. 完全競争が行われると、企業の利潤はゼロになる。したがって企業が利潤を上げるためには、何らかのかたちで競争が制限されなければならない。競争戦略論とは、市場での競争がなぜ、どのように制限されるのかを説明する論理の体系である。
2. ポジショニング・スクールの戦略論では、すべての企業を同質的な存在と仮定し、競争を制限する要因を企業の外部にある産業の構造に求める。
3. 資源ベースの戦略論では、個々の企業を異質な存在と仮定し、競争を制限する要因を企業がその内部に保有する資源の違いに求める。

KEY WORD 1　完全競争とその帰結

競争戦略論とは　なぜ企業は利潤を上げることができるのであろうか。経済学では、その理由を何らかのかたちで競争が制限されるからであると説明する。もし市場で完全な競争が行われれば、企業の利潤はゼロになる[1]。つまり企業が儲けるためには、競争が制限される必要がある。

それでは市場での競争を制限する要因とは何であろうか。またなぜ、どのようにしてそれらの要因が競争を制限するのであろうか。これらの疑問に答えるための論理の体系が競争戦略論である。

本章では、競争戦略論を理解する前提として、まず完全競争の概念を取り上げる。そのうえで、現在の競争戦略論の主流をなす2つの学派である、ポジシ

ョニング・スクールの戦略論と資源ベースの戦略論を概観する。前者は企業の外部に存在する要因に注目し，後者は企業の内部に存在する要因に注目するというちがいはあるが，両者の目的はともに市場で競争が制限される論理を説明することにある。すなわち競争戦略論とは，いかにして競争が回避されるのかを説明する理論なのである。

完全競争　完全競争とは，次の4つの条件を満たす市場で行われる競争であり，そのような市場を完全市場と呼ぶ。

①売り手と買い手の企業数がきわめて多く，また個々の企業が取引をする量が十分に小さいため，企業は市場で決まった価格を所与として受け取り，自分で製品の価格を決めることができない。

②取引される製品・サービスは完全に同質である。つまり，製品差別化の余地は一切残されていない。

③市場の参加者には，製品の価格，品質，あるいは製品を製造・販売するための技術・知識等についての完全な情報が与えられている。

④法的，物理的，心理的な参入，退出障壁が存在せず，誰もがいつでも事業を始めることができ，またやめることもできる。

完全競争の帰結　もちろん現実の世界に完全な市場など存在しない。しかし私たちは，思考実験によって完全市場で競争が行われた場合，どのような結果がもたらされるのかということを知ることはできる。いま，A社が原価100円の製品を200円で売り，100円の利益を得ているとしよう。完全市場では，誰もが同じ技術や知識を使い，まったく同じ製品を作ることができ，また自由に参入することもできるから，このような場合，同じ製品を100円で作り，190円で売り，顧客を奪おうとする企業（B社）が現れるであろう。次に180円で売るC社が現れ（あるいはA社が製品の価格を180円に下げるかもしれない），170円で売るD社が現れ，160円で売るE社が現れるというように，完全市場では市場に利益機会があるかぎり（製品の価格が100円になるまで），新規参入が続き，企業の利潤はゼロになる[2]。

この思考実験の帰結が示唆するところは，企業が利潤を上げるためには，競争を制限する何らかの要因が必要であるということである。

KEY WORD 2　ポジショニング・スクールの戦略論

5つの力の分析　ポジショニング・スクール（学派）の戦略論では，競争を制限し，利益をもたらす要因を企業の外部に存在する産業の構造に求める。この学派の創始者であるハーバード大学のマイケル・ポーターによれば，産業の構造は競争状態に影響を与える5つの力（five forces）を分析することによって理解することができる[3]。5つの力とは，「既存企業間の対抗度」「新規参入の脅威」「代替品の脅威」「供給業者（売り手）の交渉力」「顧客（買い手）の交渉力」である（図2-1）。これら5つの力が弱ければ弱いほど，その産業における競争は制限され，中にいる企業の収益可能性が高まる，つまり企業は儲かるようになるというのがポジショニング・スクールの戦略論の基本ロジックである。それでは5つの力それぞれについて以下詳しく見ていくことにしよう。

既存企業間の対抗度　製品やサービスをめぐって企業は産業内の競合企業と競争している。既存企業間の対抗度とは，その産業に存在するライバル企業同士がどれだけ激しく競いあっているのかを表す指標である。これは，松下とソニーとシャープ，あるいはトヨタと日産とホンダの間で繰り広げられているような競争である。競争という言葉を聞いて，多くの人が最初に思い浮かべるのも，これであろう。競合企業の間での競争が激しくなれば，企業は他の企業との競争に勝ち，顧客にみずからの製品・サービスを選んでもらうために，価格を引き下げたり，宣伝や販売促進の費用を増やすということをせざるをえなくなる。そうなると「利益＝価格－費用」であるから，価格が下がった分だけ，あるいは費用が増えた分だけ，企業の利益は失われてしまう。このように既存企業間の競争が激しさを増せば増すほど，それらの企業の利益が失われる可能性は高くなるのである。

それでは産業内の企業の競争の度合いは，どのような要因によって影響を受けるのであろうか。まず考慮しなくてはならないのが産業内の企業数，および企業間の規模の格差である。一般に企業の数が多いほど，また企業間の規模の格差が小さいほど，競争は激しくなる。企業の数が増えれば，競争が激しくなるということは，完全競争の議論からも容易に理解できるであろう。しかし産

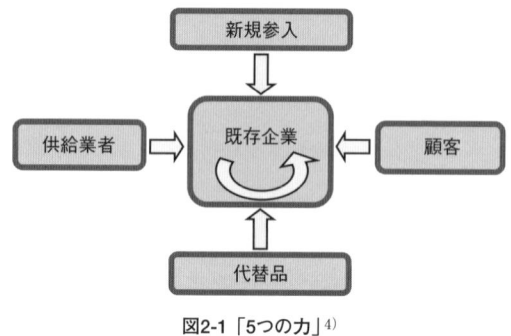

図2-1 「5つの力」[4]

業内の企業の規模格差が小さくなるほど競争が激しくなるということについては，少し説明を要するかもしれない。たとえば企業数は同じであるが，企業間の規模格差が異なるAとBという2つの産業について考えてみよう。A産業には，a社，b社，c社，d社という4つの企業が存在し，それぞれの市場シェアは70％，15％，10％，5％である。B産業には，e社，f社，g社，h社というやはり4つの企業が存在するが，すべての企業の市場シェアは25％と等しい。競争が激しいのは，A，Bどちらの産業であろうか。このような場合，一般的に，競争は企業間の規模格差が小さいB産業において激しくなると考えられる。なぜなら企業間の規模格差が小さいということは，通常，企業間の力の差が小さいことを意味し，そのような状況で競争が行われた場合には，どの企業にも平等に勝者になるチャンスがあるから，各企業に競争を行うインセンティブがはたらきやすくなる。一方，A産業のように圧倒的に巨大な力をもった企業が存在する場合，そのような企業に競争を仕掛けても勝てる確率はきわめて低いから，他の企業はあえて競争を挑もうとはしないであろう。そのため，企業間の規模格差が大きい産業では，競争は抑制される傾向をもつ。

　企業間の対抗度に影響を与える第2の要因は，産業の成長率である。一般に成長率が低い産業ほど，企業間の競争は激しくなる。成長率が高い産業では，理論上はすべての企業が売り上げを伸ばすことも可能である。しかしたとえば成長率がゼロの産業においては，企業間の競争は決まったパイをめぐって争われるゼロサムゲームとなり，ある企業が売り上げを伸ばそうとすれば，かならず他の企業の売り上げを奪わなくてはならない。このような場合，奪われるほ

うも必死で反撃をしてくることが予想されるから，必然的に競争は激しくなる。

第3の要因は，固定費と在庫費用の高さである。これらの費用が高い産業においては，需要を上回る過剰な供給が生まれやすくなり，企業間の競争が激化しやすい。固定費が高いということは，生産量を増やしても，追加の費用がそれほど増えないことを意味するから，企業に生産量を増加させようとするインセンティブがはたらき，供給が過剰になりやすい。たとえば航空会社が旅客機を運行する場合，燃料費，機体の減価償却費，乗務員の人件費，発着料など，そのコストのほとんどを固定費がしめる。したがって定員内であれば，乗客が1人増えても，それによって増加するコストは，機内食やアメニティグッズなどにかかる数千円程度にすぎない。そのため，航空業界では，可能なかぎり座席を埋めたいというインセンティブがはたらくことになり，季節によっては，成田・ロサンゼルス往復3万円などという格安チケットが出現するのである。

また在庫費用が高い産業では，高い在庫費用を嫌って，企業に在庫を放出しようとするインセンティブがはたらくから，供給が過剰になりやすい。アパレル産業を例に，この辺りの事情を説明してみよう。アパレル産業では，季節ごとに商品が異なる。そのため，あるシーズンの商品が売れ残った場合，次にそれを売るための機会は翌年までやってこないから，その商品を企業は在庫として長期間抱え込むことになる。そのうえ，アパレルは流行の変化が速い産業でもあるから，時間の経過とともにすぐに商品は流行遅れとなり，大きく価値を減らす。これらの理由から，アパレル産業の在庫費用はきわめて高くなる。それゆえ，この産業の多くの企業は，シーズン後半には，在庫を減らそうとして，バーゲンという名の激しい価格競争を行わざるをえなくなるのである。

第4の要因は，製品差別化の難しさである。製品の差別化が困難な状況では，競争の手段はおもに価格とサービスとなる。価格競争により，製品の価格が下がれば，それはそのまま利益の低下を意味するし，またサービス競争により，新たなサービスが追加されれば，そこには多くの場合，追加のコストが発生するから，やはり利益を圧迫する結果をまねくことになる。

新規参入の脅威　製品・サービスをめぐる競争は，産業内の企業の間だけで行われているわけではない。企業は製品・サービスをめぐって，同業者間での顕在的な競争に加えて，2つの潜在的な競争を行

っている。第1に産業への新規参入を虎視眈々と狙う産業外の企業との競争であり、その激しさの程度を示す指標が新規参入の脅威である。ある産業の企業が高い利益を上げていれば、新たにその産業に参入しようとする企業が出現するであろう。たとえばソニーやカシオによって創造されたデジタルカメラ産業には、利益の分け前にあずかろうと松下やキヤノンをはじめとした多くの企業が次々に参入していった。新たな企業の参入を許せば、その結果、その産業の企業の数は増す。そうなれば、既存企業間の対抗度が高くなり、企業の利益は失われる。また他に新規参入を押しとどめる有効な手段が存在しない状況では、既存企業は新規参入を阻止するために新たに参入しようとする企業がもはや魅力を感じなくなる点まで製品の価格を下げるかもしれない。そのため新規参入の脅威が高くなればなるほど、実際に参入が行われなかったとしても、その産業の利益が失われる可能性は高くなる。

　産業への新規参入を拒む要因を参入障壁といい、参入障壁が高ければ高いほど、新規参入の脅威は低くなり、その産業の収益可能性は増す。おもな参入障壁としては、規模の経済性、流通チャネルの確保、巨大な初期投資、政府の規制などが存在するが、ここでは前2者について具体的に説明しよう。

　規模の経済性とは、生産規模が増加するにしたがい、製品1個当たりのコストが低減していく現象を指し、規模の経済性が大きくはたらく産業ほど、新規参入は困難になる。たとえば自動車を生産する場合、月産数万台の企業であれば、数百億円する自動化された生産設備を導入し、1台当たりのコストを下げ、製品の価格を一般の消費者が買える額にまで下げることができる。しかし月産数台の企業が同様のことをすれば、1台当たりのコストは莫大な額になるし、またそのような設備を導入せずに、多くのプロセスを人の手によって行ったとしても、やはり1台当たりのコストを一般の人々が購入可能な範囲に収めることは不可能であろう。このように規模の経済性が大きくはたらく産業では、生産量が最小最適規模に達しない企業は、仮に参入したとしても生存できる見込みはきわめて低いから、新規参入は抑制される。それに対して、たとえば弁当製造の場合であれば、合理化された生産設備を使用し、1日に何万個も生産するコンビニのベンダーでも、手作りで、1日に100個しか生産しない「町の弁当屋さん」でも、1個当たりの生産コストの差はそれほど大きくはなく、いず

れの場合も製品の価格を顧客が購入可能な範囲に収めることが可能である。そのため，このような産業では新規参入が行われやすい。

　既存企業によって流通チャネルがすでに確保されており，それを新たに参入する企業が簡単に利用できない場合にも，その産業への新規参入は困難になる。たとえばビール産業には，特約店制度という取引制度が存在し，特約店と呼ばれる一次卸問屋は特定のビール会社の商品以外は扱わない。そのため，この産業に参入しようとすれば，企業は自前で流通チャネルを構築しなくてはならない。これが長らくビール産業に新規参入が行われなかった最大の理由である。

代替品の脅威

企業が行う第2の潜在的な競争が，代替的な製品・サービスとの競争である。顧客の特定のニーズを満たす方法は，必ずしも1つであるとはかぎらない。そのため多くの製品には代替品が存在する。代替品とは，類似したニーズを異なったかたちで満たすものである。たとえば風邪を治すためには，病院で医師の治療を受けるという方法もあるし，市販の風邪薬を買うという方法もある。またそもそも風邪にかからないように，普段から健康な体をつくるという方法もあるかもしれない。そのため診療報酬が高くなりすぎれば，病院に行くのをやめて市販の薬を買う人や予防のために体を鍛える人が増えるであろうから，代替品が存在することによって，診療報酬には一定の制限が課されることになる。この意味において，病院は同業者とだけではなく，ドラッグストアやスポーツジムとも潜在的な競争をしているということができる。したがって有力な代替品が存在すればするほど，つまり代替品の脅威が高まれば高まるほど，その産業に存在する企業の利益は損なわれるのである。

供給業者の交渉力・顧客の交渉力

顕在的，潜在的な製品・サービスをめぐる競争と同時に，企業は利益をめぐる競争も行っている。利益をめぐる競争とは，当該企業と，原材料などの供給業者（売り手）や製品の顧客（買い手）との間で，利益の取り分をめぐって行われる競争である。同業者との競争に勝ち，市場で大きなシェアを獲得したとしても，それだけで企業に利益が保証されるわけではない。原材料の仕入れ価格が大幅に上昇すれば，企業は製品を売れば売るほど赤字になるという事態に追い込まれるかもしれないし，製品の価格が一定以下に下がった場合にも同様のことが起こる。そのため，企

業が利益を確保するためには，供給業者や顧客との間で行われる競争にも勝たなければならない。供給業者の交渉力が高くなればなるほど，買い手産業の企業の収益可能性は低下し，また顧客の交渉力が高くなればなるほど，売り手産業の企業の収益可能性は低下する。

供給業者の交渉力は，買い手に供給業者を選ぶ余地が少なければ少ないほど高くなる。供給業者の数がきわめて少なければ，あるいは供給業者の製品差別化の程度が高ければ，買い手は簡単に供給業者を変えることができないため，供給業者の要求が通りやすくなる。たとえばパソコン産業の場合，OSの供給はマイクロソフト，CPUの供給はインテルによって実質的に独占されているため，これらの供給業者の交渉力はきわめて強い。

顧客の交渉力は，供給業者の交渉力の逆を考えればよい。ふたたびパソコン産業を例に説明しよう。この産業には，NEC，富士通，IBM，松下，ソニーをはじめとする大企業から無名の中小企業やパソコンを組み立て販売する個人まで，文字通り無数の売り手が存在している。またほとんどの企業がマイクロソフトのOSとインテルのCPUを使っているため，製品差別化の程度も低い。このような状況では，顧客はどこから製品を買っても大差がないから，売り手を選ぶ余地が増し，その交渉力は強くなる。

ポジショニング・スクールの分析の限界 これまで見てきたように，ポーターの「5つの力」は，産業の収益可能性を簡単に分析することを可能にした優れたツールである。また競争優位の源泉が企業の内部ではなく，外部（産業）に存在するという私たちの素朴な直感に反する主張は，戦略論におけるコペルニクス的転回ということもできるかもしれない。しかし，その一方で5つの力の分析には，克服することができない限界も存在している。それは，同一産業内においても企業間に収益格差が存在する，つまり儲かっている企業と儲かっていない企業が存在するという現象を説明できないことである。自動車産業を例に説明しよう。この産業では，企業間の対抗度はそれほど強くはなく，新規参入の脅威も低く，代替品の脅威もほとんど存在しない。また供給業者の交渉力，顧客の交渉力もともに弱い。したがって5つの力の分析によれば，そこそこ儲かる産業ということができるであろう。しかし自動車産業の中には，莫大な利益を稼ぎだすトヨタから巨額の赤字を抱える三菱までさまざまな利益水準

> **TOPICS**
>
> **戦略グループと移動障壁**
>
> 　5つの力の分析の限界を克服するために，ポーターが提出した概念が「戦略グループ」である。戦略グループとは，同一産業において類似した戦略を採用する企業群である。各戦略グループの間には，産業レベルでの参入障壁に相当する移動障壁が存在し，企業は利益率の低いグループから高いグループへと簡単に移ることはできない。
>
> 　ポーターは，これらの概念を使い，同一産業内の企業に収益格差が存在するのは，戦略グループごとに競争の激しさ（5つの力の程度）が異なるからであると説明し，5つの力の分析の限界を克服しようとした。たとえば自動車産業には，製品ラインの幅のちがいによって，フルライン戦略をとるトヨタ・日産・ホンダ，セミフルライン戦略をとる三菱・マツダ・富士重工，軽特化戦略をとるスズキ・ダイハツなどの戦略グループが存在する。したがって本文でもふれたトヨタと三菱の利益率のちがいは，戦略グループ間での収益格差として説明することができることになる。
>
> 　しかし1990年代のトヨタと日産のように，同一の戦略グループに属する企業にも収益格差が存在することがある。そのため戦略グループの概念の導入によっても，ポジショニング・スクールの限界が完全に克服されるわけではない。

の企業が存在しており，5つの力の分析結果と現実の状況は矛盾する。

　5つの力の分析に，このような限界が存在するのは，ポジショニング・スクールの戦略論では，伝統的な経済学の主張にのっとり，産業内のすべての企業が同質の存在として仮定されているために，企業間に実際には存在するちがいが無視され，それぞれの企業内部の分析が一切行われないからである。

KEY WORD 3　資源ベースの戦略論

製品レベルの競争と資源レベルの競争　　資源ベースの戦略論では，ポジショニング・スクールの戦略論では分析されることがなかった企業の内部に注目する。資源ベースの戦略論においても，ポジショニング・スクールの戦略論においても，企業が超過利潤を上げるためには，競争を制限する何らかの障壁が必要であるという認識は共有されている。しかしポジショニング・スクールの戦略論では，競争を制限する障壁を企業の外部に求めるのに対し，資源ベ

ースの戦略論では，それを企業がその内部に保有する資源や能力に求める。

ポジショニング・スクールの戦略論が主張するように，企業はたしかに顧客をめぐり，製品・サービスの競争をしている。自動車産業でも，家電産業でも，鉄鋼産業でも，日々，激しい製品レベルの競争が行われている。そしてそれらの競争に勝利するのは，ライバル企業よりも優れた製品を提供することができた企業である。

それでは，なぜそれらの企業は競合企業よりも優れた製品を作り出すことができたのであろうか。資源ベースの戦略論では，特定の企業だけが高品質，あるいは低コストの製品を作ることができるのは，その企業が他の企業にはない資源・能力，つまり企業特殊的資源をもっているからであると説明する。企業は，企業特殊的資源を使うことによって，競合企業には作ることのできない優れた製品を産み出すことが可能となるのである。この意味において，企業は製品・サービスレベルの競争の前に，まず資源レベルの競争を行っているということができる[5]。そして製品レベルでの競争の帰趨は，すでに資源レベルの競争によって決定しているのである。この議論から明らかなように，資源ベースの戦略論では，個々の企業を，それぞれ保有する資源が異なる異質な存在として仮定している。

これまで繰り返し述べてきたように，企業が超過利潤を得るためには，何らかのかたちで競争が制限される必要がある。資源ベースの戦略論では，それを企業間に存在する資源構成のちがいに求める。当然のことではあるが，製品を作るために必要な資源をもたない企業は，製品を作ることができない。企業は製品を作ることができなければ，製品レベルの競争には参加したくてもすることができないから，市場に参入する企業の数に一定の制限が課されることになり，競争が緩和されるのである。たとえば既存の自動車メーカーが燃料電池車を開発しようとすれば，ガソリン自動車を作るための技術やノウハウといったすでに保有している資源だけでは不十分であろう。既存の資源に加え，少なくとも燃料電池についての技術やノウハウという新しい資源が必要であり，それらをもたない企業は市場に参入することはできない。

しかし企業間の資源構成のちがいが簡単に失われてしまうのであれば，つまり当初は製品を作るために必要な資源を保有していなかった企業がそれらの資

源を簡単に獲得できるとしたら，どうなるであろうか。その場合には，それらの企業は新たに獲得した資源を使ってすぐに同様の製品を作り，市場に参入することができるから，競争は激しさを増し，既存企業の超過利潤は失われていく。したがって企業の競争優位が持続するためには，企業間において資源構成の異質性が維持されなければならない。

　企業間で資源の異質性が維持されるのは，取引困難な資源と模倣困難な資源が存在するためである。企業が新たに資源を獲得しようとすれば，その方法は市場で購入するか，みずから構築するかの2つしかない。そのため，この2つの方法が使えなければ，企業はその資源を獲得できないことになる。資源を市場で購入するためには，その資源が取引可能であることが前提となる。また他の企業が保有するのと同様の資源をみずから構築しようとすれば，その手段は模倣である。したがって，資源が取引困難，模倣困難という2つの性質を同時に備えているとき，資源をもたない企業が新たにその資源を獲得することが困難になるため，企業間での資源の異質性は維持され，競争優位が持続するのである[6]。

取引困難な資源　すべての資源が市場で簡単に取引できるわけではない。市場で取引することが困難な資源の代表が情報的経営資源である。情報的経営資源が取引困難になるのは，おもに情報取引に内在するパラドックスによる。モノの売買であれば，多くの場合，買い手は取引が成立する前に，商品を手にとって確かめてみることができる。たとえば服を買う場合には，買い手は試着をし，サイズやデザインを確認したうえで購入を決めることも可能である。試着が購入に結びつかなかった場合には，商品は売り手へと戻され，売り手が損をすることはないからである。しかし情報の取引では，通常，「試着」のような行為は厳しく制限される。モノとは異なり，情報の場合には，いったん相手に渡してしまえば，少なくともその一部は記憶というかたちで相手の頭の中に残り，取引が成立しなかったからといって，売り手はそれを取り戻すことができないからである。買い手は，「試着」だけで必要な情報を手に入れ，もはやその後の取引に応ずる必要を感じなくなるかもしれない。そのため，売り手は商品内容の開示に慎重になる。しかしこれは，誠実な情報の買い手にとっては，不便きわまりないことである。買い手は，商品のほんの

> **TOPICS**
>
> ### 見えざる資産
>
> 　伊丹敬之は，顧客の信用，ブランド，技術力，生産のノウハウ，組織文化，従業員のモラルなどの情報的経営資源を「見えざる資産」と呼んで，その戦略的重要性を強調した[7]。
> 　見えざる資産をもつことによって，企業は他の企業よりもうまく事業活動を行うことができるようになる。また見えざる資産の蓄積には長い時間が必要であるため，競合企業は簡単に模倣することができない。さらに見えざる資産は，情報という性質上，多重利用が可能である。そのため，他の資源と比べて，もつ者ともたざる者との間により大きな差を作り出す。

一部を見ただけで購入するかどうかを決めなければならず，取引が成立した後で，商品が期待通りではなかったと気づいても，もはや後の祭りである。そのため買い手は，売り手がある程度商品の内容を開示しないかぎり，取引に応じようとはしないであろう。これが情報取引のパラドックスであり，そのために情報の取引は困難になるのである。

　また情報的経営資源の中には，信用や評判など，その性質上，取引に適さない資源も存在する[8]。それらの資源は，保有する企業と不可分の関係にあるからである。そもそも信用を取引しようとしても，売り手も買い手も何を売り買いすればいいのかわからないであろう。そのため，企業や事業を丸ごと買ってしまうような場合を除いては，これらの資源は取引が不可能である。

模倣困難な資源　企業は，資源が取引困難であり，市場で購入することができなければ，模倣によりみずから構築しようとするであろう。したがって，企業の異質性が保持され，競争優位が維持されるためには，資源が取引困難であることに加え，模倣困難であることが必要である。

　資源ベースの戦略論では，隔離メカニズムの概念によって，競合企業からの資源の模倣が妨げられる仕組みを説明する[9]。隔離メカニズムとは，企業に内在する，資源を模倣から守る障壁であり，産業レベルの参入障壁や戦略グループレベルの移動障壁に対応する概念である。

　資源の模倣を困難にするおもな隔離メカニズムは，因果関係の曖昧性と知識の暗黙性である[10]。因果関係の曖昧性とは，原因と結果の関係を明確に把握

できないということである。たとえばソニーは製品の小型化が得意であり，その製品を見れば，ソニーの中に小型化を可能にする何らかの資源や能力が存在していることは確実である。しかし製品の小型化は，多様な部署のさまざまな人々が関わる，きわめて複雑なプロセスであるため，競合企業には，何が小型化を可能にしているのか，あるいは何を真似すれば，その能力が獲得できるのかがかならずしも明らかではなく，模倣が困難になる。

　知識の暗黙性とは，ある種の知識には使用している本人ですら，言葉では十分に説明することができない側面があることを指し，そのような知識を暗黙知と呼ぶ。たとえば言葉だけで子供に自転車の乗り方を教えることができるであろうか。たぶんどんなに言葉を尽くしても，それだけでは子供は自転車に乗れるようにはならない。自転車に乗るためには，さまざまな暗黙知が必要とされるからである。このように使用している本人ですら説明することができない知識を他人が模倣するのは，当然のことながら，きわめて困難である。

本章のまとめ　社会科学における理論や概念は，社会的現象をよりよく見るためのレンズのようなものである。自然科学の研究者が観察する対象によって望遠鏡や顕微鏡を使い分けるように，社会科学の研究者は観察する対象によって理論や概念を使い分ける。

　本章でこれまでに見てきたように，競争戦略の分野においても，企業の「外」を見るのに適したポジショニング・スクールの戦略論と，企業の「内」を見るのに適した資源ベースの戦略論が存在する。私たちは，分析する対象に応じて，これら2つの理論を適宜使い分けることによって，競争が制限され，企業に利益がもたらされる仕組みをよりよく理解できるようになる。

ブックガイド

マイケル・ポーター『競争の戦略』（土岐坤訳）ダイヤモンド社，1982年。　競争戦略という分野を生み出した記念碑的労作。記述はややくどいが，ポジショニング・スクールの戦略論を深く理解したい人にとっては，おすすめである。

ジェイ・B・バーニー『企業戦略論』（岡田正大訳）ダイヤモンド社，2003年。資源ベースの戦略論の第一人者バーニーが著したきわめて網羅性の高いテキスト。競争戦略から企業戦略までさまざまなトピックを体系的に学ぶことが

できる。

青島矢一・加藤俊彦『競争戦略論』東洋経済新報社，2003年。　日本人の手による競争戦略論のテキスト。本章で紹介した2つの競争戦略の理論に加え，ゲームアプローチ，学習アプローチが紹介されている。

注

1) 厳密には，企業の「超過利潤」はゼロになる。超過利潤とは，「正当な見返り」（株主への配当など）を引いた後に残るものであり，それらが通常含まれる会計上の利益とはかならずしも一致しない。
2) 実際には，完全市場ではすべての情報は瞬時に伝わるから，これらの一連の動きも瞬時に起こる。つまり最初からすべての企業が製品を100円で売ることになる。
3) Porter（1980）を参照。
4) Porter（1980）より。
5) Wernerfert（1984）を参照。
6) 資源を獲得できない場合，競合企業は他の資源でその資源を代替し，同様の製品を作るかもしれない。そのため，競争優位が維持されるためには，厳密にはさらに代替困難という条件が必要である。
7) 伊丹（2003）を参照。
8) Arrow（1974）を参照。
9) Rumelt（1984）を参照。
10) Lippman&Rumelt（1982）を参照。

3

ネットワークで経営する

本章のポイント

1. 市場環境の急激な変化やイノベーションに対応できる組織能力を高めるために、ネットワーク組織が企業経営に広く用いられるようになってきている。
2. ネットワーク組織は水平的、分権的、柔軟、フラットな組織である。内部ではプロジェクト・チーム中心の組織編成、外部では組織間ネットワークの活用として行われる。
3. 近年の企業は、ネットワークという経営資源を積極的に用いて競争能力の構築を行う。

KEY WORD 1 ネットワークによる組織デザイン

ネットワークを用いた組織づくり

現代は、市場や顧客の求めるものが急激に変わる時代である。企業はこれに対応する柔軟さをもつために、従来の企業組織の枠組みを超え、ネットワークという柔軟な仕組みで組織を構築し、競争能力を高めるようになってきた。こうした組織の仕組みをネットワーク組織という。そしてこの仕組みをもつ柔軟な組織が、非常に巨大なタテ階層を発達させた企業よりも、実際にイノベーションや競争で力をしばしば発揮することが見られる。そうした例として、プロジェクト・チーム的な組織、企業グループや提携、仮想企業体、中小企業やベンチャーのネットワークがある。たとえば、自動車メーカーが、電機メーカー、部品メーカーと共同でプロジェ

クト・チームをつくり，太陽電池で走る環境に優しい車の開発を行っている。また欧州の一流ブランド産業は，グッチなどのブランド企業をネットワーカーにした中小の職人的生産メーカーや地域流通企業からなるネットワークであり，日本においても10兆円近い市場をもっている。また米国の情報産業集積地域として発展しているシリコンバレーにおいては，「仮想企業体」といわれるようなかたちで，ITベンチャー企業が大企業も含めた開発ネットワークをインターネット上で作り出し，新たな情報技術の開発に成功している場合もある。それらの特徴は，市場ニーズにあわせて，組織の内部や外部にある人材や経営資源をネットワークで柔軟に結合することによって，高い競争力をもつことである。

柔軟でフラットな組織デザイン こうした現代企業の組織づくりの方向性を「マーケット・イン（市場志向）」という。市場志向の組織づくりは，「ネットワーク組織」という考え方を積極的に用いている。たとえば，ネットワーク的な組織で有名な部品商社ミスミは，顧客のニーズに応えるために社内においてタテ割りの部門の壁を超えて横にネットワークしたプロジェクト・チームを積極的に活用している[1]。またトイレタリーメーカー花王は，取引先のスーパーと協力のネットワークをつくり，マーケティングを一緒に行ったり，ライバル会社の製品を含めて商品棚の陳列を考えたりしている。多くの会社は，組織の中や外において固定的で堅固な組織ではなく，目的に応じて柔軟かつフラットな組織をネットワークを用いて作り出し，市場や環境に適応しようとしている。

ネットワーク組織は，変化が激しい経営環境において，市場や顧客に対して柔軟に対応できる仕組みをもつ組織デザインとして注目されるようになってきた。クノックは，ネットワーク組織が従来の官僚制的な大企業組織と違い，4つの特徴をもっていると指摘している[2]。第1に，それぞれに現場の判断で決定，実行できるように分権的な仕組みをもっており，それぞれの現場での組織単位が水平的なコミュニケーションで結ばれている。つまりトップが中央集権的に決定するのではない。第2に，市場メカニズムを積極的に取り込み，市場で求められているものをその価格で取引する考え方をとる。そのために会社の内部を志向するような発想をとらない。第3に，期間限定のプロジェクトを達

成するために組織編成を重視する。そのために個人やグループが緩やかな結合関係で結ばれ，その関係は，プロジェクトに応じて結成，再編，解散させられる。組織を存続させることは主要な目的ではない。第4に，参加する経営者や従業員は，流動的な組織なので彼らの雇用が短期的にしか保障されず，終身雇用ではない。自分たちの雇用が転職や解雇，期間限定採用と流動的なために，彼らはつねに市場でも高く評価される能力や技術そしてキャリアを意識している。

市場を志向した組織へ　こうしたネットワーク組織が，大企業組織よりも競争力があると考えられることの背景には，現代の経済や産業の変化により市場競争の条件が変わってきたことがある。従来の大企業は，タテ方向に数多くの階層をつくったり，事業をいくつもの部門で分業したりする堅固な組織構造をつくり，それをトップが規則や命令をもとに管理する仕組みであった。けれどもこうした「官僚制」的な組織は現代の経営環境の変化において難しい面が出てきた。原因となる経営環境の変化はいくつかある。

①**マーケット・インへの対応**　現代の市場や顧客は，豊かになり欲しいものをそのときに欲しい量だけしか買わなくなった。昔のように大企業が自分の作りたいものを大量に安く作って市場に押し込む「プロダクトアウト」は限界にきている。そのために市場や顧客と対話できる組織が有利となった。

②**イノベーションによる競争**　商品やサービスの開発，その生産や流通のビジネスモデルについて，新しいものを開発して展開する「イノベーション」が企業競争の中心となってきた。官僚制的な大企業は，定型的なことを大規模に行うのは得意だが，新しいものを次々に考えるのは苦手である。

③**経営のスピード競争**　市場のグローバル化とともに企業活動の情報化が進み，企業の競争において意志決定のスピードが早くなってきた。官僚制的な組織は，現場がトップと相談し，前例をふまえながら意志決定をするので，決定が遅く商機を逃すことも多くなってきた。

④**経済のサービス化やソフト化**　経済構造が変わり，サービスやソフトウェアが大きな比重をもつようになってきた。ソフトやサービスの生産や流通にとっては，その経営資源を長期的に独占的に保有することがリスクになってきた。むしろネットワークを用いて最先端のものに必要なときにアクセスし結合

することが好ましくなってきた[3]。ゲームソフト「ファイナル・ファンタジー」の開発のように，流行の先端にあるプロデューサー，クリエーター，ミュージシャン，ゲーム・プログラマーをネットワークするほうが競争で有利となるのである。

⑤アウトソーシングや提携の広がり　　経営手法としても，企業があらゆる経営資源を内部に抱え込むことのリスクが高いので，積極的に外部のサービスや企業を活用することが一般化してきた。事業活動の一部を外部に委託する「アウトソーシング」や，他企業と協力して行う「提携」が広まってきた。

KEY WORD 2　ネットワーク組織

ネットワーク組織とは　　会社の組織のつくり方が，柔軟性やフラットさを求めて「ネットワーク」をキーにして行われるようになってきた。ネットワーク組織の「ネットワーク」には2つの意味がある。第1に組織の内部や外部での取引や協力の関係が柔軟で水平的なネットワーク状になるという意味がある。そして，第2に，こうした組織デザインは，社会ネットワークや情報ネットワークというダイナミックな基本要素を用いて形作られていることである。

　ネットワーク組織とは，従来の議論をまとめると，「特定の目的達成を目指して，分権された自律的な個人や集団，組織が水平的なネットワークを通じて緩やかに結合して，協働の規範や制裁メカニズムを共有しながら，市場や外部環境を基準として自己組織的に柔軟に組み替えることのできる組織構造」と定義できる。そしてこうした組織の特徴をもつようになることが，組織のネットワーク化である。クノックが指摘したように，まず特徴としては特定の目的を達成するプロジェクト志向，分権的・水平的結合，市場や外部環境を判断基準とすることがある。次に寺本義也がいうように緩やかな結合をしているので，自分たちの判断で柔軟に組織の編成や変動を行える「自己組織性」をもつ[4]。そしてその際にネットワーク組織を結合する基本要素は「ネットワーク」である。ここでのネットワークは，個人や集団，組織の間で物，金，情報，知識などの経営資源を継続的に交換する社会関係を指す。情報ネットワークは，個人

> **TOPICS**
>
> **ネットワーク組織**
>
> 　①特定の目的達成を目指して，②分権された自律的な個人や集団，組織が水平的なネットワークを通じて緩やかに結合して，③協働についての規範や制裁メカニズムを共有しながら，④市場や外部環境を基準にして自己組織的に柔軟に組み替えることのできるような組織構造である。組織の内部においては，プロジェクト・チーム中心の柔軟な組織編成として展開される一方，外部では，企業間の戦略的提携として展開される。

や集団，組織を結合するうえでは，そこでの情報の継続的交換を支えるインフラである。

組織内と組織間の形態　ネットワーク組織は，①組織の内部と②組織間の2つの次元における新しい組織デザインである。そして，マイルズとスノーがいうようにこうした組織の内部と外部のネットワークを複合的にしている点もまた特徴である[5]。まず，組織の内部における組織のネットワーク化は，組織構造の動態化の展開である。それは，プロジェクト・チームを中心とした組織編成を行うことである。そして複数の大規模プロジェクト・チームを中心に編成した組織は，マトリックス組織である。

　次に，組織の外部におけるネットワーク化としては，企業が他の企業との間の連携をする組織間ネットワークの活用の展開がある。従来は，系列や企業グループのように固定的な相手企業との組織間ネットワークを用いることが主であったが，近年は戦略目標にあわせてパートナー企業を選択，形成する戦略的提携がとられるようになってきた。さらに，組織内のネットワークと外部のそれとを複合的に用いて新規事業展開をする場合も出てきている。つまり内部プロジェクト・チームの開発した製品の事業展開を外部企業との戦略的提携を通じて行う場合である。たとえば，女性雑誌の創刊などはその典型である。こうした雑誌の編集部は通例十数人からなっているが，雑誌社の正社員は数名である。多くは外部の出版・編集プロダクションからの出向・協力や，契約した編集者やライターからなっている。つまり企画や編集，営業，宣伝活動などは，会社の内外の人材や資源をネットワークして行われている。そして雑誌の売れ行きが悪くなると短期間のうちに縮小，解散される。

そのメリットとデメリット ネットワーク組織は，従来の官僚制組織に比べるとメリットとデメリットをもちあわせている[6]。メリットは5つほどあげられる。まず，ある目的達成に有能な人材や集団，組織と柔軟にネットワークできるので，それらとの新たな情報・知識についての学習が図りやすく，イノベーションが起こしやすい。第2に，ネットワークを通じた頻繁な情報交換は，相互に正確な情報を得た場合には，環境の理解を促進し，正しい判断がしやすい（不確実性削減）。第3に，その情報交換によりパートナーとなる相手の能力や成果についての情報が得られるので，正しい相手と協力や取引が行える（取引費用削減）。第4に，社会的評価の高い企業や顧客とのネットワークがあれば，その会社のビジネスの評判や正当性が確立されやすく，生存しやすくなる。第5に，組織に埋没するのではなく，能力ある個人が中心になってビジネスを行えるので，主体性の回復となる。けれどもその流動性の高さからデメリットも当然にある。まず，組織活動が不安定で壊れやすい。第2に，不安定な構造なのでそこでの経験で得られた成果が失われやすい。第3に，長期的な事業活動の発展に向いていない。第4に，相手の組織が重要な人材や資源をもっている場合には，こちらの能力が高くなければ，やがてそこに従属してしまうことがある。

KEY WORD 3　プロジェクト・チームと戦略的提携

組織の動態化とプロジェクト・チーム まず企業の内部におけるネットワーク組織づくりは，プロジェクト・チームを中心とした組織を編成することである。会社の内部において，人材や集団を，縦割りの部門の壁を超えて，プロジェクトを編成するごとに水平的で柔軟に結合する組織形態である（図3-1参照）。組織内部でのネットワーク組織の形態として，プロジェクト・チームやマトリックス組織がある。

　プロジェクト・チーム中心の組織編成は，組織内部の人材や集団の結合を柔軟にする。プロジェクト・チームは，新製品開発などの特定の期間限定の目標を達成するプロジェクトのために，組織内部のさまざまな職能の人々（開発，製造技術，営業，経理，法務など）が集められたものである。数名の小さいもの

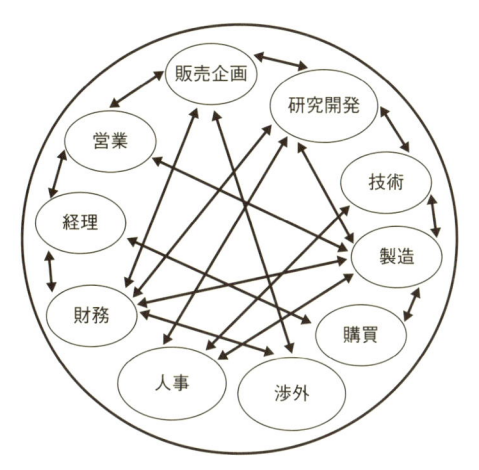

図3-1 組織内部のネットワーク化[7]

から場合によっては数百名以上の大規模なものが存在する。ただ，そのチームは期間が限定されており，目標が達成されれば解散する。プロジェクトの中間段階での評価に応じて，縮小も拡大もする。このように非常に流動的な組織である。ただ，基本的にはプロジェクト・チームは，従来の定常的な組織の活動を補完するようにある特定の問題解決を行うために設けられる。

マトリックス組織　これに対して，複数のプロジェクト・チームを主にして組織が形成されるようになる場合が「マトリックス組織」である[8]。これは，複数のプロジェクト・チームを平行して展開する組織形態である。それぞれのプロジェクト・チームは，開発から生産，販売，その間接業務（経理，法務，広報など）をすべて含む場合が典型であり，数百人以上の人数をもつ場合もある。マトリックス組織は，米国航空宇宙産業でのロケットや航空機の大規模開発プロジェクトなどで使われたのがはじまりであり，こうした大規模プロジェクトを複数抱える企業で導入された。マトリックス組織では，プロジェクトを管理するプロジェクト・リーダーとそれぞれの専門職能（開発，製造，営業など）を担当する職能リーダーとの2人の異なる軸の管理者が，各プロジェクトに所属する従業員を二元的に管理する独特の形態がとられている。つまりプロジェクト・リーダーがプロジェクトの遂行の責任と指導

を行う一方で，職能リーダーが専門的に技術やキャリアの開発の方向性について指導する。なぜこの二元管理がとられるのかというと，それは，プロジェクト・チームがニーズに応じてつねに再編される一方で，早い技術革新に対応して進化する技術や専門能力についてたえず専門職能リーダーが指導する必要があるためである。ただ大規模プロジェクト中心の産業がそれほど多くないので，マトリックス組織の導入はいまのところかなり少数である。

有機的組織構造 こうした組織内部のネットワーク化は，イノベーションを起こしやすい水平的なコミュニケーションが活発な組織の仕組みをつくるために行われる。こうした仕組みをバーンズとストーカーは「有機的組織構造」と呼んだ[9]。有機的組織構造は，水平方向での組織の結合関係やコミュニケーションの活性化を重視したつくりである。その特徴は，多くのチームの編成を行い，業務の共有化を進め，規則，階層を少なくして，水平のコミュニケーションを活発にして，意思決定を分権化して行う。こうした仕組みは組織内部の別々の場所にある情報や知識を交流，融合させやすいので，問題の解決やイノベーションを起こしやすいとされる。これを組織論では「組織学習」が起こりやすいという。これに対して，官僚制組織は「機械的組織構造」とされており，定型化された活動を大規模に行うのに向いている。これは，固定的に部門別に分業して，業務を専門化し，規則と階層を多くつくり，縦方向のコミュニケーションを中心として，意志決定を中央集権化する。今日のイノベーションにおける競争の時代では，有機的組織構造を作り出すことが重視されている。そのためにプロジェクト・チームや場合によってはマトリックス組織が用いられる。ただ，プロジェクト・チームやマトリックス組織は不安定なので，その経営は難しい面をもつ。

組織間ネットワークの活用 ネットワーク組織は，さらに企業外部においても，企業間でのネットワーキングとして展開しつつある。事業活動を行ううえで，企業単独ですべてを行うよりも，複数の企業の間でネットワーク組織をつくり，必要な人材や経営資源（モノ，カネ，情報）をたがいに出しあったり融通しあったりしながら行うかたちが競争上有利と考えられるようになってきた。つまり，1つの企業がすべての人材や経営資源を保有するのではなく，複数の企業が共同で事業活動を発展させれば，リスクも低くなるだ

けではなく，それぞれの会社の得意とする能力や資源を協力させることができるので事業発展がしやすい。組織間でのネットワーク組織には，①従来からある企業グループや系列取引，②近年におけるライバルや異質な企業との提携である「戦略的提携」がある。そもそも日本企業は，企業間のネットワークについては，企業グループや系列取引というかたちで得意としてきた。けれども近年，グループ経営や系列が，閉鎖的，固定的であり革新的でないために，まったく新たなモノを作り出すイノベーションや機動的な事業展開を行う能力において，問題点をもつと批判されるようになってきた。そのために，日本企業も，系列やグループ経営という従来の枠組みから抜け出る「脱系列化」を行う場合が多い。そしてまったく異業種やライバルの企業との協力関係を中短期の戦略にあわせて限定的に展開する「戦略的提携」を行うことを，1つの経営改革とする場合も多い。

企業グループと系列取引

従来からある企業グループや系列取引は，特定の大企業が中心となり，複数の関連企業との長期的で固定的な取引や協力関係をもつというものである。企業グループについてはさまざまな定義が存在するが，下谷政弘によれば，親企業を中心としながら統合された経営を行っている関係会社の集合体である[10]。こうした企業グループには，①大都市銀行や商社を中核としたかつての6大企業集団（三井，三菱，住友，安田［芙蓉］，第一，三和），②親企業を中心とした関係会社・子会社から構成される狭義の「企業グループ」，③中核となる大手メーカーとその製品の生産や流通を行う下請企業からなり継続的な取引を行う「系列」，④多国籍企業グループなどがある。ことに6大企業集団は，都市銀行を中心とした異業種の大手企業から構成される企業集団であり，株式相互持合やグループ内部の融資，取引により結びつきが強かった。それは戦後の日本経済の象徴であり，経済発展に大きな影響を与えた。だが1990年代以降の産業構造再編，金融再編を契機に，再編，崩壊が進んでいる。また，系列取引も，戦後の下請企業を含めた日本製造業の競争力強化に役立ったものの，近年そのイノベーションやコスト低減の能力の点でその限界を見せている。

戦略的提携へ

そのために近年では，組織間ネットワークにおいては，戦略目標に応じて短中期的かつ限定的な同盟関係をダ

> **TOPICS**
>
> ## 系　列
>
> 　系列とは，ある大企業と，そことの取引や関連の深い中小企業との間に形成されるタテ方向の企業間関係のことである。長期にわたる取引関係をもつ場合が多いので，継続的取引関係ともいわれる。系列内では，資本参加，役員派遣，優先的な取引，系列内融資が行われる。生産メーカーが中小下請生産メーカーを組織する生産系列や，専属販売店で流通網を組織する「流通系列」がある。近年その再編が進んでいる。

イナミックに展開する「戦略的提携」を志向したほうがよいと考えられている。「戦略的提携」とは，複数の企業の間で製品，技術，サービスの共同での開発，生産，流通，所有について自発的な合意を形成している幅広い同盟関係のことを指す（図3-2参照）[11]。戦略的提携は，従来の系列取引や提携関係と比べて「戦略的」な性格が強い。松行彬子は，その戦略的な性格を次のように特徴づけている[12]。それは，①ライバル企業を含めた自律的な同規模程度の企業同士で行われること，②相互に対等な関係であること，③緩やかな連結関係であること，④新たな知識や情報，能力についての相互学習が行われやすいこと，⑤経営資源の相互補完を目的とすること，⑥固定的ではなく状況に応じて展開されること，⑦3社以上の複数企業で行われる場合も多いことである。こうした戦略的提携を行うと，企業は，自社の事業戦略の達成のために，ライバル企業や異質な企業との協力関係をもつことができるので，かなり斬新な事業や製品を速いスピードで展開できるという強みをもてる。このために戦略的提携は近年大幅な広がりを見せている。たとえば，「スターアライアンス」はその典型例である。これは，米国ユナイテッド航空など世界の15の主要国際航空会社が相互に航空路線サービスを提供し，グローバルな航空サービスのネットワークを構築するというものである。

　戦略的提携は，具体的な形態としては，①資本参加，買収，②合弁事業，③業務提携契約やアウトソーシング，④長期的取引関係として展開する[13]。まず資本参加，買収は，ある企業が一定の資本金をパートナー企業に提供し，それを通じてある事業分野への参入や事業活動での協力・提携関係をパートナーから得るというものである。たとえば日産自動車とルノーの提携は1999年に

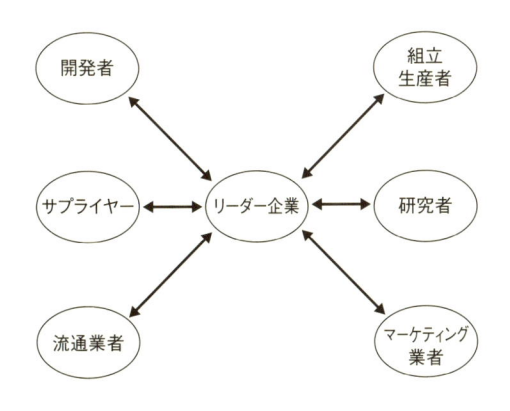

```
        開発者              組立
                           生産者
           ↖            ↗
  サプライヤー ← リーダー企業 → 研究者
           ↙            ↘
        流通業者          マーケティング
                          業者
```

図3-2 戦略的な企業間ネットワークの例[14]

ルノーが日産自動車の発行株式の36.8％を取得し，資本参加することを合意して開始されている。次に合弁事業は，古典的な戦略的提携のパターンであり，2つ以上の企業が共同事業を行うために共同の関係子会社を設立するというものである。電機メーカーの富士通が，ドイツの電機メーカー，シーメンスとコンピュータ事業において合弁しているのは，典型的なライバル企業同士の提携例である。第3に，業務提携契約は，複数の企業の間で，ある製品や事業活動において，開発，調達，生産，販売の事業を協力して行うことを公式に契約して展開することである。かつてマクドナルドのハンバーガーショップ事業を日本において藤田商店が提携契約して独占的に展開していたのは，こうした例にあたる。なお，近年，相互の共同の目標がなくなったために，提携は解消されて，米国マクドナルドは現在，日本において独自にこの事業を展開している。また，アウトソーシングとは，ある企業の業務活動を一部，契約したパートナー企業に外部委託するというものである。さらに第4に，長期的取引関係とは，公式の契約を結ばずに，非公式の合意にもとづいて長期的に取引関係を行い，開発，生産，流通での協力を行うことである。たとえば，自動車メーカーの次世代車の開発において，電子部品の開発や生産準備を有力外注企業が先行して展開する場合などがその例である。

　ただ，戦略的提携はネットワーク組織独特のもろさをもっている。国際合弁事業の研究が示すのは，多くの国際合弁は3〜7年で半分以上が解消されてい

> **TOPICS**
>
> **代表的な国際戦略的提携：スターアライアンス**
>
> 　スターアライアンスは，ユナイテッド航空を中心として合計15社の世界を代表する航空会社による国際戦略的提携である[15]。提携会社間において，世界各地の航空路線を相互接続して世界各都市にアクセスできるグローバルな航空サービス・ネットワークを提供するを目的とする。さらには，提携航空会社間でのスムーズな乗り継ぎ，そこでの空港ラウンジの相互利用，そしてマイレージの共同サービスなども行い，世界の空での快適なサービスの共同での開発と提供を行おうとしている。これは，提携によるグローバルなサービス体制の構築や品質の高いサービスの提供，共同でのサービス開発による進化を狙ったものである[16]。加盟企業にエア・カナダ，ニュージーランド航空，全日空，アシアナ航空，オーストリア航空グループ，ブリティッシュ・ミッドランド航空，LOTポーランド航空，ルフトハンザ ドイツ航空，スカンジナビア航空，シンガポール航空，スパンエアー，タイ国際航空，ヴァリグ・ブラジル航空，USエアウェイズがある（2005年10月現在）。

るという事実である。それは非常に壊れやすい。したがって，担当する提携マネージャーの役割が重要である。提携相手とコミュニケーションをとり，目標の共有を図るとともに，コンフリクトを回避，解決する必要がある。

KEY WORD 4　ネットワークを用いた競争能力の構築

ネットワークによる競争能力の強化

　今日では，企業活動において，ネットワーク組織という組織戦略が1つの重要な選択肢になってきた。そのために，ネットワークという資源を用いて，組織内・組織外の人材や重要な経営資源を，戦略目標にあわせて，期間や業務を限定してうまく結合することが，企業の競争能力の構築の1つの重要な方法だと考えられるようになってきた。

　ネットワーク組織による競争能力の構築のもっとも重要なメリットは，経営環境への適応のスピードや柔軟性の高さである。ことにイノベーションを通じて行う場合に強みを発揮する。企業の内部では，現在の市場や顧客のニーズにあわせた開発や供給に対応して，営業部門や開発部門，生産部門の新しい連携が素早く行える。企業の外部では，ライバル企業や異業種の企業との連携を行

いながら，おたがいの強みを活かした新しい製品・サービスの開発や供給が行える。とくに，企業間でライバル同士が組んで市場で成功をおさめようとする「勝者連合（WinWin連合）」が，戦略的提携の理想的なあり方として示される。戦略的提携がもたらすメリットは，ハイテク製品市場でのように，新しい市場や事業分野を立ち上げるときに有利な競争力をもたらす。たとえば，電機メーカーのソニーと松下電器はブルーレイDVD規格を次世代DVDの技術標準規格にすることで戦略的に提携して，協力して次世代製品市場を立ち上げるために，他のライバル電機メーカーや関連する放送・映像産業，ソフトウェア産業などにはたらきかけている。そこでの主要なメリットは，先行したものが市場で有利な位置を先取りできる「先行者利益の獲得」である。そのほかのメリットとして広域的な供給体制の素早い確立，ライバルとの協力による共同開発やビジネスモデルの進化がある。

　ただ，ネットワークによる競争能力づくりも問題点をもっている。ネットワークを行う個人，集団，企業が，ネットワークで獲得される競争能力とともに自分自身の競争能力をバランスよく発展させることが重要である。パートナーである個人，集団，組織にとって能力の魅力がない場合には，ネットワークの相手として選ばれなくなる。したがってネットワーク組織もつくることができない。多くの戦略的提携の解消は，パートナー企業に自分の企業の独自のノウハウを吸収されて提携相手としての魅力が減った場合に起きている。ネットワークや外部購買だけで競争能力を構築している会社は，短期的に弱体化する可能性が高い。したがって，提携とともにつねに独自の能力を高めていくことが，じつは重要である。

経営資源としてのネットワーク　企業は，ネットワーク組織をつくるうえで，徐々にその基本要素であるネットワークこそが経営資源として重要な価値をもつと考えるようになってきた。米国のベンチャー企業の研究では，ベンチャー企業の最初の販路は，経営者や営業マンのもっている人的ネットワークであることが多い[17]。新規開発のアイディアは，研究開発者のネットワークを通じて流通，発展する。また，従業員同士でたがいに相談しあえるネットワークがあると，会社への定着率も高まり精神的ストレスも減る。このようにマーケティング，イノベーション管理や人事管理などにおいて，経営資

源としてのネットワークが重視されている。さらには，ネットワークの関係性の質だけではなく，その構造特性も会社のパフォーマンスに影響すると考えられている。たとえば企業が緩やかな結合だができるだけオープンなネットワークを企業の内部や外部に数多くもっている場合には，新しい情報や知識を獲得したり活用したりできるので，イノベーションを起こしやすい。このように関係特性や構造特性においてビジネスに有利にはたらく性質をもつネットワークは「社会ネットワーク資本（Social Capital）」と呼ばれて，ベンチャー経営やマーケティング，人事管理などで重要な経営資源として注目されている。

本章のまとめ 以上のように，企業は，ネットワーク組織の仕組みを用いて，市場環境や顧客ニーズの急速な変化に対応するために，組織の内部や外部での個人，集団，組織の緩やかな結合関係を柔軟に変化させて組織能力を高めている。ネットワーク組織は，水平的なネットワークにより結合したフラットな分権的な組織である。それは組織内部においてはプロジェクト・チーム中心の組織編成をとり，組織間では企業間の戦略的提携として展開している。今日の企業は，ネットワークを経営資源として競争能力の構築を行っている。ただ，自分が独自にもっている組織能力とのバランスの良い発達をしないと，競争能力の発達が図れないのである。

ブックガイド

J・R・ガルブレイス『組織設計のマネジメント――競争優位の組織づくり』（梅津祐良訳）生産性出版，2002年。　ネットワーク組織は，組織内部において，市場や顧客に柔軟に対応できる仕組みをもつ組織である。この本は，市場や顧客にあわせた調整を自在に行えるプロセスを実現できる組織の仕組みとそのデザインの仕方について簡潔に説明しており，実際のネットワーク組織の仕組みと実用について理解が深まる。

松行康夫・松行彬子『組織間学習論――知識創発のマネジメント』白桃書房，2002年。　戦略的提携の目的，形態，代表例について，企業同士の相互学習による進化という独自の観点でまとめてある。戦略的提携についてのさらなる自主学習を進めるうえでよい。

ウェイン・ベーカー『ソーシャル・キャピタル――人と組織の間にある「見えざる資産」を活用する』（中島豊訳）ダイヤモンド社，2001年。　ビジネスマンや企業の社会ネットワークがベンチャー経営，マーケティング，戦略的提携，そして民主主義の運営にまで重要な経営資源となることを具体例を交えて説明している。そしてその構築，評価，活用についてのアドバイスを論じ

ている。

注

1) 『日経ビジネス』1994年9月19日号, pp.64-67.
2) Knoke (2000) を参照。
3) Rifkin (2000) 第1章を参照。
4) 寺本 (1990) を参照。
5) Miles & Snow (1995) を参照。
6) Knoke (2000) を参照。
7) Knoko (2000), p.207, fig6.1をもとに作成。
8) Daft (1997) を参照。
9) Burns & Stalker (1967) を参照。
10) 下谷 (1993) を参照。
11) Gulati (1998) は「複数企業間で製品, 技術, サービスの交換, 共有, 共同開発についての自発的な合意をしている場合」と考えている。
12) 松行 (2000) を参照。
13) 松行 (2000) などを参照した。
14) Knoke (2000) をもとに作成。
15) http://www.staralliance.jp/press/index.html を参照。
16) Doz & Hamel (1998) を参照。
17) 芦塚 (1998) を参照。

4

組織をデザインする

■ **本章のポイント**

1. 組織デザインは，人間の意図的行為である。そこで，誰が何をデザインするのかが重要となる。組織をどうとらえるかによって組織デザインの対象も異なってくる。
2. 組織デザインは，組織構造のデザインである。トップマネジメントがいかに環境の中で有効性を確保するのかに関する意思決定と行動である。
3. 組織形態の選択は，環境との関係によって決まってくるだけでなく，組織に参加するメンバー間の利害とその調整過程にも依存している。
4. 戦略変化との関連で組織デザインが重要となる。組織は戦略に従うのであり，戦略的組織デザインこそ必要となる。

KEY WORD 1　組織デザインとは何か

組織とは

　組織とは何だろうか。まず第 1 に，組織は複数の人々の協働としてとらえることができる。組織は複数の人間から構成されている。組織は人工物であり，人間の創造・作為である。組織は人々の活動なしには成立しない。しかも組織における人々はけっして孤立して行動するのではなく，相互依存しながらたがいに協働するのである。そこで人々の協働のための仕組み，そのためのメカニズムを明らかにすることが組織を解明することである[1]。

　第 2 に，組織を目的を達成するための人間集団と見ることもできる[2]。組織

は目的を達成するために創造された存在である。その意味で目的合理性を重視する。組織に参加するメンバーは目的達成のために努力を傾注する。目的なしには人々の活動の調整は困難であり，目的によって内部調整が行われるのである。しかし目的はあらかじめ与件としてあるわけではない。目的は環境との関わりの中で，メンバー間で社会的に構成されていくのである。組織の目的は個人目的の単なるよせ集めではなく，メンバー間の利害対立の中で形成される。そこで目的を達成するための手段としての位置が，組織に与えられるのである。

第3に，組織はそれをとりまく環境の中で存続していく存在としてとらえることができる[3]。組織にとって環境はさまざまな機会を与えるとともに，脅威を与える。そして組織は環境に影響を与える存在でもある。組織と環境とは相互影響関係にあるのであり，環境の中に埋め込まれた存在として組織をとらえることができる。環境は組織に対して資源や情報を供給するとともに，正当性を賦与する側面（タスク環境・制度環境）をあわせもつ。また組織にとっては環境は客観的な実在としての側面だけでなく，主観的に認知されたものとしての側面もとらえていかなければならない。

以上の3点より，組織は環境の中で目的を達成するための複数の人々の協働システムとしてとらえることができる。

組織構造

目的を達成するためにメンバーは仕事を分担し，分担した仕事の間の調整を行っていかなければならない。そこでトップマネジメントは分化と統合の仕組みをデザインしなければならない。組織の分化と統合の仕組みを組織構造ととらえるならば組織デザインとは，組織構造のデザインである。組織論にとって，組織構造は古くから中核的な概念であった。マックス・ウェーバーは近代組織の構造的特徴として官僚制を取り上げた。官僚制論の展開として，アストン研究（英アストン大学で始められた研究）でも組織の構造次元と状況要因との関連の国際比較が行われてきている。そして構造形態論として，機能部門別組織や事業部制組織，マトリックス組織などが取り上げられてきた。

組織構造をデザインすることは，組織がどのような部門から構成されているのか，どのように部門が配置されているのかを知り，設計することである。組

織は構造をもつのであり，メンバーの行動や協働を安定化するためのルールやプログラムをもつのである。組織内のフォーマルな協力体制の設計は，組織構造の問題として取り扱われ，それは組織の骨格を決めることである。そこで，組織の構造形態論が重要となる。

　構造は事物であれ，人工物であれ，それに属する諸要素の関係である。組織の構造は組織に属するメンバー，単位間の比較的安定した関係である[4]。組織における各メンバーが目標達成を目指して相互調整する過程において，メンバー間の関係がパターン化し，メンバーの行動も安定していく。組織構造は組織においてメンバーがどのような仕事を分担するのか，どのような部門が設定されるのか，いかに統合が行われるのかを規定する。こうした組織構造は，組織におけるメンバー間の分化と統合の枠組みにほかならない。それは，組織がどのような単位から構成され，どのように配置されているのかを明らかにしている。組織を構成する単位間の調整を図っていくためには，誰が誰に対し命令する権限をもっているのかを明確にし，それにともなう責任を規定していかなければならない。その意味で組織において権限の階層を形成していかなければならない。しかし組織における構造形成はそれにとどまるものではない。単位間，メンバー間の事前調整ともいうべき規則の制定を通じて，人間行動は規制され，自らの行動の判断基準が与えられる。メンバー間の垂直的関係は権限や規則によって調整される。それと並んでメンバー間の水平的関係を調整するための仕組みを設定することも必要である。それは，当事者間の直接接触であることもあれば，そのための共同決定の場を設定することである場合もあろう[5]。こうした規則・階層および水平的関係の調整という手段をどのように組み合わせるかがきわめて重要である。

　組織構造は組織図に表現される。それにより，どんな部門からなるのか，いかに組織が動くのか，いかに部門が結びつくのか，部門と全体をいかに適合するのかを知ることができる。組織構造は，①部門の分化基準（どのような基準で部門化を行うのか），②権限－責任システム（組織における部門の権限・責任がどのように分担されているか）③集権－分権（どのような意思決定がどこで行われるのか）から構成されている。

　組織構造には２つのとらえ方がある。

①公式的に決められた分業，コミュニケーション，権限配分のパターン（組織図など）――経営者による設計・人々の行動や相互作用に影響。
②組織の中で繰り返される行為の定常的なパターン（ルールとプログラムの集合）――組織のもつ安定的・緩慢にしか変化しない側面。
また，組織構造の次元として次のものがあげられる。
① 公式化（組織における伝達が文書によって行われ，文書に記録される程度）
② 標準化（仕事の遂行が規則・手続として標準化される程度）
③ 集権化（意思決定の権限が上層部に集中される程度）
④ 専門化（職務遂行にあたって，専門的な資格や能力が重視される程度）

しかし組織構造は組織の一側面を表しているにすぎず，組織がどのような単位からつくられ，各単位がどのように機能するかを明らかにしただけである。組織のデザインを行うためには組織がどのように動くのかというプロセスの解明も必要である。

それは，
① 計画・統制システム（企業の将来における行動系路を具体的に設定し，それにもとづいて業績評価を行うシステム）
② コミュニケーションシステム（権限構造を円滑にするために各部門間の垂直的・水平的情報チャンネルを設置すること）
③ 報酬システム（組織が個人に対してどのような報酬をどのように与えるかの決定）
④ 人材マネジメント（人の採用・配置転換・キャリアパス・教育についての決定であり，企業における価値共有や一体感と関連している）

から構成され，それらの要素は組織において統合された全体（Integrated Whole）として存在し，諸要素の適合が重要である。

そこで組織構造をデザインするためには，仕事の分担や部門化の基準のみならず，階層や調整メカニズム（規則や横断的機構を含む）をも総合的に取り扱っていかなければならない[6]。

有効な組織構造の設計 組織は環境の中で業績を達成するために有効な構造を設計しなければならない。従来の考え方は，どんな環境・状況においても普遍的な組織構造があるという考え方であった。しかし，

この考え方はコンティンジェンシー理論の台頭とともに批判され，どんな状況にも適応される普遍的な組織構造はないという状況主義的考え方が，現在では支配的となっている[7]。コンティンジェンシー理論の考え方によれば，業績を向上させるためにどんな状況で，どのような組織構造を選択するのかが重要となる。つまり，状況要因とデザイン変数との関係や適合が問われることとなる[8]。

また，ガルブレイスは組織の環境適応を重視し，環境の不確実性に対処するための情報処理という観点から組織デザイン論を構築している[9]。これは情報処理モデルによる組織デザイン論といえる。ガルブレイスによれば，組織は環境から負荷されるタスクの不確実性に対処する必要がある。不確実性に対処するためにはみずからの情報処理能力を向上させるか，不確実性そのものを削減していかなければならない。不確実性が低ければ，規則や階層によって処理することができるが，不確実性が高まるにつれて，規則や階層だけでは処理できなくなる。そこで事前に余裕資源をもつことによって対処することや，組織内の水平的関係（直接折衝・会議・プロジェクトチーム・マトリクスなど）を創設することによって対応することとなる。こうして，不確実性にともなう情報処理システムの構築という観点から組織デザインを考えることができる。

また組織デザインがメンバーの行動や意欲に影響を与えることから，メンバーが組織についてどのようなイメージを形成しているのか，それに対し経営管理者がいかなる状況認知を的確にするのかが組織デザインの成否を決めることも無視できない[10]。つまり，メンバーの行動態度を考慮に入れた組織デザインを行っていくことが必要である。組織デザインは環境の中で，メンバーとの関係の中で形成していくことになる。それとともに組織デザインを構成するさまざまな要素間の相互補完性や結びつきにも十分な配慮が行われなければならない[11]。組織デザインが高業績の組織に結びつくと考えられるからである。

また組織は利害の異なるメンバーからなる連合体でもある[12]。組織において利害対立はつねにあり，それをいかに調整していくのかが重要になる。つまり，パワーを中核概念として組織をとらえることが必要となる。組織を構成するメンバーや部門はできるかぎり組織においてみずからの意思を貫徹しようと試みている。そこで組織において誰が支配しているのか，誰がパワーをもつのか，パワーはいかに配分されているのかに注目した組織構造論も重要である。

> **TOPICS**
>
> **コンティンジェンシー理論**
>
> 　従来の組織論の考え方は，あらゆる状況に適応する組織は存在するという考え方であった。それに対し，組織をとりまく環境状況との関連で考えたのがコンティンジェンシー理論である。コンティンジェンシー理論は，組織をその環境条件と結びつけて説明しようとした。すなわち，安定した環境では古典的官僚制組織が，変動する環境では有機的組織が適合していることを明らかにしたのである。これらの代表的研究者として，バーンズとストーカー，ローレンスとローシュ，ウッドワードらがいる。これらの研究では，伝統的理論が前提としていた組織の普遍性を問いなおし，組織がみずからをとりまく環境と適合していることを明らかにしている。環境と組織との適合をいかに図るのかを説明するモデルとして，ガルブレイスの情報処理モデルがある。

そこでは，パワーが現れる状況，パワーの源泉，パワー行使の方法，パワーダイナミックスなどが論じられる。

KEY WORD 2　組織形態

どの形態を選ぶか　すでに述べたように，組織デザインは組織構造のデザインである。まず，事業部制・機能部門別組織・マトリックス組織などという構造の基本形の中からどの形態を選択するかという問題がある。

　組織構造の基本形態としては，機能部門別組織，事業部制組織，マトリックス組織などが通常議論される。組織構造の形態はトップマネジメントの下の部門がいかなる基準によって分化されるのかにより，企業活動に必要な職能ごとに部門を設定する機能部門別組織，製品別あるいは地域別に部門を設定する事業部制組織，単一の部門化基準ではなく複数の部門化基準によるマトリックス組織，機能別の部門と単位別の部門とが混合するハイブリッド組織があげられる。どの構造形態が選択されるかは組織の状況要因（規模，環境，技術など）によって規定されるという見方がある。それは状況適合（コンティンジェンシー）の視点より構造形態選択を把握する見方である。しかし組織形態選択はメ

```
                    社長
    ┌────────────────┼────────────────┐
  財務              製造              販売
  部長              部長              部長
```

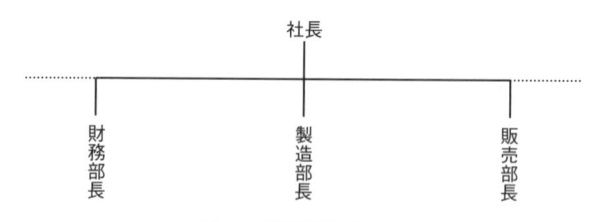

図4-1　機能部門別組織図

ンバーや部門間のパワー関係の反映であるという見方もある。これはポリティカル・パースペクティブに立つ構造選択の把握といえる。

組織形態の基本形

組織形態の基本形について，その内容・長所・短所・条件について考察してみる[13]。

①機能部門別組織　機能部門別組織（functional organization）はトップマネジメントのすぐ下位の階層に，機能別に分別された部門が配置されている組織であり，機能は製造，販売，購買，財務などの諸活動に分化されている。各職能部門の長は，社長に対し部門の職能遂行責任を負っている。長所としては，機能ごとの専門知識の蓄積ができること，規模の経済の追求が可能であること，操業度の変化調整がやりやすいこと，トップマネジメントのリーダーシップのもとに機能間の調整が行いやすいことがある。

しかし，多角化にともない，トップへの負担がかかりすぎることや，市場への適応力に問題があるなどの短所もある。

この組織が機能する状況要因として，外部環境が安定していること，単一製品・単一市場の戦略，小規模であることがあげられよう。

②事業部制組織　事業部制組織（divisional organization）はトップマネジメントのすぐ下に，製品別あるいは地域別に事業部という単位を設けた組織であり，事業部ごとに権限が付与された分権化した組織でもある。1920年代から30年代に，多角化の展開にともないアメリカにおいて導入された組織である。事業部とは，各種の機能を包括した権限が与えられている単位であり，プロフィットセンター（利益責任単位）である。

長所としては，多角化における戦略形成上の問題を解決できること，トップの負担分散が図られること，市場への迅速な対応が可能であること，次代の経営者の育成ができることがあげられる。

図4-2 事業部制組織

図4-3 マトリックス組織

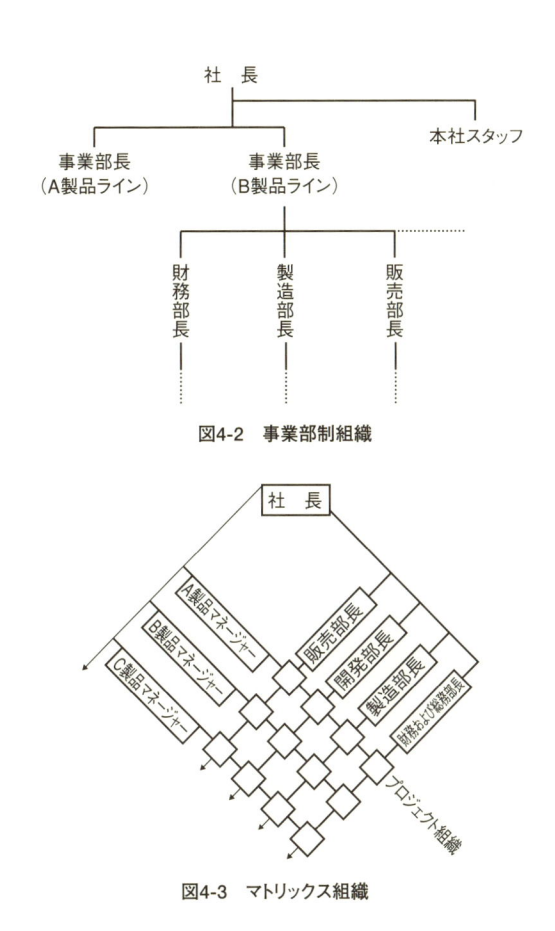

　しかし，短所として事業部の独立性が強くなりすぎること，事業部間の重複が生ずる可能性があること，広すぎる製品ラインにともなう能率低下があることがある。
　事業部制組織の状況要因としては，環境の変化が大きいこと，多角化した企業であること，大規模であることがあげられる。
　③**マトリックス組織**　マトリックス組織（matrix organization）は，複数の部門化基準（機能と製品など）にもとづく組織であり，2つ以上の要請（市場適応と技能蓄積）に応える，バランスを図ろうとする組織である[14]。1960年代のアメリカの航空宇宙産業においてまず導入された。

その組織の特徴としては，従来のように1人のメンバーに1人の上司ではなく，1人のメンバーに2人の上司が配置されていることである。その意味で二重の命令系統に属するメンバーがいることとなる。複数の部門化基準を設定することにより，企業にとって重要な複数の環境からの要請に応えることができる組織ともいえる。その意味で企業にとっての柔軟性の確保が可能となる。しかし二重権限からくる問題，とくに矛盾する上司からの要求にともなうコンフリクト問題，調整のための会議が多くなるといった問題，つねに複数の部門間のパワーバランスを確保しなければならないといった問題がある。その意味でマネジメントが難しい組織形態といえる。マトリクス組織は究極の組織といわれた時代もあったが，現在ではそれほど組織形態として支配的ではない。

KEY WORD 3　新しい組織形態

革新のための組織　　組織は変動する環境に積極的に適応すべく新しい製品・サービスや事業を創造し，みずからの組織を革新していかなければならない。そこで，革新のための組織をデザインすることが必要である。革新のための組織としては，既存部門と隔離した自己充足単位である社内ベンチャーや横断的チームとしてのプロジェクトチーム・委員会がある。そして，革新を内在化，制度化した組織形態は，新しい組織形態として，近年，注目されている[15]。

　すでに組織形態の基本型としては，事業部制組織・機能部門別組織・マトリックス組織を取り上げた。それぞれの形態は長所と短所をもち一定の環境条件のもとで有効な組織であった。

　新しい組織形態はつねに革新的である組織の「仕組み」である。ここでは革新的組織，ネットワーク組織，新・企業グループ組織を取り上げる[16]。

　① **革新的組織**　　革新的組織は，アンゾフとブランデンバーグによって提示された組織形態である。この組織では，すでに収益を上げている事業活動を既存事業グループとしてひとまとめにし，それを新しく製品開発を担当する新規事業グループと区別している。したがって既存事業ではない新製品を開発・製造・販売することについても，新規事業グループのもとで構想・実行される。

このグループは，このプロジェクトが採算可能になったときはじめてその責任を解除される。この形態は社内ベンチャー制として取り上げられてきたものと同一である。既存事業において規模の経済を追及するとともに，新規事業の推進を図るのに有効な組織といえる。

② **ネットワーク組織**　ネットワーク組織はマイルズとスノーによって新しい組織形態として提起された。この組織では，第1に，これまで垂直的に統合されていた製品の開発，製造，マーケティングといった職能がネットワーク内の独立した組織によって遂行され，「垂直分割」されている。第2に，各機能能はかならずしも企業内に存在しないため，機能グループはブローカーによって組み合わせられたり，結合されたりする。第3に，主要な職能は計画とコントロールといった内部組織の原理ではなく，おもに市場原理によって連結される。第4は，こうしたネットワークを統合するために，従来からの経験にもとづく信頼確立によってではなく広くアクセスできるコンピュータ情報システムが利用される。この形態はアメリカの流通・サービス業や建設業において見られる。

③ **新・企業グループ型組織**　企業の多角化の展開は，企業内部における部門の設置だけでなく，新しい関係会社群の増加をもたらしている。しかも，事業の再編にともなう分社化の推進は，本社と関係会社からなる企業グループの新たな考え方を必要としている。

従来の企業グループの考え方は，中枢－周辺モデルであり，中枢である親会社のもとに周辺である子会社が配置されるというものであった。したがって，子会社の自主性は軽視され，親会社の意のままに従属する存在が子会社であった。すなわち，資本とそれと結びついたヒトを媒体として，親会社が子会社を支配するという構図であった。

企業の積極的事業展開は，新たな発想にもとづく企業グループの考え方を要請している。また，グループ内企業の成長も，グループ・マネジメントの変動の内的要因である。こうしたグループ企業の成長は，グループ企業の本社からの自主性をもたらすからである。

そこで新しい企業グループの基本的考え方は，関係会社の自主性を活かしながら，グループ全体としての統合をいかに図るのか，すなわち個々の関係会社の成長を図りながら，企業グループがいかに成長を遂げていくのかにある。そ

れは自主性と統合，個と全体の両者を同時に満足させていく矛盾のマネジメントの模索である。このモデルは，次の3点を重視する。すなわち，①グループ企業の自主性，②グループ企業間の相互依存性，③統合力としての理念と情報，である。

企業グループの統合　上記の新・企業グループにおいて，グループ企業が高い自主性により運営されていけばいくほど，企業グループの統合力を何に求めるのかが問題となり，そのための仕組みをいかにつくっていくのかが重要なポイントとなる。グループ企業の自主性の尊重は，分散化の方向である。そこでグループの新たな統合手段（グループ価値・理念，情報共有）が必要とされるからである。グループ企業を育成し，企業グループの成長を図っていくためには，従来の関係会社にかわる，企業グループを統括する機構の創出も必要となろう。こうしたグループ・センターはグループ自体のグランドデザインを作り出すとともに，情報を通じてグループ企業を支援することになる。

　現在では，カンパニー制や持株会社というかたちで，より自主性をもつ単位と統括組織とからなる新たな革新的組織形態が模索されている。また，組織デザインの射程範囲は，1つの組織内部だけではなく，組織の境界を越えた他組織との協力体制のデザインすることにまで拡大している。それにはアウトソーシングや提携，バーチャル組織の問題も含まれる。その意味で，組織デザイン論は組織間デザインを含むかたちで展開していかなければならない[17]。

KEYWORD 4　戦略的組織デザイン

「組織は戦略に従う」　今日，企業の方向性を定める戦略と結びついた組織デザインを考えることがますます必要となっている。戦略がうまく形成されたとしても，実行の局面でうまくいかないことがあるからである。そこで実行のための組織づくりをいかに行っていくのかを明らかにしなければならない。戦略と連動した組織づくりであり，その意味で「組織は戦略に従う」（チャンドラー）のである[18]。形成された経営戦略をいかに実行していくのかが戦略的組織デザインである[19]。

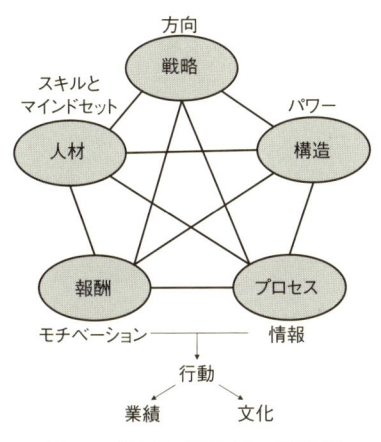

図4-4 ガルブレイスのスター型モデル

　一方，戦略をいかに実行していくのか，戦略へのコミットメントをいかに作り上げていくのかがもう1つの課題として浮かび上がってくる。IBMのガースナーの改革や日産のゴーンの改革のキーコンセプトは，実行やコミットメントであった[20]。戦略を絵に描いた餅ではなく実現していくためには，いかに人々のやる気を高めコミットメントさせるのかが重要である。この問題についてはさまざまな論者によって論じられてきている。チャンドラーは「組織は戦略に従う」という命題のもとに戦略を実行する組織の重要性をすでに喚起している。チャンドラーの仕事に強く影響されたガルブレイスは，『経営戦略と組織デザイン』という著書において，戦略を実行するための組織の多面的要素との関係との適合（fit）をキーコンセプトとして明らかにしている[21]。近年，ガルブレイスはその業績の現代的展開としてスター型モデルを図4-4のように提示している[22]。しかも変動する環境の中で競争優位を確保するためにいかに組織を適合させていくのかというプロセスにも言及している。さらに，戦略の変化にともなう組織のデザインプロセスを展開するとともに，組織のどの側面から変革を開始していくのかについてのモデルを図4-5のように提示している。このモデルでは戦略に適合するためには構造をいかに作り上げていくのかを重視しており，その際の部門化の基準をどう設定するのかをはじめに考慮している。組織をデザインするためにはどの側面から開始し，その次にどれを動かしていく

4 組織をデザインする　　61

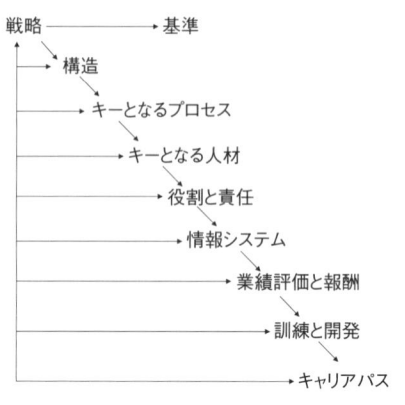

```
戦略 ─────→ 基準
      ↓
      └→ 構造
          ↓
          └→ キーとなるプロセス
              ↓
              └→ キーとなる人材
                  ↓
                  └→ 役割と責任
                      ↓
                      └→ 情報システム
                          ↓
                          └→ 業績評価と報酬
                              ↓
                              └→ 訓練と開発
                                  ↓
                                  └→ キャリアパス
```

図4-5 望ましいデザインプロセス

のかが実践上きわめて重要である。たとえば，日産の改革の際のクロスファンクショナルチーム（機能横断的チーム）の形成はまさにキーポイントであった。戦略を実行する際の部門の壁を崩していくためには部門横断的組織をいかにつくるのかが重要であり，しかもそれをサポートするトップのあり方も問われるともいえる。また，組織を構成するさまざまな要素間の関係を，一時点で適合させるだけでなく時間の流れの中で適合させるというダイナミックプロセスについての理解も，必要である。したがって，ガルブレイスのモデルにそっていうならば戦略と適合した構造・プロセス・人材・報酬をいかにつくっていくのかが重要であり，それが業績や文化を規定することになるのである。その意味では，戦略－組織－業績の相互関連を考慮した考え方や見方こそ，ますます必要となってくる。

戦略・組織・業績 戦略を実行していくためには組織のデザインとともに事業システムや情報システムの設計も重要である。さらに加えて，戦略と事業システム，戦略と情報システムとのインターフェイスの設計もまた重要になる。事業システムについては，ポーターの価値連鎖の議論や加護野忠男の事業システムの議論が参考になる。

戦略－組織－業績のダイナミックな関係について，多角化戦略の展開を例として取り上げてみよう[23]。現在の企業は変動する環境に対応するために，積極的に多角化戦略を展開している。こうした多角化戦略の展開は，それに適合

TOPICS

日産の組織改革

　1999年にルノーは日産の株式の36.9%を取得し，取締役3名を日産に送り込むことによって日産自動車の組織改革は開始された。この改革はルノーから派遣されたカルロス・ゴーン氏を中心に行われた。ゴーン氏は日産リバイバルプラン（NRP）を発表し，それにより従来の関係会社，サプライヤー，ディーラーとの関係の見なおしを行った。そして，2001年3月31日までに黒字化を達成するというコミットメントを設定し，そのためのリストラ策（人員削減，工場閉鎖，プラットフォームの削減，購買コストの削減など）およびブランドの再構築，投資額の増大を行った。その際の重要な組織変革に，クロスファンクショナルチームがある。このチームによりNRPは策定されている。クロスファンクショナルチームにより，部門間・機能間の壁が取り外され，部分最適ではなく企業全体の課題を共有・浸透させ，各部門ごとの全体への貢献が明らかになった。それとともに，社員の能力を引き出すための人事制度や人材育成制度も導入された。

する組織の創造を要請する。多角化の推進には，従来の職能別組織にかわって，製品別に部門が設置された事業部制組織という機構が採用される。こうした機構を機能させるために，より客観的な業績評価システム，業績評価と結びついた報酬システム，ゼネラリストを育てるキャリアパスがとられる。多角化は市場への適応力が重要であり，内向きの文化よりも市場に対してオープンな文化をつくっていかなければならない。それとともに，多角化という戦略的課題に対処できる部門に，パワーを配置することが必要になってくる。

　しかし多角化の展開は，それに適合する事業部制組織の採用にスムーズに結びつくとはかぎらない。企業が市場において独占的地位を確保しているならば，業績を維持することができるので，事業部制への動機づけはない。しかし市場において競争が激しいならば，戦略と組織の不適合は業績を低下させる。

　企業は業績低下に対して，①事業部制の採用，②専業戦略への復帰，③安定的環境の形成，のいずれかによって対応する。企業がどの案を選ぶかは，トップマネジメント間のパワーダイナミックスにかかっている。通常，生産担当副社長などの変化抵抗派と，若手で多角化を推進する変革推進派の対立などのかたちで現れ，どちらの意思が通るかは，緊急の課題を処理する能力をどちらが

もつのか，現状のパワーがどこにあるのかによって決まってくる。

変革のマネジメント 戦略的組織デザインは，組織の望ましい状態を構想しデザインする，組織の計画的変革とも関連している。とくに組織が現在の状態から望ましい状態へ移行していく変革プロセスの解明と，そのための手法が必要である。

望ましい将来の組織が構想されたとしても，それが円滑に実現される保障はない。組織変革をいかに実行していくのかまでも射程に入れていかなければならない。変革は具体化されることによってはじめて現実のものとなるからである。しかし現状から望ましい状態へ移行していくためには，解決しなければならない数多くの問題がある。これは変革のマネジメントの中心的課題に応えることである。移行期のマネジメントともいえるが，ナドラーらは変革にともなうさまざまな抵抗にいかに対処するのかを中心に取り上げている[24]。

変革につきものの問題点として，パワー，不安，組織の統制がある。第1のパワー問題の処理は組織における政治的なダイナミックスを管理することであり，そのためにはカギを握るパワー・グループの支援を得，この変革に対するリーダーシップの支持を実証してみせること，シンボルを活用すること，安定感を組み入れることが必要である。

第2の不安問題の処理は，組織において建設的な行動への意欲をそそるであり，そのために現状に対する不満を表面に出させ，あるいは作り上げること，変革の立案や実行に適正なレベルの参画をさせること，将来の状態への変革期における望ましい行動に報いること，現状から離脱をする十分な時間と機会を与えることが必要である。

第3の統制問題の処理は，まさに変革期を管理することであり，そのためには将来の状態について明確なイメージをつくり，伝えること，複数の一貫性のあるテコになるポイントを活用すること，変革期のさまざまな工夫策を活用すること，変革期の状態について報告を得て，実態を評価することが必要となる。

本章のまとめ 組織は，変動する環境の中で存続・成長していく。まず，環境に適応するための組織を設計することが必要である。それとともに，組織が人間集団であることにより個人のニーズを充足

する組織設計も重要である。組織のデザインの主たる対象は組織の構造であり，組織の形態選択が重要な課題となっている。現在では，つねに革新的である組織のあり方が求められている。また，戦略の変化にともない組織をいかにデザインしていくのかも問われている。

ブックガイド

R・ダフト『組織の経営学』（高木晴夫訳）ダイヤモンド社，2002年。　組織をデザインすることの意味を明らかにし，環境条件との関係で組織をデザインすること，組織構造および組織形態について説明している。

J・R・ガルブレイス『組織設計のマネジメント――競争優位の組織づくり』（梅津祐良訳）生産性出版，2002年。　スターモデルにもとづいて，組織デザインの枠組みを提示するとともに，変動する環境の中で戦略と結びついた組織をデザインするプロセスを明らかにしている。

沼上幹『組織デザイン』日本経済新聞社，2004年。　組織をデザインする際の基本的要素を分業と調整ととらえ，それにもとづき，組織デザインの多様な課題にアプローチしている。

注

1) Barnard (1938)
2) Daft (2002)
3) Scott (2002)
4) 稲葉 (1979)
5) 沼上 (2004)
6) Galbraith (1980)
7) 岸田 (1985)
8) Daft (2002)
9) Galbraith (1980)
10) 古川 (1988)
11) Roberts (2004)
12) Pfeffer (1978)
13) Minzberg (1983), Daft (2002)
14) Davis & Lawrence (1980)
15) Galbraith & Nathanson (1989)
16) 稲葉 (1979), Miles&Snow (1994), 寺本 (1990)
17) 山倉 (1998)
18) Chandler (1967)
19) Nadler & Tushman (1988), 稲葉 (2000)
20) Gerstner (2002)
21) Galbraith & Nathanson (1989)
22) Galbraith (2002)

23) 横浜国立大学経営研究グループ (1993)
24) Nadler & Tushman (1988), Nadler & Tushman (1999)

5
企業は文化をもっている

―― 本章のポイント ――

1. 各企業は独自の文化，企業文化をもっている。これは「組織のメンバーが共有するものの考え方，ものの見方，感じ方」と定義される。組織文化，社風などと呼ばれることもある。
2. 企業を経営するにあたって，文化の存在は無視できない。たとえば「お客さま第一」の考え方が経営者と従業員に共有されている企業であれば，顧客ニーズの変化に敏感に対応しうる。
3. 望ましい文化というものがあるのかどうか。これについては，意見が分かれている。唯一絶対なものがあるとする考え方と，企業をとりまく環境によって望ましいとされる文化は異なるとする考え方がある。

KEY WORD 1 企業文化

ある買収劇　松下電器による米MCA買収。MCAは，1924年に設立された映画事業を中心とする総合エンターテイメント企業であった。家電大手の松下電器は1990年末に同社を買収（完全子会社化）した。買収金額は61億米ドル（当時で約7800億円）にのぼった。買収目的は，映画を中心とするMCAの豊富なソフト資産を活用して，松下電器の主力商品である音響・映像（AV）機器の販売を伸ばすことにあった。大ヒットした映画「E・T」も同社のものであった。その買収金額の大きさもさることながら，ソフトとハードの相乗効果が目されるなど，きわめて戦略的な買収であった。

しかし現在，MCAは松下電器の傘下にはない。買収後，「ジュラシック・パーク」や「シンドラーのリスト」といったヒット作もあったが，買収して4年と少しの1995年4月にはカナダの飲料メーカー，シーグラムに株式の80％を売却し，松下電器はMCAの経営権を手放した。

　きわめて戦略的な買収であった。そうであるにもかかわらず，なぜ，手放してしまったのか。巨大企業同士の出来事である。その真相は闇の中である。しかし，企業経営の実態に詳しい論者の多くは，口をそろえて次のように指摘していた。「あまりにも，両社のもつ『文化』がちがっていた」と。そして，これが買収失敗の根本的な原因となったとまことしやかにささやかれている。

　ここまでが本章の枕である。ところで，松下電器とMCAにかかわるこの枕の最後の部分，「両社のもつ『文化』……」に疑問をもった読者は少なくないであろう。「企業がもつ『文化』とはいったい，何であるのか」「それがちがうとはどういうことか」。こうした素朴な疑問がわいてきたかと思われる。そうした疑問に答えていこうとするのが，本章である。少しだけアカデミックにいえば，経営学の中でも「企業文化論」もしくは「組織文化論」に関わるものである。本章では，その基礎的な部分を説明していこう。

社会および企業の中の文化

　企業がもつ文化についての議論に先だって，そもそも「文化」とは何か，さらにはそれが規定する「ルール」とは何か，について見ておこう。

　われわれが一般社会の中で生活を営んでいくにあたって，きわめて重要なことがある。それは社会のルールをきちんと守ることである。「赤信号では停車しなければならない」というルールがある。また，「目上の人に対してはきちんと挨拶するのが，当然」といったルールもあろう。私たちはこうしたルールを守らねばならない。

　社会には，多様なルールがある。法律で明確に文章化されたものがある。その一方で，明文化されていない，暗黙のルールもある。合理的な理由にもとづいたルールがある。またその一方で，「理由は説明できない。しかし，当たり前のことだから」としか存在理由を説明できないものもある。ただし，いずれのルールであっても，それを破れば社会的制裁がまっている。赤信号を無視した場合には，いうまでもないであろう。法にもとづく制裁がない場合でも，制

裁はありうる。たとえば，挨拶を怠たり続けた場合には，「あいつは人間としてなっていない」と社会的評判の低下というかたちで制裁が下されるであろう。

　また，こうしたルールは自分だけが守るべきものではなく，他人もそれを守るであろうことも期待されている。他人もルールを遵守することを前提として，私たちは生活を営んでいる。こうしたルールと他者への期待の存在で社会がまとまり，私たちは正常に生活を営むことができる。

　社会には，このようにルールがある。それと同様に，社会の重要な構成要素である「会社」にも，じつにさまざまなルールがある。たとえば，出社時間や退社時間，電話のとり方，会議での席順や発言内容に関して，会社ごとに「これが正しい」とされるルールがある。新入社員が会議の席で積極的に発言することを「善し」とする会社もある。その一方で，「若僧が会議で発言するなど，ましてや上司に異論をとなえるなど，もってのほか」という会社もある。社内のルールに関しても，われわれはそれに従って行動することが期待されていると考える。また同時に，他者にも同様の期待をしている。

　社会や企業の中に浸透し，信奉されているといえるこうしたルールは，その社会や企業の中の多くの人間が共有している社会的な価値観，信念，あるいは規範を反映したものである。こうした価値観，信念，規範の総体を，われわれは「文化」と呼んでいる。そのレベルはさまざまである。「目上の人は敬うべきだ」というごく一般的なものから，「社内では，上司の言うことが絶対である」といった特定の企業に固有のものもある。しかし，いずれにせよ，人間の考え方や行動を規定するものであることにかわりはない。

企業文化の構成要素　こうした文化の中でも，企業組織に観察される文化は「企業文化」または「組織文化」と呼ばれる。「社風」「組織風土」，あるいは「会社のカラー」などと呼ばれることもある。アカデミックな議論はさておき，企業経営の現場でこれらの言葉が発せられるとき，それぞれが意味することに本質的なちがいはない。

　「石橋をたたいてもわたらない組織」「革新的で，何かと業界初を目指す企業」「名実ともにお客様第一の企業」。これらは企業がもつ文化を描写するものである。いずれの企業組織も文化をもっている。文化は企業活動の根幹をなすものである。なぜならそれは，経営戦略の立案・実施にも多大な影響をおよぼす。

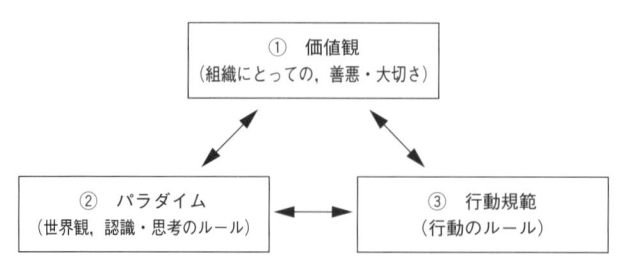

```
        ┌─────────────────────┐
        │  ① 価値観            │
        │ （組織にとっての,    │
        │   善悪・大切さ）     │
        └─────────────────────┘
            ↕           ↕
┌─────────────────────┐   ┌─────────────────────┐
│ ② パラダイム        │ ↔ │ ③ 行動規範          │
│（世界観,認識・思考の │   │（行動のルール）     │
│  ルール）            │   │                      │
└─────────────────────┘   └─────────────────────┘
```

図5-1　企業文化の内容

そのため，企業の盛衰を左右するものといえるからである。

　以下，企業文化がどのように影響をおよぼすかを見ていくが，最初にこれを定義しておこう。企業文化は簡単には「(企業)組織のメンバーが共有するものの考え方，ものの見方，感じ方」[1]と定義される。この「組織のものの考え方，感じ方」をさらに厳密に見ていくと，抽象的なレベルで2つの部分から構成されている[2]。

　①組織の価値観　　組織にとって，何が善であり，何が正しいか，何がより大切でないか。組織内の多くの人々によって共有されているそれらの価値観が，組織の価値観である。企業がもつ文化のもっとも核になる部分である。

　②組織のパラダイム　　これは，企業をとりまく環境についての世界観と認識・思考のルールから構成される。企業とは何か，市場とは何か，わが社はどんな会社か，顧客は何を欲しているか。こうした問題に対する，人々に共有された答えが世界観と呼ばれるものである。IBMの"IBM means service"（わが社はハードを売るのではなく，ハードの機能を売る。したがって，顧客の問題解決に奉仕することである）は，わが社はどんな会社か，顧客は何を欲しているかへの答えである。その世界観を示すものとなっている。また，情報収集の方法やどのように思考の焦点をあわせるのか。これらに関わるルールが，認識・思考のルールと呼ばれるものである。たとえば，「情報は現場にある。現場から見つけ出せ」「顧客第一に考えろ」「つねに最新技術を追いかけろ」といったルールがありえよう。企業の人々は，こうしたルールを無意識のうちに共有していることが多い。

　これら価値観とパラダイムは相互に強化しあう関係にある。さらに，これら

TOPICS

企業アイデンティティー

「アイデンティティー（identity）」とは，個人，集団，組織が身につけているその人らしさ，その集団らしさである。企業組織がもつアイデンティティー，その企業らしさのことを「企業アイデンティティー（corporate identity）」と呼び，CIと略される。CI活動と呼ばれる活動には，二面性がある。対外的には，消費者を含めて社会に対して自社の独自性を明確に打ち出し，その存在価値を高めようとする活動である。対内的には，従業員の考え方，行動に統一性をもたせ，企業への一体感を高めようとする活動でもある。

バブル期を中心に，多くの企業がCI活動に取り組んだ。代表的な手法は，社名や企業ロゴの見なおしであった。漢字ばかりの社名を，カタカナだけの社名に変えた会社は多かった。ビジュアル面を通じて，社会に自社の存在を植えつけようとしたのである。こうした手法を駆使することで，知名度をアップさせた会社もあった。しかし，こうした表面的な取り組みが従業員のものの考え方，行動にまで影響をおよぼすことはなかった。CI活動の一環で経営理念の見なおしをした会社もあったが，多くは単なる新しいお題目にしかならなかった。CI活動の費用対効果には大きな疑問が投げかけられ，一時の「ブーム」で終わってしまった。

を具体的に表現するものが，行動規範である。これも企業文化を構成する重要な要素である。

③**行動規範**　価値観とパラダイムは，組織内で「正しい」と考えられているルールをそのメンバーに示す。メンバーは，そのルールに従った行動をとる。また，他のメンバーがそのルールに従うことも期待する。たがいに行動を確認しあい，さらにそのルールを守るようになる。こうして，組織内での行動のやり方に自信と信頼を獲得していく。こうした結果，組織内の人々には，組織の中で直面するさまざまな状況に対していかに行動すべきかについての内面化されたルール，暗黙のルールが形成される。「顧客第一」の考えが浸透している会社と「技術第一」の会社では，顧客からのクレーム対応に関わる行動規範にはちがいがあろう。社内の事務的な手続きはさておき，まずは顧客のもとに駆けつける。そして，迅速かつ丁寧にその原因を探り，解決への努力をおしまない。前者の場合であれば，こうすることが当然，という規範をもつ可能性は高い。

この行動規範も含めて企業文化を内容面から定義するならば，以下のように

なろう。「価値観，パラダイム，行動規範，として組織の中の多くの人々に共有されたもの」[3] である。

KEY WORD ② 文化と経営戦略

意思決定基準の提供　環境変化の激しい現代，経営戦略の良し悪しは各社の命運をにぎっている。企業がもつ文化は，その策定・実行に少なからぬ影響をおよぼす。いかなる影響をおよぼすのかを見ていくために，文化が組織，組織メンバーに果たす機能を検討していこう。

　不確実性に満ちた状況下において，文化は判断の指針を提供するという機能を果たしている。企業が環境変化に適切に対応していくためには，そのメンバーがその環境の中で迅速に行動することが必須である。しかしながら，不確実性が高い状況においては，つねに情報が不足している。また，意思決定に向けての判断基準もあいまいになりがちである。このままの状況では，戦略の策定・実行は困難である。策定にあたっては企業内外の情報収集，そして分析が欠かせない。実行に際しても，戦略の大筋はキープしながらも，時々刻々と変化する環境にも適切に対応していかねばならない。

　こうした場合に，外部環境のどこに注目すべきか，さまざまな情報の中で最重要なものは何か。また，意思決定に必要と思われるすべての情報が収集されていなくとも，決定に際して最低限，ゆずれない線はどこか。これらの判断基準を企業文化は提供する。

コミュニケーションの簡素化　ものの考え方が共有されていれば，組織内でのコミュニケーションは容易なものとなる。同一の情報に対してはよく似た解釈がなされ，言葉の意味も正確に伝わる。「あうんの呼吸」で情報交換が可能になる。そのため，戦略策定もスムーズとなり，実行に際して詳細な実施計画を作成せずとも，組織として一貫した行動をとることができる。さらにいえば，組織内でのコンフリクトも解消できる。企業内では，職能部門ごとに固有の考え方をもつ場合がある。たとえば，生産部門は「生産効率の維持・向上」，研究部門は「最先端技術の追求」に重きをおきがちである。こうした場合でも，各メンバーの根底に「顧客第一」「顧客ニーズの変化に敏

> **TOPICS**
>
> **文化変革の担い手**
>
> 　企業文化の変革を1つの重要なツールとして利用し，企業再建を果たした経営者は少なくない。最近であれば，日産自動車のカルロス・ゴーン氏の名前をまず指摘できる。少し前であれば，アサヒビールを立てなおした村井勉・樋口廣太郎の両社長が有名である。ちょっとマニアックなところでは，各種モーターの製造販売を手がける日本電産の創業社長，永守重信氏の名前もあげることができる。それぞれ，みずからの体験を語った著書がある。文化変革の現場を垣間見たければ，それらを手にとられることをおすすめする。

感であれ」との考え方が共有されていれば，営業部門と生産・研究開発部門との間に不毛な対立は生み出されない。組織内の人々の協働があって，戦略は実現される。協働を促進させるため企業は，公式的な管理メカニズムを整備している。各種の規則，階層，組織構造などである。文化は，こうしたメカニズムを「暗に」補完するものといえよう。

モティベーションの基礎　戦略の実現には，組織内の個々人の「がんばり」も無視できない。これにも，文化は影響をおよぼす。文化がメンバーに壮大なロマンや自己実現欲求の充足に寄与する価値を提供できれば，それに意気を感じて，すすんで仕事を引き受けるメンバーが出てくる。また，文化が共有されると，評価される行動，逆に非難される行動もわかる。これもメンバーを動機づける。文化は公式な人事制度を補完するものとしても，機能している。

　このように，さまざまなかたちで企業文化は経営戦略の策定・実行に多大な影響をおよぼしているのである。

KEY WORD 3　望ましい文化

　企業文化の貢献は無視できない。そうとわかれば，「企業にとって望ましい文化を知りたい」と思うのが人情であろう。しかし残念なことに，これに応えうる結論はまだない。さまざまな議論が乱立している状況にある。ただし乱立はしているが，2つに大括りすることはできる。以下，それぞれの代表的な研

究を紹介していこう。

"One Best Way"の考え方　　1つは，望ましい文化は唯一存在するのみ，と主張するものである。そこでは，すぐれた業績を誇る会社がもつ文化は，共通した特長をもっていると考えられている。代表的な研究の1つとして河野豊弘とクレグは，企業文化の類型化（5類型）を行い，特定の文化（後で指摘する「活力型文化」）をもつ企業業績が良好であるとしている[4]。類型化にあたっては，共有された価値観（革新的または保守的），情報収集の方法（外部指向または内部指向），アイデアの出し方（弾力的または官僚的），評価基準（失敗を許容または許容せず），社会的距離（上司や同僚との距離が近いまたは遠い），実行（迅速または遅い）の6つの側面に注目している。

① **（類型Ⅰ）活力型文化**　　この類型の文化に観察される重要な特徴は，全体にわたって革新に重きがおかれている点にある。それは価値観としても共有されている。それを端的に示す経営理念には，ソニーの「人の歩んだ道は歩かない」（ソニー・スピリッツ）がある。ソニーが生み出す革新的な製品の源には，こうした考え方がある。情報収集も，外向き，顧客向きである。アイデアはトップ，ミドルにかかわらず活発に提出され，リスクにも立ち向かっていく。実行も機を見るに敏である。

② **（類型Ⅱ）専制者に追随しつつ，活力ある型**　　この文化の最大の特徴は，メンバーが強力な専制者（リーダー）に追随している点にある。専制者が価値観を生み出し，重要な情報やアイデアはトップから発せられる。メンバーは立案された戦略を迅速に実行する。トップが適切に意思決定を行っている場合，この類型の文化はうまく機能する。

③ **（類型Ⅲ）官僚型**　　この文化の特徴は，多くの規則や手続きが存在することである。革新的なアイディアが出されることもなく，リスク回避が目指される。実行段階においても，「石橋をたたいてもわたらない」。

④ **（類型Ⅳ-1）沈滞型**　　この文化にうずもれているメンバーは，過去からのルーティーンに完全にならされており，従来からの行動パターンを繰り返すのみである。情報収集は内部指向的で，新しいアイデアを提出することもない。計画の実行も遅い。

⑤ **（類型Ⅳ-2）沈滞かつ専制者に追随する型**　　この文化の特徴は，トップ

表5-1　河野とクレグによる企業文化の5類型[5]

	〈類型Ⅰ〉活力型	〈類型Ⅱ〉専制者追随型	〈類型Ⅲ〉官僚型	〈類型Ⅳ-1〉沈滞型	〈類型Ⅳ-2〉沈滞かつ専制者に追随型
共有された価値観	革新的	革新的	保守的	保守的	トップ次第
情報収集	外部指向	外部指向	時間がかかる	内部指向	トップに集中
アイディア	トップおよびミドルから	トップから	保守的	保守的	アイディア出ず
評価	失敗許容	トップが責任	リスク回避的	リスク回避	リスク回避的
社会的距離	小さい	大きい	大きい	大きい	大きい
実行	機敏	機敏	慎重	—	—

が専制的であるというだけでなく，彼らによる決定に難があることが多いことにある。メンバーはそれに意見することはできない。面従腹背の状況にある。革新的な取り組みがなされることもない。

　河野とクレグは，これら類型のうち，「活力型文化」をもつ企業の業績がとくに優れており，従業員のコミットメントも高いと指摘する。

　企業経営における文化の重要性をいち早く指摘したのは，ピーターズとウォーターマンの研究である[6]。彼らは米国のエクセレント・カンパニー（超優良企業）に共通して観察される特長を，8つ指摘している。そうした特長の多くが，たとえば「行動重視（いたずらに分析のみに骨を折るのではなく，行動することを重視する）」「顧客に密着する」などは，活力型文化がもつ特長と共通したものである。

「環境適合」の考え方　こうした「ワン・ベスト・ウェイ」をめぐる研究に対して，企業をとりまく環境次第で，望ましい文化は変わってくる，との研究もある。こうした見方に立てば，上記の「(類型Ⅰ) 活力型文化」も，望ましい文化の "one of them" とされる。多くの研究があるが，代表的なものとしてディールとケネディーによる研究を紹介しておこう[7]。

　彼らは多くの企業とそれをとりまく企業環境を調査した。その結果，企業がもつ文化は以下の4つの類型に分類できると主張している。この4つの類型は，企業活動にともなうリスクの程度・大きさと，環境からのフィードバックのスピード（企業，その従業員による行動が成功したかどうか，その結果がわかるまでの速さ）の2つの次元から構成されている。彼らは以下の4つに本質的な優

	大きい ←〈リスク〉→ 小さい
早い ↑〈結果までの速さ〉↓ 遅い	男性型文化 / よく働き／よく遊ぶ文化
	会社を賭ける文化 / 手続きの文化

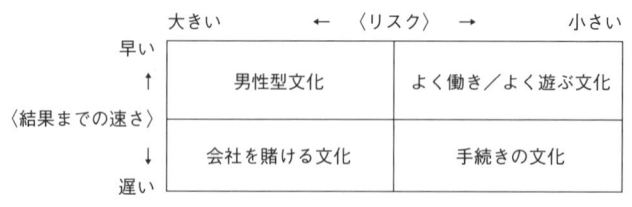

図5-2　ディールとケネディーによる企業文化の4類型[8]

劣は存在しないとする。しかし，ある産業（職業）にはある特定の文化が適すると主張している。環境が望ましい文化を左右すると述べているのである。

　①**たくましい（タフガイ），男っぽい（マッチョ）文化**　リスクが大きく，結果が速やかに得られる環境にある組織にしばしば，観察される文化である。組織メンバーには，積極的な行動が要求される。行動するにあたっては，スピードも重要とされる。内部の競争はきつい。協調的な人材よりも，強引な人材が有望とみなされる。建設，化粧品，経営コンサルティング，ベンチャー・ビジネスや，娯楽に関わる産業，広告，テレビジョン，映画，出版，スポーツ産業で観察される。

　②**よく働き／よく遊ぶ文化**　結果は速やかに得られるが，リスクが小さい環境にある組織で観察される文化である。文化の核となる価値は，顧客と顧客のニーズに集中するものである。顧客のニーズを発見しそれを充足させる。これがこの文化の基礎となっている。メンバーの努力，忍耐に重きがおかれる。個人プレーよりもチームプレーが尊ばれる。不動産業者，コンピューター会社，自動車のディーラー，化粧品や百科事典などの訪問販売事業，マクドナルドといった大衆消費者向け販売会社，ゼロックスのような事務機器，小売業者などで観察される。

　③**会社を賭ける文化**　リスクは大きいが，結果が判明するまで時間がかかる，ときには数年かかる環境にある組織で観察される文化である。将来の投資の重要性から，判断の正確性や意思決定における慎重さが求められる。会議が重視される。ねばり強い人材が評価される。キャタピラーのような資本財の会社，アルコアのような鉱業の会社，石油会社，投資銀行などで観察される。

　④**手続きの文化**　リスクが小さく，結果が判明するまで時間がかかる。そ

うした環境にある組織で観察される。手続きと細部の正しさに価値がおかれる。与えられた仕事をどの程度手際よく，完璧に仕上げるかが，重要である。「そもそも，何をすべきか」は重要ではない。銀行，保険会社，政府部門，公益事業，規制が強い製薬会社などで観察される。

KEY WORD 4　文化の変革

文化の変革とは　「組織のメンバーが共有するものの考え方，ものの見方，感じ方」が企業文化である。ときに文化には変革が求められる。その最大の原因は企業をとりまく環境の変化にある。

以前にまして，企業環境の変化には激しいものがある。消費者のニーズはますます多様化し，さらに海外企業の進出も当たり前。このような状況にある業界は珍しくない。こうした業界で「技術第一，顧客第二」といった価値観を暗にもち，新製品開発にあたっては，エンジニアの意見が最優先される会社があるとしよう。顧客の声を軽視しがちな会社である。このままでは，環境変化に対応していくことは困難であろう。こうした場合，その文化を「顧客第一」に価値をおくものに変革していくことが求められる。

また，主力事業の成熟化にともない新規事業への進出や他社との提携を余儀なくされている企業でも，文化の変革は重要な問題となる。ディールとケネディーのいう「手続きの文化」の企業が「たくましい，男っぽい文化」を必要とする娯楽産業への進出を計画したとしよう。この企業の場合にも，既存の文化の見なおし，変革が求められるであろう。「手続き」を最重視する経営者，従業員のもと，刺激に満ちた映画，音楽が制作されるとは思われない。私たちお客さんが映画館まで足をはこぶのは，面白い，いい映画を観たいからである。その映画が計画の予算内で制作されたかどうか。そんなことは，どうでもよい。

本章のまとめ　本章では，企業文化の問題を見てきた。企業文化とは何か，さらにはその重要性も感じてもらえたかと思う。

企業だけではない。大学のサークル，ゼミナール，アルバイト先，就職先。それぞれ，独自の文化をもっていることが多い。一度，自分が所属するサーク

ルと友達のサークルがもつ文化を比較されることをおすすめする。ちがいはあるのか。あるならば，ちがいが生じている理由は何か。運動系のサークルと文化系のサークルで違いが出るのか。サークルの歴代代表のパーソナリティーが文化に影響をおよぼしているのか。組織がもつ文化の問題をさらに理解するためには，ぜひ，こうした問題を真剣に考えていただきたい。

■■■ ブックガイド ■■■

J・ミッチェル『94％の顧客が「大満足」と言ってくれる私の究極のサービス』(小川敏子訳）日本経済新聞社，2004年。　著者は米国のある衣料小売店の経営者である。「顧客第一」を経営理念にかかげる会社は多い。しかし，それを文化として本当に共有している会社は少ないのが現実である。著者は経営者として，それをどのように実現してきたのか。その秘密の一端が公開されている。

三枝匡『戦略プロフェッショナル――シェア逆転の企業変革ドラマ』日本経済新聞社（日経ビジネス人文庫），2002年。　企業文化の変革を通じて，企業変革を成し遂げていくプロセスが記されている。小説仕立てになっており，非常に読みやすい。

河野豊弘ほか『経営戦略と企業文化―企業文化の活性化』（吉村典久ほか訳）白桃書房，1999年。　本文でもふれた同書では，企業文化と経営戦略の立案・実施の関係，変革をいかに進めていくかが，とくに議論されている。膨大なアンケート調査とケース分析がもとになっている。

■■■ 注 ■■■

1) 伊丹・加護野（2003）より。括弧内は引用者による。
2) 伊丹・加護野（2003）を参照。
3) 伊丹・加護野（2003）より。
4) Kono & Clegg（1998）を参照。
5) Kono & Clegg（1998），邦訳p.26の図表2.1をもとに作成。
6) Peters & Waterman（1982）を参照。
7) Deal & Kennedy（1982）を参照。
8) Deak & Kennedy（1982），邦訳第2部をもとに作成。

6
組織の基本的な見方を学ぶ

■ 本章のポイント

1. 組織論とは，人々が協力して仕事をしている状態にまつわるさまざまな問題を，「意識的に調整されたシステム」である組織に注目して研究する学問領域である。
2. 環境との関係によってシステムは「クローズド・システム」と「オープン・システム」に分けられる。前者の考え方の代表は官僚制組織論であり，後者の代表はコンティンジェンシー組織論である。
3. 組織と環境の相互作用を通じて組織の変動を説明するのが「進化」論的な考え方である。新制度派組織論，組織生態学，自己組織性論をはじめ，現在の多くの組織論の視角はそれによって整理可能である。

KEY WORD 1 システム

組織の定義と組織論　私たちは，会社で働く人々の特徴（性別・学歴・能力・性格など）は何か，あるいは彼／彼女たちがどのように働いているか，業績はどうか，などさまざまなことに関心をもつ。これらの問題を総合的に考えるための理論が組織論である。私たちがふだん「組織」と呼んでいるものには会社をはじめ，学校や官庁や労働組合など，さまざまなものが含まれる。それらすべてにあてはまるように「組織（organization）」を定義するにはどうすればよいだろうか。組織の定義としては，バーナードによる「2人もしくはそれ以上の人々の意識的に調整された活動もしくは諸力からな

るシステム」[1)] というものが有名である。この定義は，個々の会社や官庁などをそのままでまるごと「組織」としてとらえるのではなく，それらに共通の要素——つまり「意識的に調整されたシステム」——に限定して組織の本質を見出すところに特色がある。

　組織論では，上のように定義される「組織」の本質との関連を重視しながら従業員や仕事や業績などを研究する。つまり，組織論とは，人々が協力して仕事をしている状態にまつわるさまざまな問題を，「意識的に調整されたシステム」である組織に注目して研究する学問領域なのである。

　組織における活動や力に対する意識的な調整の仕方が比較的安定しているとき，その調整の仕方を組織の「構造（structure）」と呼ぶ。構造には，組織図に書かれるような役割や権限，あるいは就業規則などの諸規定も含まれる。また，構造による調整のもとで人々が実際に活動しているありさまを組織の「過程（process）」と呼ぶ。通常，リーダーシップやモラールなどの社会心理学的な組織研究の対象がこれにあてはまる。そして，ある目標を達成するためのいとなみを代表する者（会社の場合は経営者など）によって認められた組織を「公式組織（formal organization）」，その構造を「公式構造（formal structure）」と呼ぶ。それに対して「非公式組織（informal organization）」「非公式構造（informal structure）」というのは，公式組織や公式構造のもとで活動する人々の間に自然発生的に，かならずしも当初の目的の達成を意識しないで形成される組織や構造のことである。

組織はヒトではない　よく「組織はヒトである」といわれる。これは，組織がうまく機能するためには，それに属する人が優秀でなければならないという意味である。だが，この言い方をそのまま組織の定義にあてはめるとどうなるだろうか。もしも「組織はヒトである」ならば，所属する人間が入れ替わったときには組織はまったく別のものに変わることになる。だが，そこで働らく人が入れ替わるということと，組織，たとえば会社が「変わる」ということは別の問題である。たとえば，不祥事の責任をとって一部の社員を入れ替えた会社で不祥事が再発することは珍しくない。この場合，人間が変わっても，組織が変わらないことが再発の原因と考えられる。つまり，倫理にふれる活動については断固として禁止するという仕組みがきちんと確立

していないかぎり，不祥事は繰り返される。このように，人間が入れ替わっても同じものであり続けるところに組織の本質がある。ここで会社組織の本質として意識されるのは，会社に関わる人々の活動や力を共通目標の達成につなげていく仕組みである。バーナードによる組織の定義は，この仕組みを「システム」と表現している。

システムとは何か

システム（system）という言葉は組織論以外にも広く使われているが，一般的には「たがいに何らかの関連をもった要素から構成される全体」を意味する。単に個々の要素が集まっているだけではなく，要素の間の関係をも含むものが「システム」である。この意味では銀行のオンラインシステム（ATMなどが構成要素）も太陽系（太陽や惑星が構成要素）もみなシステムである。組織もまた，ある目的の達成のために人々の活動が関連づけられているという意味でシステムである。

システムについて注意しなければならないのは，個々の要素（たとえば，人々の活動）が目に見えるものであっても，システム（たとえば，組織）自体は目に見えて実在するとはかぎらないということである。たとえば，私たちは「会社」そのものを目に見ることはできない。私たちが目にするのは社名を書いた看板であったり，紙に印刷された組織図であったりするが，それは「組織」そのものではない。私たちは，社員の活動を見たり，経営者の発言を聞いたり，規則集を読んだりすれば，そこにどういう組織が成り立っているかを思い浮かべることができる。しかし，そこに組織が（直接観察できる物体と同じような意味では）実在するわけではない。ややもすると，「組織」が私たちの意志とは無関係に実在するかのような，そして私たちがそれに無理やり従わなければならないかのような錯覚に陥りやすい。しかし，システムとしての「組織」は実在物ではなく1つの「モデル」——ものごとを明確に整理して考えるために現実を単純化して表したもの——として考えられるべきである。

意思決定と組織

バーナードは，組織が人々の活動や力を調整する側面と並んで，人々の側が自分の活動をどのように決めていくのかという側面，つまり意思決定の問題も重視した。この問題はバーナード以後さらに詳しく研究されていった。サイモンは合理的な意思決定について，あらゆる選択肢を網羅したうえで最善のものを選ぶものとして人間を考える

> **TOPICS**
>
> **組織論の学際性**
>
> 　経営学の組織論はたいていの場合企業を研究対象にする。しかし経営学に限定しなければ、「組織」には企業だけではなく官庁や学校などいろいろなものが含まれる。たとえば官庁組織については行政学、学校組織については教育学というように、組織の目的ごとに異なる学問領域で組織論が研究されている。また、組織の中の人間関係を重視する社会心理学や、組織の中の役割や権限の仕組みを研究する社会学など、何を重視するかのちがいに応じても学問領域が分かれている。このようにさまざまな学問領域の成果を取り入れながら学際的に発展してきたところに組織論の特色がある。

「経済人モデル」と、限られた選択肢しか認知できず、その中から、たとえ最善かどうかはわからなくとも、とりあえず許容できる選択肢を選ぶものとして人間を考える「経営人モデル」とを区別した[2]。とくに後者は「限定された合理性（bounded rationality）」のもとでの意思決定ルールとして知られ大きな影響を与えた。また、サイモンとマーチは、1958年の『オーガニゼーションズ』で、既存の組織研究を意思決定の面から体系だて、そもそも組織に関わるかどうかを決める「参加の意思決定」や、組織に関わりながらどのように積極的に貢献するかを決める「組織の中の意思決定」などについて詳細な議論を展開した[3]。

KEY WORD 2　環　境

オープン・システムとクローズド・システム　システムの外部にあるすべてのものを「環境（environment）」と呼ぶ。一般に「環境」という言葉は、「環境問題」のように、自然環境に限定して使われることが多いが、組織のシステムについては経済的環境、技術的環境、文化的環境など、さまざまなものを環境として考える。たとえば、その会社が扱っている原材料や製品の価格の変化は経済的環境に関する問題であり、製品に関する技術革新の頻度は技術的環境に関連している。また、上下関係を重んじる文化の中で会社を運営していくのか、それとも対等な人間関係を重視する文化の中でやっていくのかというのは文化的環境に関する問題である。

　どんなシステムも環境の中に存在しているが、環境からの影響を受けず、ま

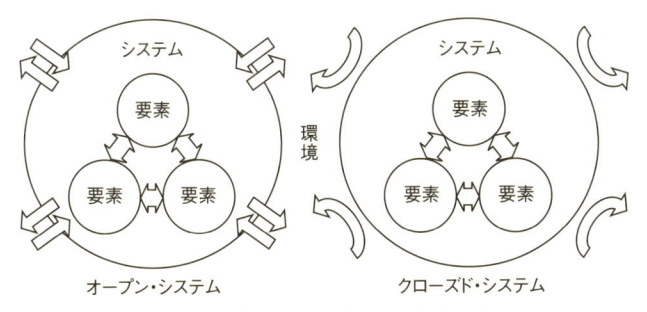

図6-1 オープン・システムとクローズド・システム

たみずからも環境に対して何らかの影響をおよぼさないシステムをクローズド・システム（closed system：閉鎖系）という。それに対して，環境との間で影響を与えあうシステムをオープン・システム（open sysytem：開放系）という。たとえば，時計の機械は基本的には環境から影響を受けずに同じように動くクローズドなシステムとして考えることができるが，生物は環境から食物や養分を摂取し，また排泄物などを排出するオープンなシステムである。組織の場合には，クローズド・システムとして考えるときとオープン・システムとして考えるときと両方ある。

官僚制組織　組織をクローズド・システムとしてとらえるモデルの代表的なものが官僚制組織である。マックス・ウェーバーは「形式的に正しい手続きによって制定された規則による支配のもっとも純粋な型」[4]として官僚制的支配を定義したが，組織論では，そのような官僚制的支配の行われる組織を「官僚制組織(bureaucratic organization)」と呼ぶようになった。官僚制組織では正しい手続きによって制定された規則が重視されるが，構造的には，①規則によって秩序づけられた明確な権限，②上位と下位の対応関係が明確に定められた秩序（ハイアラーキー）が成立，③文書に依拠した職務執行，④専門訓練を前提にした職務，⑤成員は労働力のすべてを組織にそそぐ，⑥職務の執行はすべて規則にのっとって行われる，などの特徴をもつ[5]。

しかし，ウェーバーの官僚制論については後にマートンをはじめとして，さまざまな批判がよせられた。官僚制組織においてはしばしば，組織に同調すること自体が成員の主要な目標になる（「同調過剰」）。これは組織目標よりも瑣末な規則のほうが重視される「目標の転移」を意味する。官僚制組織では目標の

転移が発生しやすく，ときとしてそれは組織目標の実現にとって障害となる（「逆機能」的になる）場合がある。この「目標の転移」が生じる原因は，①官僚制が効果を発揮するためには規則の順守が必要，②規則厳守の強調は，規則を絶対視する傾向を生む，③現実には，官僚制組織の中の規則に対して，その規則を制定するときには想定しなかったような条件のもとに組織がおかれることがあるが，そういう場合でも官僚制は規則の順守を強調し，結果的に逆機能を生じるというのがマートンの主張である[6]。

内的環境としての人的要因　「オープン・システム」という言葉が組織論で広く使われていなかった時期に事実上それを採用していたのが「人間関係論（human relations theory）」である[7]。人間関係論以前の組織と個人の関係については，テイラーの「科学的管理法」のように，労働者がどれだけ頑張って働くかは経済的報酬や物理的労働条件によって定まるという考え方がとられていた[8]。これは経済的・物理的労働環境などと組織との間の相互作用を考えるのではなく，それらが組織メンバーの活動にどう影響を与えるかという一方向的なクローズド・システムの考え方がとられていた。

それに対して，1920年代から30年代にかけて行われた「ホーソン実験（Hawthorne experiment）」をきっかけに主張されるようになった「人間関係論」は，経済的報酬や物理的労働条件以上に，職場の人間関係が労働者のやる気に重要な影響をおよぼすことを強調した。またそこでは労働者に対して非公式組織がおよぼす影響の強さも発見された[9]。すでに述べたように非公式組織は公式組織のもとで自発的に形成されてくる組織であり，これは組織にとっては一種の環境である職場の人間関係（このように組織に属するメンバーの属性やメンバー間の人間関係を組織にとっての「環境」として位置づけるとき，「内的環境」と呼ばれることもある）と組織との相互作用が重視されるようになった。このように組織と内的環境との相互作用を重視する考え方はマグレガーやアージリスらの「後期人間関係論」にも受け継がれ，従業員が一方的に組織に従属するのではなく，組織を通じて従業員の自己実現が可能になるような経営の必要性が説かれた。

コンティンジェンシー理論　人間関係論よりも積極的に「オープン・システム」の考え方を展開し，広範囲にわたって組織環境の重要性

を強調したのがコンティンジェンシー理論（contingency theory）である。これは1960年代から現れた理論で，①組織と環境の相互作用を考慮に入れるオープン・システム・アプローチをとる，②どんな状況にも最適な唯一の組織はなく，適切な組織のあり方は環境状況に依存して決まると主張する，という特色をもっていた[10]。

どんな状況にも最適な唯一の組織はない——しばしば「ワン・ベスト・ウェイはない」と表現される——という命題は「コンティンジェンシー理論」という呼び名を提案したローレンスとローシュや，ウッドワードらによって主張されるようになった。それらの中でも初期に公刊されたバーンズとストーカーの研究では，イギリスの企業を対象にした調査研究から，組織の経営のスタイルが，「機械的システム」と「有機的システム」を両極とする連続体のうえのどこかに位置づけられると考えた[11]。前者は仕事の課題にもとづく専門分化，役割・権限の明確化，上司とのタテ方向の調整の重視などで特徴づけられ，後者は知識のちがいにもとづく専門分化，役割・権限の柔軟さ，仲間同士のヨコ方向へのコミュニケーションにもとづく調整が特色である。そして，安定した環境のもとでは機械的システムが，不確実で変化が速い環境下では有機的システムが見られるとしている。

コンティンジェンシー理論では，環境のちがいによってどういう組織が高い業績を上げるか，あるいは組織の特徴がどのようになるかが異なるということを複数の組織の比較研究によって明らかにしていった。そして環境や組織の特徴のとらえ方がしだいに精密化されていったが，その結論の根本はバーンズとストーカーが発見した適合関係のうえにのっている。

組織にとって環境は，コントロールできない不確実なものである。その不確実な環境に適応する存在として組織をとらえるのがコンティンジェンシー理論である。コンティンジェンシー理論において組織の環境は，「安定的＝変動的」と「複雑＝単純」の2つの側面からとらえられる。

まず，安定した環境のもとでは，機械的システムや，あるいはウェーバーの官僚制組織のような，役割や権限関係が厳密に定められていてタテ方向の命令の流れを重視するかたちが適合的である。それは，組織にとって環境の不確実性が低いために，いったん合理的な仕事のやり方を決めてしまえば，それを間

TOPICS

組織調査の方法

　組織調査の方法は，ケース・スタディ（事例研究）と大量標本比較調査の2つに大別できる。前者は1つの（場合によっては少数の）組織について詳しく観察するもので，当事者に近い立場でなければ発見しにくい事実を明らかにしたり新しい仮説を構成する手がかりを得る点で優れている。後者は多数の組織を対象に統計的手法を用いて分析するもので，標本抽出や回収率に留意して偏りのない回答が得られれば，一般性の高い結論を得ることができる。また前者ではいろいろな要因がからみあって関連が混乱することがあるが，後者の手法によってそれらを明確に整理できることも多い。方法の選択は研究の目的に応じて決定されるべきである。また近年，おもに事例研究に拠りながら制度や文化の研究に成果を上げてきた人類学の手法を企業研究に応用する「経営人類学」[12]の提案もなされている。

違いなく遂行できる組織のほうが有利にはたらくからである。ところが，環境条件が変動する場合には，役割や権限，さらにまた命令の内容などが厳密に固定されていては，環境の変化にうまく対処することが困難になる。たとえば，マートンが官僚制組織の逆機能を指摘したときに，その発生の原因の1つとして，組織をめぐる状況が，しばしば当初の規則制定時に想定していない変化を生じたときに，規則の厳密な遵守が非合理的な結果をもたらすことをあげていたが，これはコンティンジェンシー理論の図式にあてはめると，変動する環境のもとでは機械的システムが不適合を生じるということになる。そして変動する環境のもとでは役割や権限を固定せず，そして上下関係を通じた命令よりも現場に接する者同士のコミュニケーションにもとづく調整を重視する有機的システムのほうが，より適切に環境の変動に対処できると考えられるのである。

　また，単純な環境のもとでは組織はそれほど分化する必要はないが，複雑な環境の場合には組織はそれ自体を分化させ，分化させた1つ1つの部門が複雑な環境の一部分に対処することによって，個々の部門の情報処理能力と環境の複雑さとの間のギャップを埋めるようになる。しかし，組織全体としては分化した各部門がばらばらにならないように部門間のコミュニケーションをうまく保って統合する必要が生じる。つまり複雑な環境のもとでは組織は高度の分化と統合を同時に達成する必要が生じるのである。

KEY WORD 3 進 化

組織の変動と進化　「環境状態ごとに適合的な組織は異なる」というコンティンジェンシー理論の主張は組織変動への関心をいっそう強く呼び起こすようになった。その際にクローズド・システムとして組織を考えるのであれば，組織はそれ自体の法則のみに従って変動することになる。しかし，オープン・システムとして組織を考えるのであれば，組織変動には組織環境も何らかのかたちで関わるものと考えねばならない。たとえば環境に適合的でない組織は，適合的なかたちになるように自動的に変動する（つまり「環境に適応する」）という見方も考えられる。しかし，この考え方では環境の状態に応じて組織のかたちも一律に決まってしまう（「環境決定論」）ことになる。

経営学では組織について環境決定論的に考えることは少ない。そのおもな理由は，組織のかたちは環境によってすべて決定されるというよりはある程度組織自体が自由裁量の余地をもつと考えられること，そして同じ環境のもとでもさまざまなかたちの組織が共存しており，組織のかたちを環境がすべて決定するとは考えられないことなどにある。そこで，経営学では完全な環境決定論ではなく，組織から始まる変化と，環境が組織におよぼす影響とを両方取り入れた変動分析の枠組みが求められるようになった。ここでもっともよく用いられるのが「進化（evolution）」として組織変動をとらえる枠組みである。進化の考え方はもともと生物学で生まれたものだが，システムと環境の相互作用を扱うという共通点から経営学の組織論でも重視されるようになった。

ここでいう「進化」的な視点とは，まず組織の側に何らかの新しい変異（variation）が発生し，それが環境に適合するかどうかという何らかの基準によって選択（selection）され，選択により残ったものがそれ以後も保持（retention）されていくという，変異・選択・保持の3段階を通して組織の変動を見る考え方を指す[13]。「進化」という言葉からは悪い状態から良い状態に変化するという印象を受けがちだが，組織論ではそのような価値判断から切り離して「進化」の語を用いるべきである。たとえば，現在ある組織はすべて選択の結果として残ったのだから価値が高いのだろう，などと単純に考えるべきではない。選択が緩やかに進む場合には適合的でない組織もある程度は生き残る可能性があ

る。また環境自体がかならずしも私たちにとって望ましい選択基準を備えているとはかぎらないから，それに適合的な組織もまた私たちにとって望ましいかどうかは一概にいえないのである。したがって，組織研究で「進化」について考えるときにはあくまでも価値判断とは切り離し，変異・選択・保持を通じて環境と相互作用しながら組織が変動していく過程という意味に限定して考えるべきである。

制度・文化論的な視点 　組織では，いつでも最適で合理的な調整が行われるとはかぎらない。またほとんどの場合，組織における調整は非合理的であっても変革されずに続いていくことが多い。メイヤーとロウワンは組織のこのような側面を「神話と儀式としての公式構造」と表現した[14]。彼らが「神話」と表現した上のような性質はじつは社会における「制度」が共通にもつものである。彼らは組織自体がもつこのような制度としての特色に注意を促し，「新制度派（new institutionalism）組織論」と呼ばれる視角を発展させた。通常，組織のメンバーは，個々の活動をそのたびごとにそれが有効かどうかを自分の頭で考えて合理的に判断しているわけではない。たいていはその活動が組織の中で明示的あるいは暗黙の「規則として認められている（＝制度化されている）」かどうかを基準にして判断する。通常はみながこういう態度をとるからこそ，組織は各成員の活動がばらばらになって収拾がつかなくなるのを防止できるのである。

　制度としての組織に「進化」的な見方はどう関わるだろうか。組織のメンバーがどういう行動をとりうるかは，そのメンバーが状況をどのように認知するかによって変わってくる。そしてメンバーによる状況の認知は，個人の側で選択しうる行動の可能性の中から正当と認められるものだけを選択するはたらきをする。つまり制度として組織をとらえる場合，個人の行動が「規則からみて認められる」ものであるかどうかを判断する基準についての認知が変化することによって組織が変動することになる。

　新制度派組織論では組織自体が制度であることと同時に，組織をとりまく制度自体が「制度的環境」を構成することにも注目する。つまり成員の行動を「正しいかどうか」判断して選択する基準そのものが，組織をとりまく制度との相互作用によって形作られるのである。そのため，ある環境のもとである制

度が正当化されるとその環境のもとにある組織はたがいに同じ構造をとりやすい（「同型性」）[15]。たとえば報酬の決め方について「成果主義」制度が正しいという考えが広まるにつれて，個々の企業の中で成果主義的報酬制度が有益であるという根拠が十分に得られなくとも，ともかく成果主義を採用するというようなことも起こる。

このように組織メンバーの行動の選択肢を，意思決定として現れる以前の段階で選択の対象として絞り込むはたらきをするものとしては，制度と並んで組織の「文化（culture）」がある。組織の文化とは，制度ほど明確なかたちで行動を制約することはないがその組織に広くいきわたっている価値観や選好などを指す意味の広い言葉であるが，組織制度と並んで組織文化の研究も組織論の重要分野の1つになっている。

制度との関連を強調してはいないが，ウェイクも，組織化の過程を，イナクトメント（経験の特定の部分をさらに注意するために囲い込むこと），淘汰（その囲い込まれた部分にいくつかの解釈をあてがうこと），保持（解釈された断片を将来適用するために蓄えること）という進化の過程としてモデル化した[16]。また，ここで示したように組織の制度・文化論では意思決定前の選択肢を絞り込む過程に進化モデルがあてはまるのに対して，組織学習論では，意思決定によってとられる行動パターン自体が環境によって選択・保持されていくものとしてモデル化する[17]。

組織生態学　進化の単位を行動の選択肢や行動パターンよりも大きくして，1つ1つの組織自体が変異・選択・保持の対象となるという考え方をとるのが組織生態学（organizational ecology）である[18]。組織生態学では，組織自体がもつ「構造的慣性（structural inertia）」，つまり変革に抗してそのままの状態を続けようとする傾向を重視する。環境に不適合な構造をもつ組織が自動的に適合的な構造に向けて変動するとはかぎらない。厳密にいえば，構造が安易に変動してしまうならば，比較的安定したものを構造と呼ぶという定義に矛盾することになる。多くの場合，組織は構造を変えられないために適応に失敗し，その中には消滅するものもあるだろう。適合的な特徴をもつ組織が生き残り，適合的でない組織が一定の割合で消滅していく結果，環境適合的な組織が組織全体に対して占める割合が大きくなっていく。この過

程を組織生態学では「組織の環境適応は個体（individual）レベルではなく個体群（population）レベルで行われる」と表現する。ここでいう「個体群」は生物における「種」にあたり，ある特定の特徴を共有する組織の集合のことを指す。

　組織生態学は，産業の成長とともに組織の設立や消滅の傾向がどう変わるのか，あるいは組織間競争や組織個体群間の競争メカニズムはどのようなものかなどの研究に多くの成果を上げてきた。そしてマクロな経済的・社会的変化と組織分析を結びつける分析モデルを展開するところに特色があり，その分析手法は組織生態学以外の経営研究にも多く採用されている。

ポスト・モダンの組織論　近年「ポスト・モダン（postmodern）」の立場から組織を研究しようという動きが見られるようになった。これは，従来の組織研究が「モダン（modern）」つまり近代的な考え方からとらえられてきたのに対して，近代を超える考え方に依拠しようとするものである。ただし，この方向を目指す研究の主張するところは非常に多様であり，ひとまとめに特徴を指摘できる状態には至っていない。大きく分けると，リオタールら「ポスト・モダン」の思想家の主張を組織研究にそのまま導入しようとする方向と，それらの思想家とは別の見方から，組織自体，あるいは組織研究における「近代的なもの」を相対化していこうとする方向の２つに大別できる。このうち前者は従来の組織論の科学観を根底から問いなおすものであり，現状では未解決の問題が多い[19]。後者では，進化の発想をいままでとは違う方向から定式化する「自己組織性」[20] の組織論が重視されてきている。また知識の重要性に着目して進化的な枠組みから組織の中で知識が創造される過程を重視する「知識創造の組織論」[21] もこの流れに含めることができる。

ブックガイド

田尾雅夫・桑田耕太郎『組織論』有斐閣（有斐閣アルマ），1998 年。　組織論全般をさらに詳しく学びたい人に好適の教科書である。多くの分析視角を網羅的にかつバランスよく紹介しており，とくに経営学的研究について詳細に説明されている。

佐藤郁哉・山田真茂留『制度と文化——組織を動かす見えない力』日本経済新聞社，2004 年。　経営学にも関わりの深い社会学者２名の共著による，組織文化論と新制度派組織論の概説書である。単なる海外学説の輸入紹介ではなく，著者たち自身による日本の組織の研究をふまえた議論が展開されている。

今田高俊『自己組織性と社会』東京大学出版会，2005年。　　経営学的組織論への直接の言及は少ないが，本章で扱った「システム」「進化」「自己組織」などをめぐる議論がわかりやすく整理されている。またそれらを社会科学にどう位置づけるかについて刺激的な示唆に富む。

注

1) Barnard（1938），邦訳 p.76
2) Simon（1989）
3) March & Simon（1958）
4) 「制定規則による合法的支配。最も純粋な型は，官僚制的支配である」。Weber（1956），邦訳 p.20 より。
5) Weber（1956），邦訳 pp.60〜63
6) Merton（1957）
7) Thompson（1967），邦訳 p.8
8) Taylor（1911）
9) Roethlisberger & Dickson（1938）
10) 岸田（2001），p.205
11) Burns & Stalker（1961）
12) 中牧・日置（1997）
13) McKelvey & Baum（1999），Aldrich（1999）
14) Meyer & Rowan（1977）
15) DiMaggio & Powell（1983）
16) Weick（1979）
17) 本書第11章参照。
18) Hannan & Freeman（1989）
19) たとえば，その主張を厳密にあてはめれば，「組織論におけるポスト・モダン学派」のような特定の視角を確立すること自体がポスト・モダンの考え方に反するという問題が生じてしまう。
20) 今田（2005）
21) 野中（1990）

第Ⅱ部 ビジネスマンとして生きるってどういうこと?

7

自分のキャリアをつくる

本章のポイント

1. 組織に一体化し、組織の中でキャリアを形成する組織人にかわって、自分の仕事に対して一体化し、仕事を軸にキャリアを形成する仕事人(しごとじん)が台頭してきた。それにともなって、非正規従業員の増加、裁量労働制やテレワークの普及といった就業形態、勤務形態の変化も見られる。
2. また組織と個人の統合も、従来の直接統合にかわって、市場や社会を媒介にした間接統合が必要になり、組織の役割もまた見なおしが迫られる。
3. 能力開発の面では、組織主導から個人主導への転換が必要になる。またIT化にともなって能力の価値が変化し、エンプロイアビリティを高めるためにOJTのウェイトが大きくなる。

KEYWORD 1 バウンダリーレス・キャリア

キャリアとキャリア開発

「キャリア (career)」とは、生涯にわたる職業経歴のことであるが、単なる職業経歴ではなく何らかの一貫性・方向性をもった経歴を指すことが多い。さらに、より狭い意味では専門的な職業経歴のことをいう場合もある。したがって、1つの組織の中で働き続けていてもキャリアがとぎれることがあるし、逆に転職すなわち組織を移りながらキャリアが形成されていくこともある。

キャリアをつくっていくことを「キャリア開発」と呼び、近年、個人の職業生活を充実させる面からも、また企業の利益向上の面からもその重要性が高ま

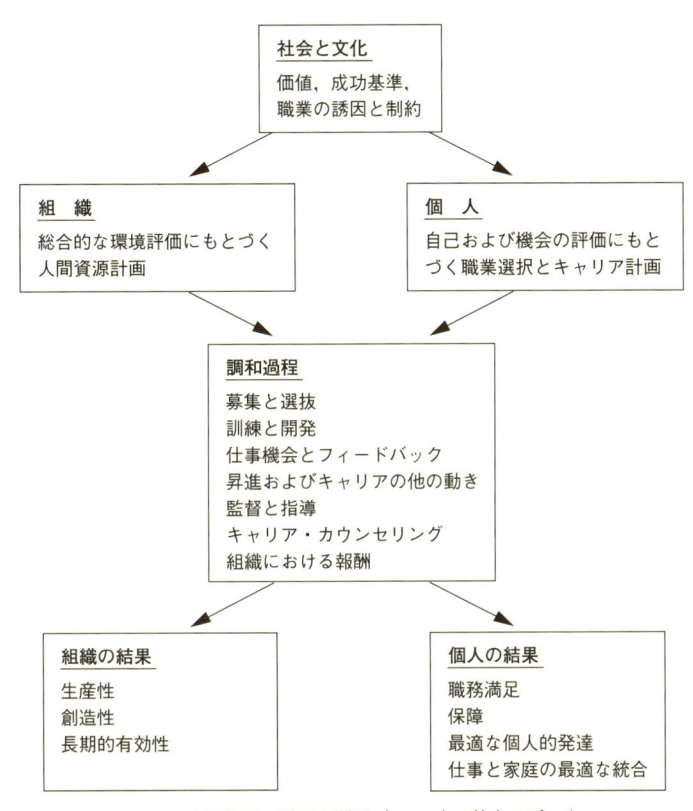

```
              ┌─────────────────┐
              │   社会と文化    │
              │ 価値，成功基準, │
              │ 職業の誘因と制約│
              └─────────────────┘
               ↙              ↘
   ┌──────────────────┐   ┌──────────────────────┐
   │     組　織       │   │      個　人          │
   │ 総合的な環境評価に│   │ 自己および機会の評価に│
   │ もとづく          │   │ もとづく職業選択とキャ│
   │ 人間資源計画      │   │ リア計画             │
   └──────────────────┘   └──────────────────────┘
               ↘              ↙
              ┌─────────────────────┐
              │    調和過程         │
              │ 募集と選抜          │
              │ 訓練と開発          │
              │ 仕事機会とフィードバック│
              │ 昇進およびキャリアの他の動き│
              │ 監督と指導          │
              │ キャリア・カウンセリング│
              │ 組織における報酬    │
              └─────────────────────┘
               ↙              ↘
   ┌──────────────┐        ┌──────────────────┐
   │ 組織の結果   │        │  個人の結果      │
   │ 生産性       │        │ 職務満足         │
   │ 創造性       │        │ 保障             │
   │ 長期的有効性 │        │ 最適な個人的発達 │
   │              │        │ 仕事と家庭の最適な統合│
   └──────────────┘        └──────────────────┘
```

図7-1　人間資源の計画と開発（HRPD）：基本モデル[1]

っている。

　シャインは，キャリア開発（人的資源の計画と開発）を図7-1のようなモデルで表している。

　図に表されているように，キャリア開発の主体は組織と個人であるが，両者はともに社会・文化的な背景によって影響を受けている。そして，組織と個人の双方の利益を調和させるためのプロセスが，募集・選抜，訓練・開発，仕事機会とフィードバック，その他である。このようなプロセスが，組織の生産性，創造性，長期的有効性，ならびに個人の職務満足，保障，最適な個人的発達，仕事と家庭の最適な統合に反映される。

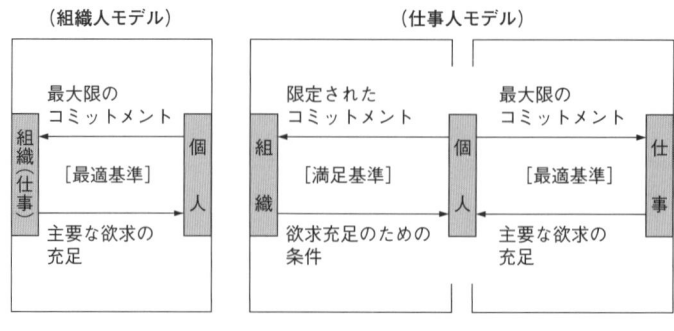

```
（組織人モデル）                （仕事人モデル）
     最大限の              限定された           最大限の
     コミットメント          コミットメント        コミットメント
組織           個        組           個        仕
（仕   [最適基準]  人     織  [満足基準]  人  [最適基準]  事
 事）                                            
     主要な欲求の          欲求充足のための     主要な欲求の
     充足                 条件                充足
```

図7-2　組織人と仕事人

　なおキャリア開発と関連の深い概念に能力開発があるが，能力開発については今日の趨勢に焦点をあてながら「KEY WORD3」で述べることにしたい。

「組織人」から「仕事人」へ　　キャリアの発達について研究する場合，その主観的側面と客観的側面の両方に注目することが必要である[2]。

　主観的側面に注目した古典的な研究の1つに，グルドナーの研究がある。彼は大学教師を対象にした研究によって，「コスモポリタン」と「ローカル」という2つの指向・行動の次元を見出している。コスモポリタンは，専門的な技術へのコミットメント（没入）が強い反面，組織への忠誠心は弱い。逆にローカルは，組織への忠誠心は強いが，専門的な技術へのコミットメントは弱い。

　これをさらに一般化すると，組織に対して一体化する者と，仕事に対して一体化する者に，働く人々を大きく二分することができる（正確にいえば，両方に一体化する者や，どちらにも一体化しない者もいるが）。前者は「組織人」，後者は「仕事人（しごとじん）」と呼ばれる[3]。

　図7-2は，組織人と仕事人がそれぞれ組織・仕事に対してどのような関わり方をするかをモデルにして表したものである。

　一般に組織人は，自分の仕事よりも組織を強く意識する。いいかえれば，組織から与えられるものが仕事だという考え方である。そして彼らは，組織から得られる有形無形の誘因（報酬）によって，衣食住に関わる低次の欲求はもちろん，自己実現や達成，承認といった高次の欲求も充足しようとする。とりわけ自己実現や達成のような欲求は，より高い水準を目指して努力することによって充足される。そのため彼らは，組織に対して最大限のコミットをする。マ

TOPICS

「キャリアづくり」の落とし穴

　自分のキャリアづくりに熱心な人が増えている。そのこと自体は喜ばしいが，じつはそこに大きな落とし穴があることに注意すべきだろう。キャリアは車の轍（わだち）と同じようにあくまでも結果である。それを忘れて，キャリアを形成するために仕事をするという倒錯した考え方をすると，肝心な仕事がおろそかになりやすい。また，自分が描いたキャリア・イメージにとらわれ，みずから可能性の芽を摘んでしまう危険性もある。実際にすばらしいキャリアを築いてきた人の多くは，キャリア意識先行ではなかったようである。

ーチ＝サイモンは，最適な選択肢を求める意思決定の基準を「最適基準」と呼ぶが，より大きな誘因を求めて最大限にコミットするという組織への関わり方はそれに近い。

　一方，仕事人は組織と仕事を分けて考える。彼らは自分の仕事に対して一体化し，仕事を通して有形無形の誘因を獲得しようとする。そして，それによって多様な欲求を充足する。したがって，仕事に対する関わり方は上述した「最適基準」に近い。それに対して所属組織に対する関わり方は，より限定的である。彼らは，組織に対して欲求，とりわけ高次の欲求を直接満たすような誘因は期待しない。そのかわりに，高次の欲求を満たすための条件，具体的にいえば一定水準以上の労働条件のほか，仕事に必要な設備，資金，情報などを求める。そして組織に対しては，これらの条件を獲得するのに必要な範囲でコミットするのである。このような組織に対する関わり方は，一定の水準に達しているかどうかが問われるという意味で，マーチ＝サイモンのいう「満足基準」に近い。

　組織・仕事に対する関わり方のこうしたちがいから，キャリア開発の方向性もおのずと対照的になる。組織人は，組織の中で縦方向の軸に沿ってキャリアを形成する。ただ，かならずしも直線的に昇進していくわけではなく，とくに日本の組織では複数の部署を異動し，いわゆるゼネラリストとしての能力や経験を身につけながら昇進していくことが多い。

　一方，仕事人は組織の枠にとらわれず，仕事を軸にキャリアを形成する。プロフェッショナルやスペシャリスト（専門家）として経験を積み，能力を蓄積

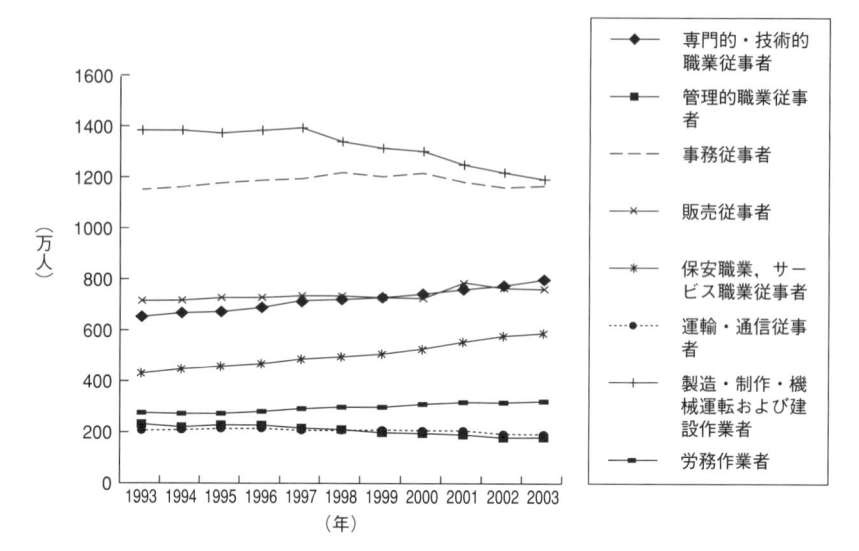

図7-3　職業別雇用者数の推移[4]

しながら成長していくのである。そのために，より条件の恵まれた環境を求めて転職，すなわち組織を移ることも珍しくない。

　筆者がかつて，日本国内の主要企業で働く非管理職のホワイトカラーを対象に行った調査では，研究者や情報処理技術者のほか，事務系でも財務・経理，営業・マーケティングのように比較的専門性の高い職種では組織人よりも仕事人に近い特徴をもっていることが明らかになった[5]。

　図7-3は，職業別雇用者数の推移を表したものである。この図を見ると，組織人が多いと推測される「管理的職業従事者」は逓減傾向にあるのに対し，仕事人の多い「専門的・技術的職業従事者」は顕著に増加している。さらに，事務，販売，サービスなどに分類される職種にも専門化にともなって仕事人が増えていることを考えあわせると，仕事人はもはや少数派とはいえなくなっていることがわかる。

就業形態の多様化　仕事人の増加は，就業形態にも変化をおよぼす。組織人の場合，いわゆる正社員（正規従業員）すなわちフルタイムの長期雇用で働くのが通例である。ところが仕事人の場合，仕事のうえで支障がなければかならずしも正社員にはこだわらない。仕事の性格や顧客の

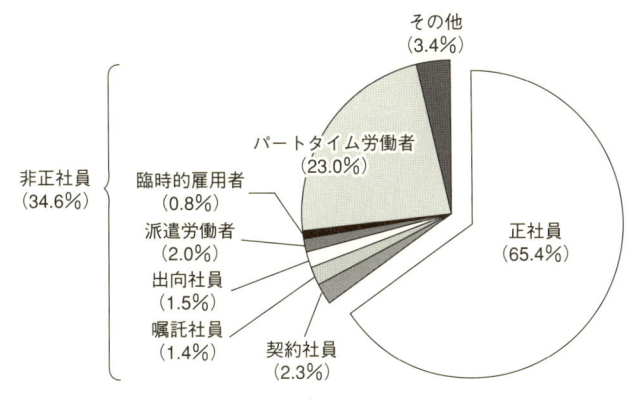

図7-4　労働者の就業形態[6]

ニーズなどによっては，硬直的な正社員よりも，柔軟性の高い非正社員の方がむしろ適している場合もある。そのため，契約社員，派遣社員（派遣元では正社員として雇用されているケースもあるが），臨時，嘱託といった身分で働く者が少なくない。彼らの中には，正社員と同等，あるいはそれ以上の報酬を得て質の高い仕事をしている者もいる。

　そのほか，そのときの必要に応じて雇用できることや人件費節約などの狙いから，パートタイムやアルバイトを雇用する企業も増えている。

　その結果，労働者の中に占める非正社員の比率は上昇し続け，厚生労働省による2003年の調査ではついに34.6％と労働者の3分の1を上回った（図7-4）。業種別に見ると，飲食店・宿泊業，卸売り・小売業，その他サービス業などで非正社員が大きな比率を占めている。もっとも，非正社員の大半は正社員に比べて単純で専門性の低い仕事に従事しているのが実態であり，組織人ではないが仕事人ともいえない。したがってキャリア形成の面では大きな問題を抱えていることも事実である。

　なお，仕事人の場合には，雇用ではなく独立して働くケースも少なくない。たとえば，大企業をスピンアウトして自分で会社を起こしたり，あるいはフリーランスとして企業と契約し仕事をしたりする者が目立つようになってきた。ピンクは，フリーランス，臨時社員，ミニ起業家を総称して「フリーエージェント」と呼んでいるが，アメリカではその数がすでに3300万人，すなわち働

> **TOPICS**
>
> **仕事人とチームワーク**
>
> 　会社の中に仕事人が増えてくるとチームワークが乱れるのではないか，と懸念する人が多い。しかし，建築現場や映画・番組の製作場面などを見ていると，多様な専門の人たちがじつにみごとなチームワークを発揮している。個人個人が自分の仕事を成し遂げるためには，他人と上手に協力していくことが不可欠だからである。皮肉なことに，典型的な組織人ばかりの職場でチームワークがうまくいっていないケースが目につく。個人の自律があってはじめてチームワークが生まれるということを忘れてはいけない。

く人全体の4分の1に達しているという。日本でも今後，雇用以外の働き方が広がる可能性はある[7]。

　就業形態だけでなく，勤務の形態もまた多様化の様相を呈している。たとえば，研究開発などの職種では裁量労働制やフレックスタイム制を採用している企業が少なくなく，情報・ソフト関係の仕事では自宅などで働くテレワークを取り入れている企業もある。このような就業形態の多様化も，仕事に対して一体化し仕事を軸にキャリアを形成するという仕事人の増加と無関係ではない。

　要するに，企業と企業，正社員と非正社員，雇用と非雇用といった既成のバウンダリー（境界）にとらわれずにキャリアが形成される時代が近づいているといえよう。

KEY WORD 2　組織と個人の統合

伝統的な考え方　組織と個人の統合は，経営学における永遠のテーマである。経営学の歴史における代表的な研究の多くは，何らかのかたちでこの問題に取り組んできたといっても過言ではない。

　たとえばテイラーの科学的管理法では，徹底したムダの排除と賃金による動機づけで生産性の向上を図り，それによって資本家には相対的に低い労務費を，労働者には高い賃金を同時に実現させようとした[8]。一方，メイヨーやレスリスバーガーらが唱えた人間関係論では，職場の人間関係を改善し，労働者の社会的欲求を満足させることによって生産性の向上を図った。

またバーナードの組織論では，個人が協働に参加した段階で組織の一員としての「組織人格」を取得し，組織目的の達成に向けて貢献することになる。そして個人は，見返りとしてさまざまな誘因を獲得するのである[9]。

そして，マグレガー，アージリス，リカートといった「新人間関係学派」の人たちは，組織と個人の統合というテーマに真正面から取り組んだ。彼らに共通するのは，次のような考え方である。

人間にとって重要なのは，成長，自己実現，達成といった高次の欲求であり，それらを満たせるような条件さえ与えれば，人間は自発的に働き組織目的に貢献する。組織全体に影響を与えられるような仕事，豊富なコミュニケーション，権限委譲，意思決定への参加といった特徴を備えた「有機的組織」のもとで，組織は個人の能力を最大限に引き出し，個人の欲求も満足させられるのである。

すなわち，個人が協働に参加した時点で組織と個人の目的は統合されるのであり，このような考え方を「直接統合」と呼ぶ。直接統合は，組織と個人の統合に関するもっともオーソドックスな考え方であり，職務の充実・拡大などによって労働者の成長や働きがいを促進しようとする「労働の人間化」や，組織全体の目的と関連づけながら個人の目的を自発的に設定させる「目標管理」なども，直接統合の考え方に沿ったものということができる。

新しい統合の考え方 注目すべき点は，直接統合が暗黙のうちに一定の人間像，すなわち組織に対して全力でコミットし，そこから得られる有形無形の報酬によって主要な欲求を充足する人間を想定していることである。したがって，前述した組織人に対しては，このような統合のモデルはきわめて有効に機能する。

しかし，仕事人に対してはかならずしも有効とはいえない。彼らは仕事に対して深くコミットし，組織に対しては限定的な関わり方をする傾向がある。そのため，新人間関係学派が理想としているようなシステムはかならずしも魅力がないばかりか，場合によっては専門の仕事を行ううえで余分な負担を課すことになる。とくに組織の規模が大きくなるほど，個々人が組織全体の目的を追求することは難しくなる。

そこで必要になるのが，直接統合とは異なる考え方である。仕事人が仕事で

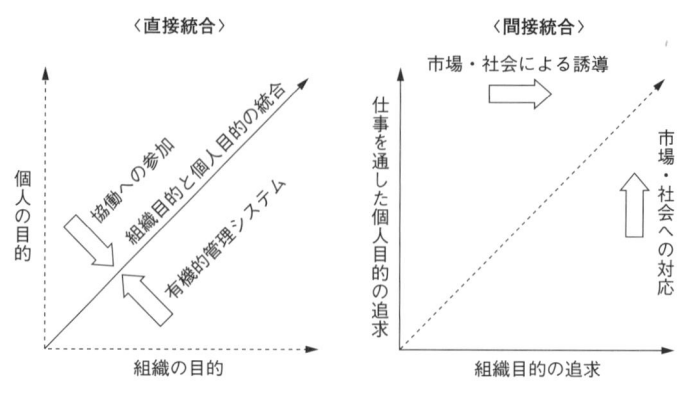

図7-5　直接統合と間接統合

　成果を上げるためには，最終的に市場や社会の要求に応えていくことが必要である。一方，組織の側も市場や社会の要求に応えられなければ生き残ることはできない。したがって，市場や社会を媒介に組織と個人を統合することが可能になる。このような統合についての考え方を「間接統合」と呼ぶ。

　図7-5は直接統合と間接統合のちがいを表したものである。直接統合では個人が協働に参加した時点で組織と個人の目的が統合されるのに対し，間接統合では個人が組織目的とは異なる自分の目的を追求しながら協働に参加することができる。

　筆者が1993年から94年にかけて，全国の主要企業とそこで働く非管理職のホワイトカラーを対象に行った研究によると，技術系の専門職（研究職，情報処理技術者）ならびに事務系の専門的職種（営業・マーケティング，財務・経理，企画）では，直接統合よりも間接統合のもとで個人の満足度や組織への貢献度が高くなることが判明した。一方，一般事務職の場合には両者の間に顕著な差は見られなかった[10]。

組織の役割の変化　統合のスタイルが変われば，組織そのものの役割もまた変化する。前述したように，典型的な組織人を前提にした伝統的な統合の理論では，いわゆる有機的組織が望ましいと考えられた。しかしそれは，組織への一体化や濃密なコミュニケーションを要求するので，仕事人にはかならずしも有効とはいえない。彼らに必要なのは，次のような特

徴を備えた組織である。

　第1に，個人に対する統制や管理の程度が低く，一定の自律性が確保されていること。とくに研究開発，デザイン，コンサルタントなどのように創造的な仕事では，仕事上の裁量権だけでなく，就業時間や就業場所などもある程度，本人の自主管理に委ねられることが望ましい。

　第2に，仕事をするうえで必要な設備，機械，資金などの条件が整っていること。とくに情報化・ソフト化の時代といわれるこれからは，良質な情報，組織のブランド，人的ネットワークなどがいっそう重要になってくる。

　第3に，仕事の遂行に必要な調整や方向づけがなされていること。とくにチームで仕事をする場合には，支援や助言を通してそれを行うリーダーが必要である。

　さらにキャリア開発の面では，個人の自発的なキャリア形成を援助するキャリア・カウンセリングや，次節で述べるような条件づくりも重要である。

　このような条件を備えた組織は，仕事をするための場，すなわち一種のインフラストラクチャー（基盤）としての役割を果たすわけであり，しばしばコンピュータのOS（operating system）やプラットフォームにもたとえられる。

KEY WORD 3　個人主導の能力開発

誰のための能力開発か　能力開発は，キャリア開発と同様，組織にとってもまた個人にとっても重要なテーマである。そこでまず，能力開発は誰のために行われるものかという点から考えてみよう。

　一般に組織人の場合には，個人のための能力開発というよりも，企業のための能力開発という色彩が濃い。年功序列を基調にした人事制度のもとでは，個人の貢献度と報酬との相関はそれほど大きくないのが普通である。このことは，能力が向上すればその恩恵はおもに企業に帰属することを意味する。しかも終身雇用（長期雇用）のもとでは，能力開発への投資は定年までの雇用の間にほぼ確実に回収される。

　したがって，能力開発に要する費用は原則として企業が負担するのが理にかなっている。また組織人は，組織の中で組織の論理に従ってキャリアを形成す

ることが多いので，能力開発も企業主導で行われるのが当然と考えられてきた。

それに対して仕事人の場合は，個人のための能力開発という性格が強くなる。第1に，市場や顧客を相手に仕事をする仕事人には，処遇の面で能力主義や成果主義が採用されるケースが多い。そこでは，能力が向上し成果が上がれば報酬として個人に還元される。また，組織に対する帰属意識がそれほど高くない彼らは，より条件のよい職場を求めて組織を移ることもある。そうすると，企業が能力開発に投資した資源は回収されないことになる。

そのため，能力開発の費用を個人がある程度負担するのは当然といえよう。また組織の枠にとらわれず，仕事を軸にキャリアを形成する彼らは，能力開発もみずからの選択と責任で行うのが原則である。

変わる「能力」の価値 次に，「能力」の価値がどのように変化しつつあるかを見てみたい。とくに近年，能力の価値に大きな影響を与えているのがIT（情報通信技術）に代表される技術革新，ソフト化である。

もの作り，とりわけ少品種大量生産においては，均質的な製品をいかに効率よく作るかが課題であった。また「欧米に追いつき追い越せ」をスローガンに掲げたキャッチアップの時代には，すでにある知識や技術を素早く取り入れること関心が注がれた。そのため，知識とその吸収力，正解のある問題を迅速かつ正確に解く能力，勤勉性，正確性といった能力が重視された。

ところがIT化によって，生産現場でも，またホワイトカラーの職場でも単純作業や定型的な仕事は著しく減少した。そして人間には，ITによって代替できないような能力，たとえば広い意味での創造性，革新性，感性，対人関係能力などがいっそう強く求められるようになる。とりわけソフトウェアの世界では，いかに新しい価値を創造できるか，個性的な考え方ができるかが決定的に重要になる。

その結果，これまでの採用や人事評価の基準・方法は妥当性が薄れ，新たな基準・方法に切り替えなければならなくなる。

エンプロイアビリティを高めるには そして，能力開発の方法や内容も当然見なおしを迫られる。とくに仕事を軸にキャリアを形成しようとする場合，エンプロイアビリティすなわち雇用される可能性を高めておかなければ

ならない。それでは、どうすればエンプロイアビリティを高めることができるのか。

伝統的に能力開発は、OJT (on the job training) すなわち仕事を通した実地訓練と、off-JT (off the job training) すなわち職場を離れた集合研修とに分けて考えられてきた。そして、新しい知識や高度や技術がますます重要になるこれからの時代には、off-JTの比重がますます大きくなるという見方が支配的である。

しかし、off-JTでは仕事の基礎になる知識や技術を教えることはできても、創造性や革新性、感性のような仕事の核になる能力を身につけさせることはできない。そのような核になる能力を身につけられるのは、何といっても実務の場である。

ちなみに、日本能率協会マネジメントセンターが2000年に全国の企業を対象として行った調査によると、「もっとも重要性が高い人材」の育成に効果が高い方法・施策として「困難な事業の経験」(32.1%)、「子会社などでの経営の経験」(30.4%)、「新規事業プロジェクトの経験」(27.7%) などが上位にあがっている。逆に、「社内ビジネスカレッジ」(7.1%) や「MBA取得など海外留学経験」(4.3%) をあげる企業はきわめて少ない。質の高い実務経験こそが重要なことを物語っているといえよう。

エンプロイアビリティを高めることに関心をもつ者が増えている今日、企業としては質の高い仕事を提供できることが人材を引きつける条件になってきている。

個人の働き方やキャリア形成が組織中心から仕事中心に変わると、企業のマネジメントや能力開発も根本から見なおすことが必要になる。

■ ブックガイド ■

E・H・シャイン『キャリア・ダイナミクス』（二村敏子・三善勝代訳）白桃書房, 1991年。　キャリアを組織と個人の相互作用としてとらえ、それがどんな背景によって影響を受け、どのようなプロセスで開発させていくかを説明している。

田尾雅夫『会社人間はどこへいく』中公新書, 1998年。　戦後日本の経済を支え、企業成長に貢献してきた会社人間の心性、価値観、行動様式を客観的に

分析し，会社人間を再評価している。

太田肇『仕事人の時代』新潮社，1997 年　※『求む，仕事人！さよなら，組織人』（日経ビジネス人文庫，2003 年）として復刊。　伝統的な組織人にかわって台頭する仕事人の働き方，キャリア形成について実例を織り込みながら説明し，さらに組織や社会の変革の必要性について論じている。

金井壽宏『キャリア・デザイン・ガイド』白桃書房，2003 年。　「いいキャリアとは何か」を考えながら，個人，人事部，社会など多様な視点からキャリア・デザインについて論じている。豊富な研究結果に裏打ちされた内容は説得力があり，かつ読みやすい。

注

1) Schein（1978），邦訳 p.3 より。
2) 南（1988）を参照。
3) 太田（1994b）を参照。
4) 総務省「労働力調査」をもとに作成。
5) 太田（1994a）を参照。
6) 厚生労働省「就業形態の多様化に関する総合実態調査」2003 年。
7) Pink（2001）を参照。
8) Taylor（1991）を参照。
9) Barnard（1938）を参照。
10) 太田（1994a）を参照。

8
リーダーシップを育てる

本章のポイント

1. リーダーシップとは，集団の目標・価値の実現と，集団内の人間関係の維持という2つの次元を同時に目指す実践的行動である。この2つの次元を相補的に統合することが，リーダーシップにとって重要である。
2. リーダーシップPM理論では，この2つの次元の組み合わせによって，リーダーシップを4類型に分類する。2つの次元への指向性がともに強い場合に効果的にリーダーシップが発揮されることが，実証的に示されている。
3. リーダーシップの発揮過程は，「意図→表現成功→効果」と定式化することができる。この過程は，企業組織内部の各部門の関係にもあてはめることができ，それにもとづいて意思決定を行うのが経営者の役割である。

KEY WORD 1 リーダーシップの2次元

図と地　近年，国際化社会，情報化社会，消費社会，環境問題などなど，現代社会の特徴がさまざまなかたちで語られ，世界観・人間観の見なおしが議論され，従来の枠組みとは異なる人間理解の構築や，現実に私たちが生活する社会や組織，人間関係における価値，営みを再構成することをめぐって，多様な考えが提起されている。これらをここで網羅するのは不可能だが，人間社会の価値ある変化に際して，経営が，そして

図8-1 図と地。黒白どちらを「地」とするかで，見える図柄が異なる。

リーダーが大きな機能を果たしてきたことを歴史は教えてくれる。

　本章では，リーダーとは何か，リーダーシップとは何か，について考えていくが，私たちの住む日本社会を主たる対象とする。いわゆる日本型経営への批判が盛んになされる一方で，西洋近代への反省がなされ，さまざまな場で日本的・東洋的考えへの言及・議論がなされていることがその理由である。

　心理学に，見える領域，意識される領域を「図」，その背景となり，意識されない領域を「地」とする，「図と地」の考え方がある。この考えを援用してリーダーを考えてみよう。経営・リーダーを「図」とすれば，社会をその基底で機能する「地」とすることができる。だが，日本社会に限定しても時代ごとにその「地」のあり様は異なる。たとえば，1つの「地」を示す「クニ」という言葉を考えてみよう。「クニ」は，神話に登場する地津神（クニツカミ）の「地」，封建制を示す「邦」，戦いを前提とする「國」，「國」の俗字で，現在，普通に使用される「国」など，歴史的に多くの漢字表記をもつ。そして，「地（神話）→邦（封建）→国（近代）」を「クニの変化」とし，そこに英雄，リーダーを配置すれば，「図・地関係」，つまり社会とリーダーの関係の変化を確認できるだろう。この「クニ」にかぎらず，「ある範囲の集まりの人々の関係をまとめつつ，それが指向する価値・目標を実現する」ときの中心的役割を果たすリーダーにとって，いま，どのような「地」，すなわち「場」＝「状況」があるのかを理解することが重要である。リーダーがよって立つ「ある範囲の集まり」として，党，家族，仲間，派，組，座，壇，講，寄り合い，衆，隊，係，班，など，歴史的にさまざまな基礎的集合単位を考えることができる。そして，そこに社会的意味が与えられることで，国家，企業，地域，学校，団体などの

組織化がなされる。本章の対象は社会－組織－基礎的集合（グループ）の図地関係における企業組織であるが、これらの対象が何（what）で、どのようにはたらくのか（how）を「知る」のはそこで生きる私たち個人であるという立場から考えを進めよう。

リーダーシップの2次元 集まり・集団におけるリーダーシップの意味、指向性、機能をめぐっては、ゲマインシャフト（共同社会）とゲゼルシャフト（利益社会）、パーソンズの道具性と情緒性、ベールズの社会・情緒と課題、オハイオ研究における配慮（consideration）と体制づくり（initiating structure）、ミシガン研究における従業員指向（employee oriented）と生産性指向（production oriented）、三隅二不二のPM理論における目標達成（performance）と人間関係の維持（maintenance）などなど、たくさんの研究で2つの側面から、つまり2次元的に把握されてきた。そこで、リーダーシップを「人々の関係づくり」と「価値・目標の実現」を同時に目指す実践的行為と定義しよう。一般に、2つの次元が想定されたとき、それを対立的に把握する視点と相補的にとらえる視点がある。この両者の関係をどう考えるかが大きな問題であるが、そもそも人間は統合の欲求をもっている。もちろん、この欲求を捨てるという禅的な視点もたしかに成立するが、それは私たち凡人にはなかなか困難なことである。本章では、この2つの次元を相補的に統合するという視点に立ち、日本の現場で数多く検討されてきたPM理論を中心に「リーダーシップを育てる」ということを考えることにする。なお、リーダーシップをめぐってはほかにもさまざまな理論があり、すでにたくさんの良書があるので、ぜひそれらを参考にしてほしい。

相補性の成立。これが「リーダーシップを育てる」際の重大課題であるが、マックス・ウェーバーは、支配を、「挙示しうる一群の人々を特定の（またはすべての）命令に服従させるチャンス」と定義している[1]。そのうえで、「一定最小限の服従意欲、したがって、服従への（外的または内的な）利害関心」を目安として、合法的・伝統的・カリスマ的支配の3類型を提起する。ウェーバーによるこの支配分類は、「受け手」の服従意欲を目安としているという点で、「受け手」を重視しているといえるだろう。この「受け手」の重視という視点は、リーダーシップにとって重要な点である。リーダーシップを、「送り手」の行

---TOPICS---

陰陽説とカリスマ

「2つの次元を相補的に統合する」とはどういうことだろうか。たとえば神仏習合は，日本における民俗的な2次元の相補的統合の1つとして考えることができる。またたとえば，中国で生まれ，日本社会にも大きな影響を与えた「易」（変化を意味する言葉）における陰陽説を考えてみることもできる。陰陽説では，宇宙の全事象を相補関係をもつ「陰と陽に二分」する。だがそれは，「有」と「無」，「1」と「0」という通常の二進法ではなく，現実にある「偶数（陰）」と「奇数（陽）」の二分法であり，全体を示す「一」＝「太極」が始数および終数とされる。つまりそれは，「始数（一）→陰陽（偶奇数二分）→終数（一）」というように，既存の全体構造を2つの要件のダイナミズムで変革し，新たな全体を形成する過程の構想である。この陰陽の考え方が日本の社会に影響を与えてきたという歴史的事実や，あるいは最近の陰陽ブームを見れば，この展開は意外と身近な「地の枠組み」として機能しているのかもしれない。近年，カリスマモデル，カリスマ販売員，カリスマ美容師など，凄い能力をもった人を「カリスマ」と呼ぶ傾向があるが，「カリスマ」とはもともと神から特別に与えられた能力・資質（とくに人を愛する力）をもつ者，非日常的で超人的な力を備えた英雄や予言者などに使われてきた言葉である。これら陰陽道やカリスマのブームには，科学主導の現代社会への懐疑，神秘主義への憧憬などを見ることもできるだろう。

動を統制することによって，はじめて実験的に研究したリピットとホワイトは民主型が専制型，放任型よりも優れることを見出したが，民主型とは文字通り，「受け手」であるメンバーを重視するリーダーシップである。このほか，リーダーによる部下の動機づけを重視し，目標に至る道筋の明確さを強調する「パス・ゴール・モデル」でも，リーダーシップはフォロアーである人々に受け入れられなければ用をなさないとされている。

KEYWORD 2　リーダーシップの測定

リーダーシップの実験的研究　リーダーは「人々の関係づくり」「価値・目標の実現」をいわば能動的に目指す役割を担う「送り手」として，さまざまな「行動表現」を行う。このリーダーの行動を実験的に操作する研究の先駆けがリピットとホワイトの研究である。この実験において，リーダーは

```
          ⟨M機能⟩
           (大)  pM型 | PM型
           (小)  pm型 | Pm型
                 (小)   (大)
                  ⟨P機能⟩
```

（P…Performanceの略）
（M…Maintenanceの略）

図8-2　PM理論におけるリーダーシップ類型

あらかじめ決められた統制された行動を行い，最終的に「民主型」が「専制型」「放任型」よりも優れているという結果が見出された。彼らの実験は，社会科学分野に実験という方法を適用する道を開いたとされ，リーダシップ研究においても，多くの実験的研究がなされるようになった。わが国の心理学者三隅二不二が提唱したリーダーシップPM理論は，「目標の達成」（P機能＝performance）と「集団・人間関係の維持」（M機能＝maintenance）の２つの機能の組み合わせによって，リーダーシップを４類型に分類する理論である。PM理論では，まず単純作業課題の場合で目標達成（P機能）に「正確さ，スピード，競争」，人間関係維持（M機能）に「慰労，仲良く，リラックス」などの言語刺激を用いて実験を行い，目標達成（P機能）と人間関係維持（M機能）の両刺激を兼備する「PM型」が優れた生産性を示すという結果を見出している[2]。

そこで「なぜPM型が優れているのか？」ということをめぐって，M機能の触媒機能，PとMの相補性などといったさまざまな解釈が提起され，メンバーの達成動機の高低に注目した研究[3]や，学習過程で有名なレミニッセンス現象（記憶実験において，ある条件のもとでは学習直後より一定時間経過した後のほうが成績が良くなるという現象）に注目した研究[4]などが行われてきた。藤田正は同様な言語刺激を用いた実験で，緊張（P機能）と緊張解消（M機能）の片方だけでは硬い思考が生まれるが，緊張を起こすP機能と緊張解消を促進するM機能を兼備するPM型で硬い思考からの解放が起こることを示し，キャノンの

ホメオスターシス（緊張と緊張解消のサイクルをもつ生理的自己調節をする仕組み）で解釈している[5]。なお，これらの研究では実験においてコミュニケーション・ギャップが存在しないこと，つまり，意図通りの言語刺激となっているかどうかを「受け手」であるメンバーの認知で確認したうえで分析を行っている。

　さて，実験は現象の法則性，ダイナミズムを明らかにするために「条件→結果」という過程を想定した自然科学的方法であるが，留意すべき点がある。その第1は，仮説を立て，操作意図のない変数を統制し，意図する変数のみを操作する実験室場面はいわば「人工的な場」という点である。ここには多くの変数を実験で操作することの困難さや，操作変数が多いと解釈が不可能になるなどの理由があるが，いうまでもなく，現実の場面では数多くの変数がはたらいている。この点を考慮して，たとえば企業組織の技術部門では，新技術を開発する技術開発と，その技術を実際の工場などに適用する生産技術に分けたうえでの組織化を行う。第2の留意点は，実験で用いた結果変数が，操作した独立変数の影響力の差に見あった測定尺度かどうかということである。たとえば，学校のテストで問題が非常にやさしければみんな満点，難しければみんなゼロ点になり，差は生じない。そこで困難度の異なる3種の概念学習を同時に行う課題でPM研究における言語刺激の影響差を見たところ，中程度の困難度の課題にのみ差があることが確認された[6]。このことは測定道具がもつ能力の限界内，操作条件の影響力の範囲内でしか，結果変数の差をもととした仮説の検証ができないことを示している。そして，企業組織の各部門が指向する結果変数には，たとえば，製造部門における生産量，営業部門における売り上げ，管理部門における経営要件の利益性といったちがいがある。このちがいをPM理論で解釈すればP機能（目標達成機能）の具体的内容のちがいだが，この組み合わせをもとに部門間協力を実現する組織設計がなされる。

リーダーシップのフィールドワーク　このように実験室の結果を現実の場面にそのまま適用することはできない。方法の限界を意識しつつ，「図」としての実験結果を「地」である現実場面に位置づけることが必要である。ここから現場研究（フィールドワーク）の必要性が出てくるが，リーダーシップのフィールドワークは，リーダーシップ類型の相対的比較を行う横断的研究と，リーダーシップの改善を目的とする縦断的研究に分けることができる。このい

表8-1　P・M測定項目（各8項目）を選定したときのグループ主軸法の結果[7]

	項　目　の　主　旨	グループの指定		合成変量と項目の相関係数	
		I	II	I	II
Q1	規則をやかましくいう	1	0	.674	−.029
Q2	指示命令を与える	1	0	.642	.241
Q3	仕上げる時期を明確に示す	0	0	.393	.402
Q4	仕事量をやかましく言う	1	0	.736	−.093
Q5	所定の時間までに完了するように要求する	1	0	.722	.109
Q6	最大限に働かせる	1	0	.646	−.014
Q7	仕事ぶりのまずさを責める	1	0	.557	.061
Q8	部下が担当している機械設備をよく知っている	0	0	.369	.373
Q9	その日の仕事の内容，計画を知らせる	0	0	.308	.374
Q10	仕事の進み具合についての報告を求める	1	0	.509	.340
Q11	計画，手順のまずさのために時間がむだになる	0	0	.091	.413
Q12	目標達成の計画を綿密に立てている	1	0	.354	.316
Q13	気まずい雰囲気をときほぐす	0	0	.287	.544
Q14	仕事のことで上役と気軽に話せる	0	1	.041	.748
Q15	必要な設備の改善などに努力する	0	0	.206	.649
Q16	部下を支持してくれる	0	1	.161	.824
Q17	個人的な問題に気を配る	0	1	.204	.733
Q18	部下を信頼している	0	1	.108	.778
Q19	すぐれた仕事をしたとき認めてくれる	0	1	.102	.711
Q20	職場の問題で部下の意見を求める	0	1	.137	.661
Q21	部下の立場を理解してくれる	0	0	.156	.756
Q22	昇進，昇給など将来に気を配る	0	1	.186	.749
Q23	部下を公平に取り扱ってくれる	0	1	−.060	.709
Q24	部下に好意的	0	0	.105	.689
	固　有　値			3.039	4.387
	各項目群における寄与率（％）			38.0	54.8
	α　係　数			.767	.882

(注) 両合成変量の相関は.184

ずれの場合でも必要なことは，現場リーダーのリーダーシップを測定するための尺度（モノサシ）づくりである。リーダーの行動を観察したりアンケート調査を行ったうえで，それらをもとに多くの質問項目をつくり，グループを構成する多くの人に答えてもらい，因子分析を行い，多義的でなく因子負荷量（因子が観測変数に与える影響を表す数値）が特定の因子のみに高い質問項目を「モノサシ」として選ぶのである。

表8-1は，企業でP項目・M項目を分類した結果である。「測定尺度は一義

的であるべき」という科学測定の考えからP項目とM項目は理念的には相互に独立のものと考える。これを用いてリーダーシップ類型を設定し，生産性や事故災害時の対応，メンバーの諸満足度との関わりを検討すると，PとMを兼備するPM型が相対的に優れているという結果が数多くの事例で見出された。類型の分類に用いるのはリーダー自身による自己認知ではなく，メンバーによる認知である。その理由は，リーダーによる自己認知では多くの人がPM型となり，結果変数・満足度などとの明確な関連を見出せないからである。そして，リーダーの自己認知とメンバーによる認知とのズレ（認知的不一致）が現れてくるが，この認知的不一致を小さくすることが「リーダーシップを育てる」ための手掛かりとなる。

リーダーシップ開発　ブレークとムートンが提唱する「マネジリアル・グリッド」（リーダーの行動要件を「生産・業績への関心」と「人間・部下への関心」の２次元でとらえ，リーダー自身の自己評定にもとづいてリーダーシップを類型化する方法）の訓練ではより正確な自己認知を行うための種々の工夫がなされているが，PM理論ではメンバー認知による測定結果のフィードバックや，集団成員相互の認知を手掛かりとするリーダーシップ開発訓練でリーダーの行動や考えを変化させ，オン・ザ・ジョブ場面での認知的不一致の縮小を目指す。もし表8-1の質問項目に示された具体的行動で企業におけるリーダーシップのすべてが網羅できているなら，リーダーシップ開発はその具体的行動を改善していけばよいということになる。だが，先に述べたように，これらの項目は一義的測定を目的としたモノサシであり，リーダーシップのすべてを示すものではない。そこでリーダーシップ開発においては，表8-1にあげられた具体的行動を参考にしつつ，PとMの相補性を実現する展開を目指し，リーダーとメンバーがともにアクション・リサーチを行っていくことになる。具体的には，まず，リーダーシップを全体的に理解するための，いわば理念型としてのPM理論の紹介が行われる。これはいわば，現場をともに理解するための枠組みの提供であるが，各現場における規範・雰囲気・仕組み・生産性指標は現場によってさまざまである。そこで各現場に則した目標の設定，その実現を可能とする要因の洗い出しを行い，たとえば，表現と読み取りのための役割演技などのコミュニケーション能力促進プログラムを研修場面で導入したり，

小集団活動に集団決定を導入して行動の改善を図ったりするのである。いうまでもなくこれらリーダーシップ開発は，プロセスと時間を考慮した縦断的研究の視点で行われる。

KEY WORD 3　リーダーシップの発揮

リーダーシップの発揮過程　リーダーシップの測定と実践を結びつける現場研究では，横断的研究・縦断的研究の双方が不可欠であるが，縦断的研究ではバスの「リーダーシップ発揮過程」[8] が参考になる。これは，リーダーシップが発揮される過程を，「attempted → successful → effctive」としてとらえるものである。「成功」という日本語には，効果性のニュアンスが含まれるので，ここでは，「意図→表現成功→効果」と訳すことにしよう。この発揮過程はいうまでもなくコミュニケーション過程であるが，前半の「意図→表現成功」と後半の「表現成功→効果」に分離したうえで，それを測定することを考えてみよう。まず，「意図→表現成功」＝「意図を適切に表現できたか」は，リーダー自身に指向性や考えなどを尋ねること（リーダーの自己認知）によって測定可能である。だが，後半の「表現成功→効果」＝「表現が効果に結びついたか」の測定は，効果に結びつくかどうかには種々の状況のあり様が大きく影響してくるので，リーダーの自己認知のみで測定することは困難である。

このリーダーシップの発揮過程は，心理学者レヴィンによる集団における人間行動の有名な公式「B＝f(P・E)」にあてはめることができる。Bはある人の行動（Behavior），Pはその人のパーソナリティ（Personality：人間性，価値観など），Eはその人をとりまく環境（Environment：集団の規範，人間関係など）である。レヴィンは集団における人間行動（B）を，その人のパーソナリティ（P）とその人をとりまく環境（E）との関数（相互作用）としてとらえたのであるが，Pがリーダーシップ発揮過程前半の「意図成功→表現」，Eが後半の「表現成功→効果」に関わると理解できよう。

コンティンジェンシー・モデル　アメリカの心理学者フィードラーは，カウンセラーとクライエントの類似性が高まるときにカウンセリングがうまくいくという臨床経験を産業場面に応用して展開した[9]。フィードラー

は，「リーダーの意図の方向」(レヴィンの公式におけるP)の測定に，リーダー自身の自己認知をSD法(セマンティック・ディファレンシャル法：感情的なイメージを判定する場合などに用いられる意味差判別法)を用いたリーダーの「LPC得点」=「一緒に作業することが難しい他者への評価」を設定した。この得点が高いリーダー(高LPCリーダー)は対人指向性(人間関係指向性)が高く，低いリーダー(低LPCリーダー)は課業指向性(課題達成指向性)が高いとされる。また，フィードラーは，「リーダーのやりやすさ」を示す集団作業状況(レヴィンの公式におけるE)を「リーダー・メンバー関係×課業の構造×権限」として定義し，これとLPC得点とを組み合わせたコンティンジェンシー・モデル(状況適合モデル)を提起した。このモデルでは，やりやすい状況とやりにくい状況では課業指向性の高い低LPCリーダーが，そして中間のやりやすさでは対人指向性をもつ高LPCリーダーが効果を上げることが，相関値で示されている。

このフィードラー・モデルは，レヴィンの「B = f (P・E)」にも合致しており，興味深い。だが，測定指標であるLPC得点の解釈はなかなかやっかいである。LPC得点が分析に使用されることの根拠は，「MPC(作業することがやりやすい協働者)への評価とLPC(作業することがやり難い協働者)への評価との差(類似性)」が，LPC得点と高い相関をもつことである。この代用(「MPCとLPCの差」を「LPC得点」でおきかえること)を行うにはMPC得点の偏差が小さいことが必要で，事実そうなるが，一般的にMPC(やりやすい協働者)は高得点を示す傾向がある[10]。ここからLPC得点の高低を解釈すると，低LPC得点者は作業協働者を「やりやすさ・やり難さ」の軸で大きく区別し，高LPC得点者は区別しないということになる。フィードラーは，低LPCが課業指向性，高LPCが対人指向性を示すと解釈するが，ここには「作業協働(co-work)」を「work：作業＞協働」と「co：協働＞作業」に分類する考えがあるのではないだろうか。たしかに「作業」が「協働」よりも優先される場面では人々を作業ごとに区別する低LPC者が効果を上げるだろう。だが一方で，高LPC者が示すのはMPCが示す「やりやすい協働者」と類似する人を「やり難い協働者」として認知する傾向である。この傾向が効果を上げるには「協働」が「作業」よりも重視されている状況が必要で，フィードラーはこの状況を，リーダー・

メンバー関係，課業の構造，権限の3要因のうち1要因もしくは2要因のみがプラスである「リーダーのやりやすさが中間的な状況」としている。ここで，状況の3要因がすべてプラスの場合とマイナスの場合を両極とし，その間で「やりやすさ」が動くと仮定しよう。すると，「中間的な状況」は「途中」，たとえば発展途上（逆の崩壊途上の場合もある）の状況となる。だとすれば，時間経過の「途中」の段階では協働者を区別しない（高LPCのように）ことが重要である，ということがこのモデルには含意されていることになる。一方，LPC得点そのものは職種など（E：環境）の影響を受けるだろう[11]。つまり，変化する状況に適合するようにみずからの指向性を＜課業⟷対人＞の軸で変えていくことが，リーダーの実践において求められていると理解できる。

　さて，コンティンジェンシー・モデルにおけるLPC得点と，PM理論におけるPM得点の関連については，リーダーの自己認知によるP得点のみに負の相関があることが示唆されている[12]。これは，リーダーの自己認知で測定可能な＜意図→表現＞過程における，いわば＜課業⟷非課業＞の指向性をLPC得点の高低が示すことを意味している。そして，PM尺度を用いたリーダーの自己認知によるPM類型の妥当性は低く，いわば＜表現成功→効果＞の過程を説明することはできない。そのもっとも大きな理由は多くのリーダーがみずからをPM型と自己認知することにあるが，では，この傾向にはまったく意味はないのだろうか。筆者はそうは考えていない。リーダーがみずからをPM型と認知することが示すのは「意図→表現成功」過程におけるPM型（相補性の実現）への統合へのリーダーの指向性の高さである。これが高くないと，「表現成功→効果」過程に注目した，現場でのリーダーシップ測定後のフィードバックや，リーダーシップ訓練[13]，小集団活動，組織開発[14]などの，リーダーとメンバーの認知的不一致[15]を素材にしたリーダーシップ改善の試みがうまくいかず，メンバーの認知を効果あるPM型に導いていくことは不可能となるだろう。

P機能とM機能の組織的統合　P機能とM機能の統合が，組織において自然発生的に起これば問題はない。だが，pm型のフォーマル・リーダーのもとでは，サブリーダーの自然発生は抑制されるということが示されている[16]。このことは，意図的な組織設計の必要性を示唆している。企業は仕

事をするための組織であるから,その組織設計はP機能に関わるものである。たとえば,上司が計画をし,部下がそれを遂行するといったように,P機能の機能分担をタテの階層構造で行うといった具合に。だが,このことは企業のすべての部門で成立するだろうか。P機能を計画と遂行に分け,製造部門と営業部門のそれぞれにおける課長－係長間のリーダーシップ変換過程を比較した研究では,製造部門における課長の計画性は係長の遂行性に変換されるが,営業部門では課長の計画性と遂行性は係長のそれと高い相関をもつ傾向が見出されている[17]。これは製造部門と営業部門におけるタテ関係の協働の仕組みの差,部門ごとに要請されている仕事処理の方法,思考方法の差を示唆している。

　この点を,原材料を商品にするまでの流れ「原材料→＜技術＞→製品→＜市場＞→商品」,つまり,モノの意味を＜ノウハウ＞によって効果的に変化させる生産・販売ライン(バスの「効果」)を手掛かりに考えてみよう。まず,「原材料→＜技術＞→製品」の過程を担う製造部門の目標は,一定の品質・一定のコスト・一定の作業時間の実現である。そのために選択基準の順序化・序列化にもとづいて集約された＜技術＞ノウハウが使用され,機能は直列的に配置される。ここから「計画(課長)→遂行(係長)」といった変換的協働が生じると理解できるだろう。一方,「製品→＜市場＞→商品」を担う販売部門の目標は,異なるニーズをもつ数多くの顧客に対応することである。ここで必要とされるのは,担当する「売り場」の広さ,商品数に職階のちがいがあったとしても,職階に関係なくどの社員でも商品が販売できるという並列配置的な協働である。つまり,職階を問わない業務の質の類似性が必要とされており,このために課長の計画性・遂行性と係長のそれとの相関がそのまま高くなったと理解できる。

　これらの協働性のちがいをふまえたうえで,管理部門は人・物・金・情報といった経営要件による相互調整を行うが,もし,生産・販売ラインで使用する＜技術＞や＜市場＞のノウハウが固定化すれば,組織の行動は慣性化してくるだろう。この慣性化は安定的な効果を生み出すが,一方で企業の成長を阻害する。そこで新開発品(バスの「表現成功」)が求められることになるが,そのためには,＜技術＞と＜市場＞の新しいノウハウを開発し,それが現実の生産の現場や市場の現場の状況に適合するかどうかを＜テスト＞することが必要で

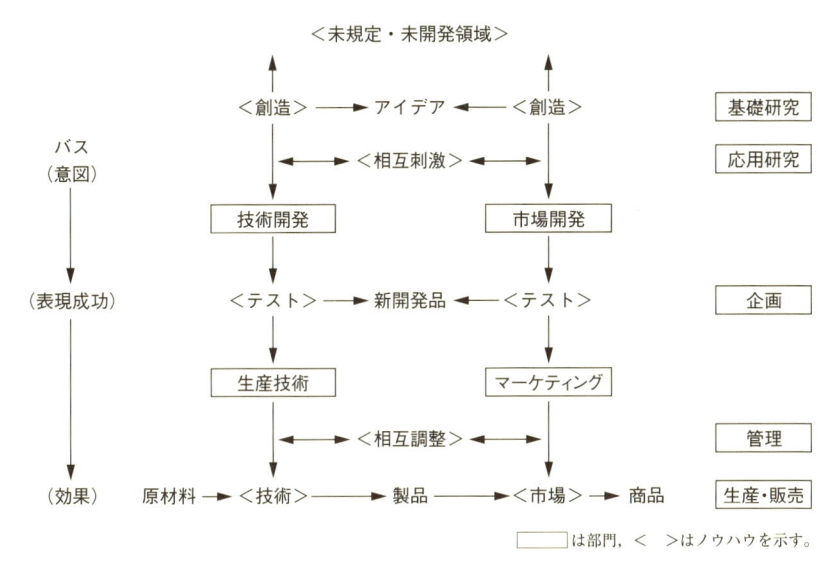

```
              <未規定・未開発領域>
                    ↑
                    |
          <創造> ──→ アイデア ←── <創造>              基礎研究
バス              ↑←<相互刺激>→↑                    応用研究
(意図)             ↓             ↓
              ┌────────┐   ┌────────┐
              │ 技術開発 │   │ 市場開発 │
              └────────┘   └────────┘
 ↓                ↑             ↑
(表現成功)       <テスト>─→新開発品←─<テスト>         企画
                  ↓             ↓
              ┌────────┐   ┌────────┐
              │ 生産技術 │   │マーケティング│
              └────────┘   └────────┘
 ↓                ↑←<相互調整>→↑                    管理
(効果)    原材料→<技術>──→製品──→<市場>→商品      生産・販売

              □は部門, < >はノウハウを示す.
```

図8-3　企業組織の水平的関係

ある。これらの統合役割を担うのが企画である。

　さて，新開発品のもととなるアイデアは基礎研究において生まれるが，それが具体的な新開発品となるには，製品化・商品化への統合意欲を高める（バスの「意図」）＜相互刺激＞が応用研究において必要である。この点が，確定した生産販売ラインにおける管理部門の＜相互調整＞とは異なるところである。だが，アイデアが基本的に指向するのは＜未規定・未開拓な領域＞であり，そのベクトルは拡散的にさまざまな方向を向いている。そこで，これらのベクトルが示す方向が交わる焦点として機能するのが，「経営目的」である。図8-3は，これらの部門間の水平的関係を，バスのリーダーシップ発揮過程を考慮しつつ示したものである。経営者は，これらの関係をもとに，みずからの人間観・社会観を反映した経営理念を基準に意思決定を行う。この経営者の行動はけっして特殊なものではなく，私たちの日々の生活行動を見なおしてみれば，よく似たものをいくつも見出すことができるだろう。

リーダーの意思決定　アメリカの社会学者ゴッフマンは，人間の社会行動を「パフォーマンス」としてとらえた[18]。ゴッフマンのパ

フォーマンス概念には道具的側面（遂行・行為）と表出的側面（演技）の双方が含まれている[19]。これはゴッフマンのいうパフォーマーをリーダーと考えることが可能なことを示しているが、リーダーが行う最大のパフォーマンスは意思決定である。意思決定の組織的手順には、トップダウンとボトムアップのちがいがあるとされる。藤田正は、小売業組織で、P機能→M機能（トップダウン的）とM機能→P機能（ボトムアップ的）で行われた組織開発の事例を比較し、最終的にPM型と判定されれば、どちらのケースでもともに望ましい結果となることを見出している[20]。だが、横断研究的発想では、P機能→M機能、M機能→P機能の手順のちがいを説明できない。つまり、縦断研究的な時間系列を考慮する必要が生じるのである。そこで、P機能・M機能の双方が高い場合を、PM（P→M）型とMP（M→P）型の2種類（縦断研究的に）に区別してみよう。組織開発で用いられる集団決定法の、集団討議→自己決定という手順は、M機能→P機能と解釈できる。PM型を、このように2つに分けた場合、図8-2のPM4類型は5類型になる。秋重義治が『禅の心理学』でいう、通常の世界の論理ではない、「要素の数を二つに限定する限り、部分としての位相の数は必ず五つになる」[21]とする、悟り・脱落の世界の論理、禅における全体・部分表現はきわめて魅力的であるが、残念ながらそれとPM理論の枠組みとの関わりを明確に説明する力量は筆者にはない。ただ、リーダーシップ変容における禅的発想、座禅プログラムの効果は興味深いテーマである。というのも、筆者も参画してプログラム作成した、鉄鋼業界で30年以上続けられている、座禅を入れたリーダーシップ研修が大きな効果を上げているからだ。そこでは、行き詰まった人に、「空・無」とはいわないものの、あえて積極的にpm型行動をあるタイミングで演技的にでもとることをすすめると、行動の反転や、その後の変容が起こったりするのである。

　秋重の指摘は、PM理論再構成のヒントを与える可能性がある。このとき、メンバー認知を重視するPM理論は、なぜメンバーが異なる性質をもつリーダーのP行動とM行動を相補的に統合して認知することが可能なのか、その仕組みはどのようなものかを考え、さらに組織経営・リーダーシップには多様な相補性が存在し、それが＜未規定・未開拓な領域＞への指向性をもつ組織変化の可能性を支えていることに注目する必要があるだろう。そのとき、リーダー

> **TOPICS**
>
> ### リーダーのジレンマ
>
> 　リーダーシップは，それぞれに固有の目標をもった社会・組織・集団において発揮される行動である。それゆえリーダーシップとは，集団の内部へ向けた対内的行動であると同時に，価値実現，意味志向性をもった対外的な行動でもあり，二重の表現行動ということになる。カリスマとされるようなリーダーは，この二重性を苦もなく突破しているように見えるが，実際に，カリスマ的な経営者の方に，世間に流布している逸話や噂話のことをお聞きすると，「大袈裟ですよ！　そんなことしてませんよ」と苦笑されることが多い。どうやら，カリスマ的物語は本人の意図・行動とはあまり関わりなくつくられていくようだ。その物語の像に自分の行動をあわせることに悩んでいるリーダーも結構いる。ここにあるのは「物語と行動」「虚像と実像」「他者からの認知と自己認知」のズレである。みずからの表現行動（リーダーシップ）が作り出した状況にみずからが取り込まれる，ここにジレンマが存在する。経営とは，このジレンマの中で新たな状況を作り続けていく行為だ。ここから表現行動であるリーダーシップをどう理解し，位置づけるかが，リーダーの課題となってくるであろう。

がその変革と組織化の役割を担うことはいうまでもない。

ブックガイド

田尾雅夫『組織の心理学［新版］』有斐閣，1999 年。　組織論の概説書であるが，第 11 章において，リーダーシップについてのさまざまな学説をコンパクトに紹介している。

三隅二不二『リーダーシップの科学』講談社ブルーバックス，1986 年。　リーダーシップＰＭ理論の提唱者自身による平易な解説書。ＰＭ型リーダーシップが生産性を高めることが示され，ＰＭ型の実現に向けた考えを提示する。

藤田 正『私論 被災者の心理』ナカニシヤ出版，1996 年。　阪神大震災で被災した筆者が，ＰＭ理論をもとに被災者の心理と援助のあり方について考察する。

注

1) Weber（1947）を参照。
2) 三隅（1978）を参照。
3) 三隅・関（1968）を参照。
4) 佐藤（1968）を参照。
5) 藤田（1975）を参照。

6) 藤田（1979）を参照。
7) 三隅（1978）より。
8) Bass（1961）を参照。
9) Fiedler（1967）を参照。
10) 藤田（1976）を参照。
11) 藤田（1976）を参照。
12) 藤田（1976）を参照。
13) 藤田（1975）を参照。
14) 藤田（1987）を参照。
15) 藤田・三隅（1972）を参照。
16) 藤田（1982）を参照。
17) 藤田（1984, 1985）を参照。
18) Goffman（1959）を参照。
19) Goffman（1959）；邦訳訳者・石黒毅による指摘を参照。
20) 藤田（1982）を参照。
21) 秋重（1986）を参照。

9 やる気を引き出す

本章のポイント

1. モティベーション研究には、「人は何に動機づけられるのか」についての内容理論と、「人はどのように動機づけられるのか」についての過程理論がある。
2. やる気を引き出すには、仕事の内容と個人の能力を、うまくかみあわせることが必要である。
3. その際、できるかぎり高いレベルでかみあわせること、つまりは、仕事内容に責任、達成といった要素を盛り込むこと、そして、個人の能力を高めること、の両方が重要となる。

KEY WORD 1 内容理論

内容理論　組織にとってもっとも重要なのは、目的を達成することである。そのためには、メンバーに一生懸命働いてもらわなければならない。つまり、メンバーのやる気を引き出すことが最重要の課題となる。では、どうすればメンバーのやる気を引き出せるのだろうか。これを突き詰めていくと、そもそも人はなぜ働くのか、という根元的な問いへとつながる。いったい私たちはなぜ働くのだろうか。このような問いに答えようとするのが、モティベーション研究である。人のやる気をどうやって引き出すのか、についての研究である。

本章では、モティベーション研究について、まず内容理論の代表的な考え方

を概観する。その後，最近取り上げられることの多い，フロー体験について紹介し，最後に過程理論の代表的な考え方を見ていく。これらを通して，人のやる気を引き出すためにはどうすればよいのかについて考えることとしたい。

内容理論は，「人は何に動機づけられるのか」について検討するものである。つまり，人は何に向かってやる気を示すのか，何を示せば人はやる気を示すのかということである。ここでは，欲求階層説，2要因理論，内発的動機づけ理論，職務特性モデルを取り上げる。

マズローの欲求階層説　内容理論として著名なものに，マズローの欲求階層説がある[1]。マズローは人間の欲求を，①生理的欲求，②安全の欲求，③所属と愛の欲求，④承認の欲求，⑤自己実現の欲求の5つに分け，低次から高次への階層構造をなしていると考えた。つまり，生理的欲求が満たされると安全の欲求が顕在化し，それが満たされると所属と愛の欲求が顕在化し，といった仕組みである。しかもこれは不可逆的，すなわちこの順序の通りに現れるとされる。

生理的欲求が満たされていない人に対しては，それを満たすようなものによって，安全の欲求が満たされていない人に対しては，それを満たすようなものによってやる気を引き出すことができるということになる。また，①～④は欠乏しているものが手に入れば，欲求は一時的にしろ満たされるが，⑤は満たされることのない，際限のない欲求であるとされる。

マズローの欲求階層説は，話としてはわかりやすく，納得できる部分もある。しかし，実証的には支持できないとのコンセンサスが得られているといえる。いくつかの研究がその実証を目的として行われたが，いずれにおいてもこの説を支持するような結果は得られていない。

アルダーファの欲求階層説　アルダーファは，マズローの説を修正し，欲求を，①生存（existence），②関係（relatedness），③成長（growth）の3つとするERG理論を提唱した[2]。ERGとは各欲求の頭文字をとったものである。考え方はマズローと似ているが，複数の欲求が同時に生じる場合もあるなど，異なる点もある。実証的な支持もあるが，必ずしも十分とはいえず，妥当性を結論づけることは困難である[3]。

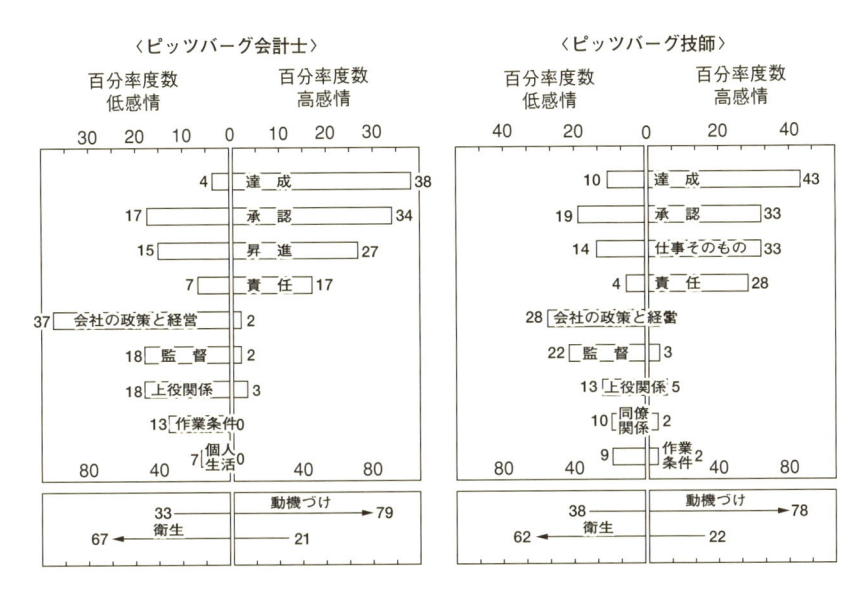

```
        〈ピッツバーグ会計士〉              〈ピッツバーグ技師〉
      百分率度数    百分率度数         百分率度数    百分率度数
       低感情        高感情            低感情        高感情
      30  20  10  0  10  20  30      40  20  0  20  40
              4 [達　成] 38               10 [達　成] 43
           17 [承　認] 34                19 [承　認] 33
           15 [昇　進] 27                14 [仕事そのもの] 33
            7 [責　任] 17                 4 [責　任] 28
    37 [会社の政策と経営] 2           28 [会社の政策と経営]
           18 [監　督] 2                 22 [監　督] 3
           18 [上役関係] 3               13 [上役関係] 5
           13 [作業条件] 0               10 [同僚関係] 2
            7 [個人生活] 0                9 [作業条件] 2
      80  40  0  40  80              80  40  0  40  80
              33 ─ [動機づけ] → 79          38 ─ [動機づけ] → 78
          67 ─ [衛生]      21          62 ─ [衛生]     22
```

図9-1　衛生要因と動機づけ要因の比較[4]

ハーズバーグの2要因理論　上で紹介した欲求階層説は，とくに場面を限定した考えではないが，場面を職場に絞った理論として，非常に大きな影響力をもったのが，ハーズバーグの2要因理論である[5]。ハーズバーグは，203名の技師と会計士を対象に面接調査を行った。

それは，「あなたがいまの職務またはいままでに従事したことのある職務について，例外的によく，または例外的に悪く感じたときのことを思い出してください。何が起こったかを話してください」[6]という問いで始まり，それが起こったのはどれほど前か，その感情はどれほど継続したかなど全部で14の質問に答えてもらうというものであった。その分析結果を示したのが図9-1である。左側が会計士，右側が技師の結果である。

各図の右半分の高感情とは，「例外的によく感じたこと」であり，左半分の低感情とは，「例外的に悪く感じたこと」である。達成の帯が右側に偏っているが，これは，達成に関することがらが，低感情よりも高感情においてより多い割合で出現することを示している。承認，責任も同様であり，これは技師，会計士に共通する結果である。つまり，例外的によく感じたこととしてあげら

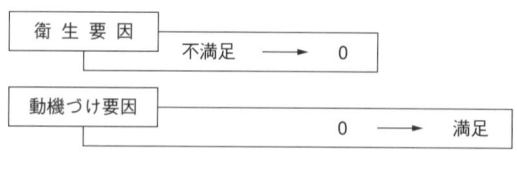

```
衛生要因    不満足 ——→ 0
動機づけ要因        0 ——→ 満足
```

図9-2 ハーズバーグの2要因

れるのは，達成，承認，責任といった，まさに仕事そのものに関わっていることがらであることがわかる。

それに対して，会社の政策と経営，監督，上役関係などは左側に偏っており，高感情よりも，低感情において多く出現することがらであることがわかる。これらはすべて仕事をとりまく要因であり，それらが例外的に悪く感じたこととして報告されやすいということを示している。

以上の結果にもとづいてハーズバーグは，人が満足を感じるのは，仕事そのものに対してであり，仕事をとりまく要因には，満足を高めるような効果は期待しにくいと考えた。前者が動機づけ要因と呼ばれ，後者が衛生要因と呼ばれたのである。つまり，あれば満足をもたらすが，なくてもとくに不満というわけではないのが動機づけ要因，なければ不満足をもたらすが，あったからといってとくに満足につながるわけではないのが衛生要因ということになる。これを図示すると図9-2のようになる。

以上の知見を活かすとすれば，人のやる気を引き出そうと思えば，仕事そのものの中にやりがいや責任といったものを埋め込むことが必要ということになる。環境を快適にするとか，人間関係を良好にするといったことは，もちろん大切なことではあるのだが，それによって働く人々の満足感を高める，やる気を引き出すということにはつながりにくいということである。

ただ，満足とやる気がストレートにつながるのかという点については別に議論がある。ここではふれないが，関心のある人は，たとえば井手亘「仕事への動機づけ」などを参照されたい[7]。

内発的動機づけ理論　ハーズバーグの発見は，仕事そのものの中に人は満足を見出すということであった。同じような考えは，デシの内発的動機づけ理論の中にも見出すことができる。デシは大学生を対象にして，非常に興味深い研究を行っている[8]。

表9-1　8分間のうちパズルを解いていた時間の平均値（秒）[9]

	1日目	2日目	3日目	3日目-1日目
実験群（12名）	248.2	313.9	198.5	-49.7
統制群（12名）	213.9	205.7	241.8	27.9
				-77.6*

*p<.10

　24名の被験者が実験群（12名），統制群（12名）に分かれ，1人ずつSomaと呼ばれる立体組み立てパズルを解く。このパズルは，ほとんどの大学生が内発的に動機づけられると予想されるもの，つまりはとてもおもしろいものであった。実験は3日間行われ，いずれの日も4つのパズルを解く。2日めに重要な操作が行われる。それは，実験群の被験者に，13分以内に解けばパズル1つあたり1ドルを与えるというものである。

　3日めは1日めと同様，実験群，統制群ともに報酬は与えられない。さて，3日間とも，2つのパズルが終わった後，実験者が実験の準備のためと称して8分間実験室から出，被験者だけにする時間を設ける。その際，被験者には，「数分間外へ出るが，その間何をしていてもよい」と告げる。実験室には雑誌も用意してあったので，それを読んでいてもかまわない。この8分間の被験者の行動が，one-way windowを通して観察され，8分間のうちどれくらいの時間パズルを解いていたかによって被験者のモティベーションを測定した。その結果を示したのが表9-1である。

　2日めで実験群の数値が大きくなっているが，これは，速く解けば報酬を与えると教示されているので，当然の結果である。この実験結果の興味深いところは，右端の3日め-1日めの実験群-統制群間の差である。実験群では，2日めは長く解いていたが，3日めになるとその時間は大きく減少している。一方，いっさい金銭的報酬を与えられなかった統制群では，3日めに最長となっている。実験群は2日めに金銭的報酬を与えてしまったばかりに，3日めの時間は1日めよりも短くなってしまったのである。

　単純に考えれば，報酬を与えた方がよく働くだろうと思いがちだが，本人が内発的に動機づけられているような場合，つまり，課題そのものがおもしろく

てやりがいをもってやっているような場合，そこに金銭的報酬を与えることは，内発的動機づけを損ね，かえってやる気を失わせてしまうことがあるのである。もともとは課題を解くことが目的であったのに，それが金銭的報酬を得ることにすり替わってしまう。したがって，その金銭的報酬がなくなると，課題を解こうという意欲が減じられてしまうのである。

子どもが興味をもって一生懸命何かに打ち込んでいるとき，「ご褒美にお小遣いをあげよう」などといったことは，慎重にしなければならないということである。子どもはすでに，興味のあることを一生懸命やるということで何よりのご褒美をもらっているのである。

> 職務特性モデル

ハーズバーグの研究でも，デシの研究でも，そこで示されていることは，仕事や課題そのものが重要であるということである。したがって，人のやる気を引き出そうと思えば，仕事や課題そのものについての探求が求められることになる。そこで，仕事とはどのように把握可能であるのか，という点について検討したのが，ハックマンとオルダムの職務特性モデルである[10]。このモデルでは，職務特性を把握する5次元が提唱されている。

1つめは技能多様性（skill variety）であり，これは，職務を遂行するうえでどの程度多様な技能が必要とされるかを意味している。2つめは，タスク・アイデンティティ（task identity）であり，仕事の行程のどの程度に関わっているかを意味している。3つめは，タスク有意味性（task significance）であり，自分の仕事が他者の生活や仕事に対してもっているインパクトの程度のことである。4つめは，自律性（autonomy）である。仕事の計画を立てたり，手続きを決定する際に従業員にどの程度の自由，独立性，裁量が与えられているかを示している。5つめは，フィードバック（feedback）であり，仕事そのものから得られるフィードバックのことを意味している。これらの要素が，人のやる気に影響をおよぼすのである。

さらにハックマンらは，仕事の次元が影響をもつのだが，その程度は従業員の成長欲求と関わっているとしている。さまざまな技能を要請される仕事は技能多様性が高く，単調な仕事よりもやる気を高めることが予想される。しかし，それは成長欲求が高い従業員において顕著であると考えられる。成長欲求の高

> **TOPICS**
>
> **MPS（Motivating Potential Score）**
>
> ハックマンらは，ある仕事の潜在的なモティベーションの程度（MPS）を次のような式で表すことができるとしている。
>
> $$\mathrm{MPS} = \frac{(技能多様性＋タスクアイデンティティ＋タスク有意味性)}{3} \times 自律性 \times フィードバック$$
>
> この式にもとづけば，技能多様性，タスク・アイデンティティ，タスク有意味性は，たがいに補いあうことが可能である。単調な仕事だが行程の多くに関わることができる，あるいは，行程の多くには関われないがインパクトのある仕事である，といった場合は，やる気が大きく削がれるということはない。しかし，自律性が低いこと，フィードバックが得られないことは，やる気を引き出すという点からは，致命的であることがわかる。

くない従業員にとっては，さまざまな技能を要請されることはかえって苦痛となるかもしれない。仕事の行程の多くに関わること，インパクトのある仕事に携わること，自律的に仕事をすること，仕事のフィードバックを得ること，これらがかえって負担となる人もいるのである。

ハックマンらの考えは，職務設計，すなわち仕事をどのように設計していくのかという点から，非常に高く評価されているモデルである。彼らの主張を単純に表せば，人は，多様な技能が必要で，多くの行程に関わり，インパクトをもっていて，自律的にでき，フィードバックが得られやすいような仕事に対してやる気を示し，その傾向は成長欲求の高い人においてとくに顕著であるということである。

KEY WORD 2　フロー体験

フロー体験とは　モティベーション研究で，フロー体験が最近よく紹介されている[11]。内容理論の中の内発的動機づけ理論に近い考えであるが，他の理論ほど頻繁に取り上げられてきたわけではないので，

本章ではKEY WORDの1つとして，詳細に見ていくこととしたい。
　フロー体験について，チクセントミハイは，『フロー体験——喜びの現象学』の中で，次のような例を引いて説明している。複雑で意欲をそそられる訴訟に関わっている若手弁護士の話である。

> 「彼女は数時間図書館にこもり，年上のパートナーのために資料を分析し，訴訟についての可能な道筋の輪郭を描く。極度に注意を集中させるので，昼食をとることも忘れ，空腹に気づく時には外はもう暗くなっているなどということもよくある」[12]。

　つまり，やっていることに注意を集中し，我を忘れるほど打ち込んでいるような状態のことを意味している。それほど集中しているのだから，当然やっている最中は楽しんでいる。モティベーション研究において，最近このような現象が注目されている。
　では，「フロー」とは何を意味しているのだろうか。チクセントミハイによれば，面接をした人の多くが，自分の最高の状態のときの感じを「流れている（floating）ような感じ」「流れ（flow）に運ばれた」と表現したことによっているとのことである。

フロー体験の要素　チクセントミハイによれば，フロー体験には次のような要素がある。①能力を必要とする挑戦的活動，②行為と意識の融合，③明確な目標とフィードバック，④いましていることへの注意集中，⑤統制の逆説，⑥自意識の喪失，⑦時間の変換。①，③，④は比較的理解しやすいが，②，⑤，⑥，⑦は少しわかりにくいかもしれない。
　行為と意識の融合とは，行為にあまりにも深く没入しているので，その行為から切り離された自分を意識することがなくなるような状態である。統制の逆説とは，状況や環境，あるいは世界を自分が統制しているような感覚のことを意味している。自意識の喪失とは，自分という意識がなくなってしまうような状況である。我を忘れるという表現があてはまる。時間の変換とは，「時間が普通とは異なる速さで進む」[13]ような状況である。何かに熱中していて，気がつけば思いもしないほど時間が経過していたといった状況はこれにあてはまる。

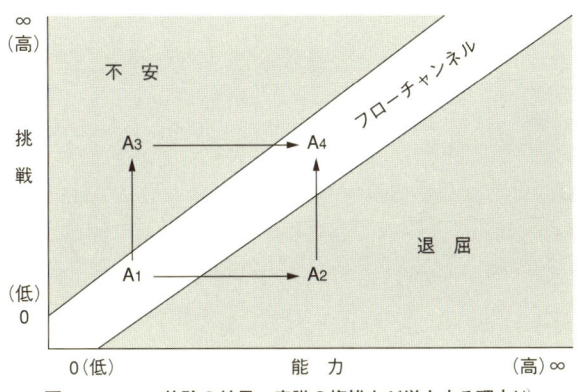

図9-3 フロー体験の結果，意識の複雑さが増大する理由[14]

フロー体験と成長　フロー体験によって人は成長していくとされる。それを図示したのが図9-3である。チクセントミハイは，テニスを例に引いて，これを説明している。図9-3で，A1はテニス初心者の人がネットの向こうにボールを打つことを示している。ネットの向こうにボールを打つこと自体，さほど難しいことではないが，初心者にとっては，能力とかみあった挑戦ということになり，やっていて楽しいのである。

しかし，いつまでもA1にいるわけではない。ボールを打ち続けているうちに，しだいにA2へと移っていく。つまり，技術が身につくと，ネットの向こうにボールを打つだけのことに退屈し始めるのである。これは能力が挑戦を上回っている状態で，やっているうちにつまらなくなってくる。逆にA3の状態，たとえば自分よりうまい人と出会い，実力差を思い知らされるような場合も，テニスを楽しむことはできない。挑戦が能力を上回っているからである。

A2からふたたびフローの状態に戻るには，挑戦の困難さを上げることが，A3からふたたびフローの状態に戻るには，練習を積んで能力を高めることが求められる。チクセントミハイによれば，A1，A4ともにフローの状態であるが，「A4はより大きな挑戦を含み，プレイヤーにより高度な能力を要求するので，より複雑である」，そして，「A4はA1より複雑で，より楽しい」[15]のである。

もちろん人はA4には立ち止まらず，さらに右上の方向へと向かっていくこ

とになる。このように，フローの基本には，自己の成長があるとされている。より高い水準でのフローを求めて，前進していくのである。

<仕事か余暇か> では，人は仕事と余暇のどちらでより多くのフローを体験しているのだろうか。チクセントミハイらは，さまざまな職業の正社員男女100名を対象に興味深い研究を行っている。100名の被験者は，1週間ポケットベルを携帯する。ポケットベルは毎日無作為に8回鳴る。そして，その瞬間何をしているか，どんな気分でいるかを記録することが求められた。同時に，どのくらい挑戦を感じているか，どのくらい能力が用いられていると感じているかを10段階で評定した。挑戦，能力両方で1週間の平均以上の場合，フローしていると判定された。その結果，4800以上の回答が得られ，そのうち33％がフローしていることがわかった。

そして，フローに費やす時間が多ければ多いほど，被験者が報告した経験の全般的な質も高く，仕事であれ余暇であれ，フロー状態は積極的な体験，幸福感，快活さ，力強さ，活発さ，創意性，満足と結びついていた。

さて，チクセントミハイらの予想に反したのは，仕事中に頻繁にフロー状態が報告され，余暇にフロー状態がまれだったことである。働いているときは，フローしているという答えは54％であり，このことは，仕事時間の約半分の間，平均以上の挑戦に立ち向かい，平均以上の能力を発揮していることになる。それに対して，余暇時間では18％がフローしているのみであった。これをチクセントミハイは，仕事の逆説としてとらえている。

「仕事中，人々は能力を発揮し，何ものかに挑戦している。したがってより多くの幸福・力・創造性・満足を感じる。自由時間には一般に取り立ててすることがなく，能力は発揮されておらず，したがって寂しさ・弱さ・倦怠・不満を感じることが多い。それにもかかわらず彼らは仕事を減らし，余暇を増やしたがる」[16]。

<仕事を見つめなおす> たしかにチクセントミハイが仕事の逆説と指摘した点にはうなずくことができる。正月休みやゴールデンウィーク，盆休みなどを故郷や海外で過ごして帰ってきた人が，駅や空港でイン

---- TOPICS ----

エンパワメント

　エンパワメントはさまざまに定義される。努力と成果の結びつきに対する労働者の期待を高めることといった定義[17]や，内発的なタスクモチベーションの高まり[18]といった定義もある。要はやればできると思わせること，やりがいをもたせることであり，管理して，やらせようという古い発想からの脱却である。そのためには，仕事を再設計する，組織の意思決定に参加させるといったことが行われる。管理によってメンバーを押す（push）のではなく，仕事がメンバーを引きつける（pull）のである[19]。メンバーが仕事そのものに対してコミットするような状態が望まれることになる。

タビューを受ける光景をよくテレビで目にする。「お仕事はいつからですか？」という問いかけに対して，「明日からです。つらいです」と言うのはよく目にするが，「明日からです。楽しみです」と言うのは見たことがない。別にテレビ局がカットしているわけではなく，後者のように言う人は，あまりいないのであろう。

　では，私たちはどうして仕事に対して否定的なのだろうか。チクセントミハイは以下のような理由をあげている。それは，仕事に関して，自分の感覚が得た証拠を重視しないということである。つまり，直接的経験の質を無視しているということである。いい仕事をして，充実感を得るような体験をしても，それがストレートに仕事は楽しいものだという意識へは結びつかないのである。そのかわりに，仕事とはこのようなものであるはずだという思いにとりつかれている。仕事を義務，束縛，自由の侵害と考え，したがってできるだけ避けるべきものだと考えているというのである。

　チクセントミハイの研究は，私たちに，「自分の仕事をもう一度よく見つめなおしてみませんか？」と問いかけているように思える。「いくら仕事だからといって，楽しい部分については，素直に楽しいと考えてはどうですか？」と。たしかに仕事は嫌なものだが，では「仕事をしているときは人生真っ暗か？」と問われれば，けっしてそうではないはずである。その中に少しでもポジティブにとらえられるものを見出すことができるようになれば，職業生活，ひいては人生のとらえ方もずいぶんちがったものになるのではないか。そんな問いか

けであるように思える。

KEY WORD 3　過程理論

期待理論　ここまでは，「人は何に動機づけられるのか」についての議論であった。ここからは，「人はどのように動機づけられるのか」について説明しようとする過程理論について見ていく。ここでは期待理論，目標設定理論を取り上げる。

初期の期待理論としてヴルームの考えがある。ヴルームによれば，ある行動への動機づけは，行動がある結果をもたらすであろう主観的確率（期待）と，その結果の誘意性（価値や魅力）の積の和で決まる[20]。

少々複雑なので，具体的な例で考えてみよう。たとえば上司からあるプロジェクトチームに誘われ，参加するか否かを決定しなければならないとする。プロジェクトチームに参加することで，さまざまな結果が生じうる。チームに選ばれたということで，社内での承認が得られるかもしれないし，うまくいけば昇給するかもしれない。また，ふだんはあまり接触のない他部署の人々と仕事をするうちに，知識や実力を養えるかもしれない。これらはおそらく魅力的なものであろう。しかし，いいことばかりとはかぎらない。忙しくなることで，睡眠不足になったりストレスフルになったりして，健康に対する不安が高まるかもしれないし，家で過ごす時間が少なくなり，家族との関係が悪化するかもしれない。これらは魅力的ではないであろう。

このように，ある行動をとることでさまざまな結果が予測され，それぞれについて期待と誘意性があり，その積を足し込んだものがモティベーションの強さということになる。それぞれの期待が同程度の場合，承認や昇給の誘意性が高く，健康不安や家庭不和の誘意性が大きなマイナスにならない人は，承認や昇給の誘意性があまり高くなく，健康不安や家庭不和の誘意性が大きなマイナスとなる人よりも，プロジェクトチームへの参加に傾くことになるだろう。

ヴルームを修正したポーターとローラーでは，ヴルームのいう期待を，努力が業績をもたらすことについての主観的確率である期待と，その業績がある結果をもたらすことについての主観的確率である期待に分けて把握している[21]。

期待理論は多くの研究を生んだ理論であるが，批判もある。たとえば人はそんなにいろいろなことを計算して行動しているのだろうか，というものである[22]。日常生活でも，何か行動することを決めるとき，私たちは，業績に結びつくかどうか，それが結果に結びつくかどうか，その結果の魅力はどうかといったことをかならずしも事細かに計算しているわけではないのではないか，ということである。また，期待理論には検証可能性の点からの批判もある[23]。

目標設定理論　目標設定理論では，「具体的で困難な目標」を設定することの有効性が主張される[24]。たとえば英書を講読しているゼミに出席しているとしよう。「来週の授業までに精一杯やってきなさい」など曖昧で不明確な言い方をされるよりも，「来週の授業までに30ページ要約してきなさい」など具体的な目標を設定される方が有効である。

しかもこの30ページという目標の困難さが重要となる。片手間にやっても10分ほどでできるような課題であっては容易すぎる。1日中頑張っても1ページがやっとというのでは，困難すぎる。適度に困難な目標を設定することが重要なのである。さらには目標は一方的に与えられるのではなく，みずから設定する，あるいは少なくとも設定に参加することが重要である。

では，なぜ目標が具体的であることが必要なのだろうか。それは，目標が具体的であることで，何をどのようにすればよいかが明確になるからである。たとえば，「1週間で30ページということは，1日予備日を設けるとして，1日5ページ，したがって1日に何時間くらい」といった具合に計画が具体的になる。また困難であることで，集中したりやり方を工夫することが求められることになる。また，古川久敬によれば，目標が具体的であれば，設定目標と現状とのギャップが明確になり，困難であることで，ギャップを頻度多く長い期間にわたって認識させてくれるという効用がある[25]。

みずから設定した具体的で困難な目標を達成することで自己効力感，満足感を得るのである。それがまた次なる目標設定へとつながり，好ましいサイクルが生じることになる。また井手亘によれば，仮に達成できなかった場合でも，挑戦したことや努力の過程で知識や技術を身につけたことが内的報酬になるので，マイナスにはたらかないという特徴もある[26]。

本章のまとめ　ここまで述べてきたことにもとづいて，本章のタイトルである「やる気を引き出す」には，どうすればよいのかについて考えてみたい。2要因理論，内発的動機づけ理論，職務特性モデルからわかることは，仕事の中身そのものと，個人の成長欲求が重要であるということである。フロー体験の議論からわかることは，やはり仕事や課題の中身そのものと，個人の能力が重要であるということである。過程理論，とくに目標設定理論に従えば，具体的でやや困難な課題であることが重要そうである。

つまり，一方で仕事や課題にやりがいや面白み，達成感や責任性といった要素を含ませること，他方で，メンバーの能力を高めておくこと，能力を最大限発揮できるような状況を作り上げることが必要のようである。いわゆるエンパワメントとも密接に関わってくる。仕事内容を高め，メンバーを高めたうえで，両者をかみあわせるといった発想が求められる。しかもかみあわせる際にメンバーの意志に配慮する，理想的には決定の際にメンバーにも加わってもらうといった手続きをとることができれば，効果はよりいっそう高まるだろう。

ブックガイド

- M・チクセントミハイ『フロー体験——喜びの現象学』(今村浩明訳) 世界思想社, 1996年。　フロー体験についての詳細な解説の書。やや難解なところもあるが，実証的な研究も紹介されており，理解を助けている。
- A・H・マズロー『改訂新版 人間性の心理学——モチベーションとパーソナリティ』(小口忠彦訳) 産業能率大学出版部, 1987年。　マズローの考えについて，階層説だけではなく，より深く知りたい人にすすめる。とくに自己実現についての記述は，読みごたえがある。
- D・マクレガー『新版 企業の人間的側面——統合と自己統制による経営』(高橋達男訳) 産業能率大学出版部, 1970年。　X理論−Y理論で知られるマクレガーの著作。人の使い方，動かし方，やる気を起こさせるには，などについて，さまざまなヒントを得ることができる。

注

1) Maslow (1954) を参照。
2) Alderfer (1972) を参照。
3) 石田 (2001) を参照。
4) Herzberg (1966), 邦訳 pp.114-115 の第3図，第4図をもとに作成。

5) Herzberg（1966）を参照。
 6) Herzberg（1966），邦訳 p.108 より。
 7) 井手（2000）pp.12-13 を参照。
 8) Deci（1971）を参照。
 9) Deci（1971）より。
10) Hackman & Oldham（1975）を参照。
11) 金井（2002），金井・髙橋（2004）を参照。
12) Csikszentmihalyi（1990），邦訳 p.51 より。
13) Csikszentmihalyi（1990），邦訳 p.84 より。
14) Csikszentmihalyi（1990），邦訳 p.95 の図をもとに作成。
15) Csikszentmihalyi（1990），邦訳 p.96 より。
16) Csikszentmihalyi（1990），邦訳 p.199 より。
17) Conger & Kanungo（1988）を参照。
18) Thomas & Velthouse（1990）を参照。
19) Berlew（1986）を参照。
20) Vroom（1964）を参照。
21) Porter & Lawler（1968）を参照。
22) 金井（1999），井手（2000）を参照。
23) 髙橋（2004）を参照。
24) Locke & Latham（1990）を参照。
25) 古川（2003）を参照。
26) 井手（2000）を参照。

10

起業家として行動する

本章のポイント
---

1. 組織はどのように成長するのか，それをライフサイクルの視点でとらえると，どのような知見が得られるのか。
2. そのスタート時点で，組織を構築する人たちのことをアントレプルナーといっている。起業家ということもあるが，どのような人たちであるのか，その定義とはたらきについて整理したい。
3. しかし，彼らは，組織の経営管理に対して，むしろ逆に，阻害的にはたらくようなこともある。それはどのような場合であるか，その限界を理解することで，組織の成長をより円滑にできる。

KEY WORD 1 ベンチャー創造

ベンチャー創造　経営にはかならず最初がある。スタートがある。事業を起こすのである。それをどのように起こすかである。出来上がってしまった経営体だけに関心を向けるだけでは見えないものもある。三つ子の魂は百まで影響するというのは，人間にかぎったことではない。組織も，誕生から，つまり，その出だしがどのようであるかが，その後の成長に大きく関わることになる。

経営学の理論は，ゴーイング・コンサーン（事業継続体）に関連して理解されることが多い。つまり，事業が継続することを前提に，いまをどうするかを考えるのが経営学である。いまの成果を，どのように将来につなげるかという

> TOPICS
>
> ### ベンチャーとは
>
> 　正確に訳するとすれば，冒険的な企てのことである。通常，リスクを賭して新しい事業を始めること，あるいは，それを始める人たちを指していることが多い。つまり，アントレプルナーその人，あるいは彼らによって始められた事業のことである。あるいは，その事業のことをベンチャー・ビジネスといい，それを支える事業体をベンチャー・キャピタルといっている。いずれにしても，ハイリスク・ハイリターンを当然として，失敗を恐れないというニュアンスが込められている。

点では，それは近い将来を考えてのマネジメントである。その時間は現在を中心に，未来に伸ばされて考えられる。しかし逆に，あらゆる経営は，過去にも引き伸ばされる。生まれたときがあり，そして，そこから成長する過程がある。やがて倒産や解散，あるいは吸収合併などの衰亡のときが到来する。いつかはそれは消滅する。未来永劫というものはない。この意味で，いまというのは，1つの通過点でしかない。

　ベンチャー創造というのは，そのスタートである。そこからすべては始まることになる。スタートをどのようにとらえるか，それは，従来，経営学で不足がちな議論の1つであった。

ライフサイクル　組織を有機体として，つまり，人間に擬して，その成り立ちを論じる立場がある。どこでどのように誕生したのか，どのように生きてきたのか——それはまさしく人生そのものである。組織論におけるライフサイクルのモデル[1]は，それを端的に論じている。組織がどのように発展し，また衰亡していくかを正確にとらえることで，その根本部分，人生そのものにあたる部分を認識しようというのである。

　実際，みずからの出自と成長について，何もわからないというのでは，何をどのようになすかという経営の根幹の論理が欠落することになる。何のための経営体なのかという論議が曖昧になると，企業倫理やミッション（使命），そしてアカウンタビリティ（結果責任，あるいは報告責任）などの問題が消滅して，社会的に信用されなくなり，退出を余儀なくされる。とくに，なぜ，それが誕生したのかについては，最終的には衰亡に至るまでの，その経営体の自己認識

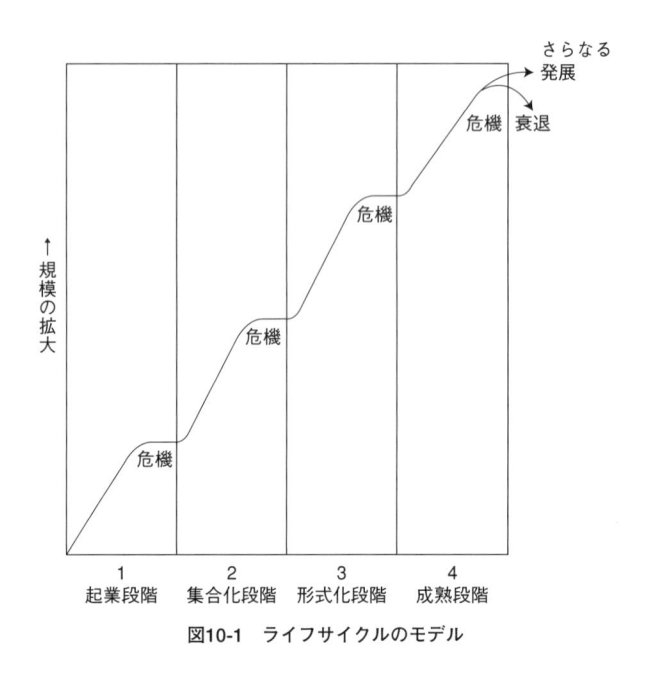

図10-1　ライフサイクルのモデル

に関わることであるから、もっとも重要なことであると考えなければならない。

人的要因の重視　起業とは当初、あらゆることが不安定なものである。環境との関係でも安定さを欠いたままである。とくに資源調達が思うようにできない、そのときの困難が、経営体としての自己認識の基本的なイメージを作り上げる。経営体が大きく発展してしまえば、そのときの辛苦は神話として語られもする。それだけではなく、そのときのマネジメントがそのまま、その後の考え方に決定的な影響を与えることにもなる。

　しかし、経営体がシステムとして成り立つ以前であるから、システム的な体系だったマネジメントは、まだありえない。あるのは試行錯誤的なマネジメントであるが、それさえも、合意によって、あるいは議決を経てというようなことはない。その多く、ほとんどすべての場合、数人の、あるいは、1人の人に任せざるをえないようである。というよりも、その経営体を立ち上げてシステムを熱心に構築しようとしている、その人によって、さまざまのマネジメント

は実行される。組織のライフサイクルの当初では，システムよりもヒトに，人的要因に注目せざるをえない。

KEY WORD 2 起業家（アントレプルナー）の役割

**カリスマから　　**マネジメントにおいて，人的要因を重視する立場は，
アントレプルナーへ　とくに，従来からリーダーシップ論の系譜の中で注目
されてきた。また，経営者論も，これに伴走しながら議論の展開を図ってきた。

　実際，経営体に個性を関連づける研究は多くある。カリスマやトランスフォーメーション・リーダーを経て，アントレプルナー（entrepreneur:「起業家」と訳される。なお，「企業家」と訳されることもあるが，現在では，ほぼ「起業家」に統一されつつある）に至るモデルは，安定的に稼動しているシステムとしての組織を否定して，1人の個性に組織の経営管理を委ねることを共通の下地としている[2]。

　実際，カヌンゴらは，明確に，リーダーシップの発展型としてアントレプルナーを位置づけている[3]。彼はリーダーシップ論の理論的な弱点を補い，モデルの刷新を提唱している。組織のイノベーションに資するためには，リーダーもマネジャーもアントレプルナー的な（あるいは起業家的な）役割行動を修得しなければならないというのである。また，機械的にルーティンを維持できる平時のリーダーシップに対して，乱時のアントレプルナーシップということも指摘されている。リーダーシップ論の延長線上にありながら，何かを起こすためには，何かをする，それには，従来の合理性の基準を変更する，あるいは，それと相対しながら，もしかすると対立や競合することもありえないことではないという前提が，アントレプルナーをめぐる議論には含まれている。

　ただし，このアントレプルナーシップという概念は，本来経済学的な由来を有する概念であり[4]，起業家は創造的な破壊を担い，イノベーションのために貢献するということで，経済学的な合理性と重なりあって使われてきた。その存在そのものは合理的であり，その思考や行動は，組織の目標達成に貢献するとされるのである。

しかし，心理学や社会学的な視点が導入されるのにともなって，当初の議論とは相違して，アントレプルナーシップはその人自身の思いつきや思い入れに依存するところが多いとされ，その人間的な側面，非合理的なところが重視されるようになった。

その特徴は，ドリンガーによれば，以下のような3つに集約される[5]。

①創造性とイノベーション　起業とは，何か新しいものを創造して，それをこの社会に流通させ，新しい仕組みを構築することである。アントレプルナーは，少なくとも旧来の仕組みを打破する，あるいは打破できることが期待され，それによって幅広く支持を集めることができる。

②組織の構築　事業を起こすとは，新しい仕組みをつくることである。新しいものを活かすために，そのための資源を収集でき，またそれをコストが少なく便益が多いかたちでできるような組織の基礎づけがなければならない。

③リスクや曖昧さの効果的な対応　事業にはリスクや曖昧さが多くある。その状況で利得を得たり，それをさらに大きくするためには，相応の経験や勘，度胸などがなければならない。リスクテイクな行動ができるかどうか，その資質があるかどうかなどは看過できないことである。

アントレプルナーとは，これら以上の3つのはたらきをなせる人たちである。ほかにも，たとえばヒスリッヒとピータースも，いくつかの論文をあげながら，①イニシアティブを握ること，②資源や状況を実際的な何かに仕向けるための組織化や再組織化ができること，③リスクや失敗を受け止められること，の3点をあげている[6]。彼らドリンガーと同じような論点を呈示しているので，両者をあわせてアントレプルナーというカテゴリーの大枠はほぼ理解できよう。

要は，リスクを承知で，新しい組織の創造に関わるフレームワークを提出できる，つまり，ビジョンを構築する資質が厳しく問われ，それを実現するための，資源獲得のネットワークを構築する技能が問われるのである。それらのはたらきの多くは個人的な，後述するが，特異な技能に帰されることが肝要でもある。それは，リーダーシップのように訓練を施して，誰でもいつでもできるようになるというような技能ではない。少なくとも，アントレプルナーの行動にはマニュアル化できるようなことはない。その人，アントレプルナーの，能

```
┌─────────────────────────────────────────────────────────────┐
│ Ⅰ. 個人差                                                      │
│  ┌──────────────────────────────────────────────────────────┐│
│  │ 1) 個人属性                                               ││
│  │   年齢（とくに若さ），性と出生順位，家庭環境など          ││
│  ├──────────────────────────────────────────────────────────┤│
│  │ 2) 気質や性格                                             ││
│  │   タフネス，向性，統制の中心性，場依存性など              ││
│  ├──────────────────────────────────────────────────────────┤│
│  │ 3) 態度                                                   ││
│  │   リクステイク（あるいは大胆思考），頑固さ，自己効力感，意欲，達成動機づけなど ││
│  └──────────────────────────────────────────────────────────┘│
└─────────────────────────────────────────────────────────────┘
┌─────────────────────────────────────────────────────────────┐
│ Ⅱ. 状 況                                                     │
│   参入障壁，資源の確保，競争優位（ニッチをつかむなど），運，タイミング，特需など │
└─────────────────────────────────────────────────────────────┘
```

図10-2　アントレプルナーの特徴

力や資質などを含め込んだ人柄が，そのような行動を発現させるのである。

誰が支持するのか　しかし，その一方で，アントレプルナーは状況依存的な存在でもある。これは，リーダーシップ理論における状況依存モデルと並行的にとらえられる。起業も，個人の，いわばウルトラ個人的な特性だけではなく，状況を的確にとらえ，それとの適切な適合を図らなければ，成り立たないからである。ガートナーは，環境の制約について，それに適合的な戦略の構築を図らなければならないと指摘している[7]。そのためには，状況の中の適切な筋道を，読みとれるかどうかについての認識が，アントレプルナーになければならない。俗にいえば，平時よりも乱時のほうが彼らには活躍の舞台が大きくなる。

　平時において，通常のルーティンを処理するだけの経営者なら，その役割はかぎられている。彼らは組織の維持や安定性の確保に関心を向ければよいのである。しかし，成長期にあったり，動揺を繰り返すような組織では，たえず何かに向けて行動する人が必要である。不安定な環境を切り抜ける経営幹部は，「経営者（executive leader）」という言葉に対して「起業家（entrepreneur）」という言葉で表現される。単なる経営者は，組織の維持や安定を重視するが，アントレプルナーは新しい言葉やアイデアを創造し，将来的なリスクを賭けた行動さえあえて実行するようなこともなくはない。

　したがって，景気が良くなく，社会が行き詰まるようなことになり，何か新

TOPICS

代表的な起業家

アントレプルナーは「起業家」と訳される。起業家としては，ホンダの本田宗一郎とかソニーの井深大などがその典型である。松下幸之助も起業家である。海外では，ビル・ゲイツなど，IT革命の旗手たちを例としてあげることもできる。要は，リスクを賭して一代で事業を立ち上げ，そして成功させた人たちである。ただし，彼らにはかならずといってよいほど，起業を支える人たちがいる。本田における藤沢武夫，井深における盛田昭夫などである。彼らもまた，起業家というべきであろう。

しいことをしようとして事業を起こすこと，そのために組織を構築するなどは，アントレプルナーのすることである。それは，乱時にかぎらなくても，小さな企業を立ち上げることとも，ほぼ同義である[8]。そこでは，すでにある組織をいかに円滑に運営するかということではなく，いわゆる起業的なセンスが欠かせなくなる。当然のことながら，そこにはチャレンジ精神と重なりあうところが多くある。またそれは，ベンチャー企業の経営者のエッセンスそのものでもある。

また，アントレプルナーには非常時の動員性の確保という問題もある。つまり，組織がクリティカルな状況の中で行動する必要性があればあるほど，経営管理を担当する人たちすべてがアントレプルナーとして行動しなければならないのである[9]。

KEY WORD 3　誰がアントレプルナーになるのか

行動様式　アントレプルナーシップは，その行動類型はさまざまであるが，明確で，誠心誠意，時宜をとらえた方法により，目標の実現に向けて表出される強烈ともいうべき精力と関与を，その共通の特徴としている[10]。

当然のことながら，組織が成り立つのは，アントレプルナーによる行動の集積の結果であるが，さらに組織が大きくなれば，通常の，ルーティン的な経営幹部も必要になってくる。しかも興味深いことに，この2つの役割が1人の人

物，1人の個性においては成り立たないことが指摘されている。要は，手堅く事業をまとめる経営幹部と，たえず冒険をしようとするアントレプルナーを1人の人に背負い込ませるのは，役割葛藤を経験させること以上に不可能なことなのである。

したがって，組織の発達段階に応じて，両者の役割分担が必要である。業を起こして，急成長を遂げる頃まではアントレプルナーの一人舞台であるが，それが組織らしくなる転回点では，かならずといってもよいが，創業者的なアントレプルナーは，補佐的な経営幹部をみずからの分身として組織の中に配置しなければならないことになる。そのことによって，創業時のミッションを維持しながら，しかも，大きくなった組織をマネジメントできるようになるのである。

しかし，アントレプルナーシップとは，創業時のメンバーだけのものではない。組織が大きくなれば，その組織の幹部から委任された，より現場に近い責任者なども，アントレプルナーの役割を果たすように期待される。小さな集団から始まった活動は，それが大きくなっても，そのアントレプルナーシップが発揮されるのは，やはり現場に近い小さな作業集団においてである。経営幹部は事務局にいても，創業メンバーはたえず現場にいるという現象も，経営実務とミッションの遂行を切り離しておくことがマネジメントの要諦であり，創業時のアントレプルナーシップの維持に貢献するからである。

ビジョン構築

しかし，アントルプルナーは誰でもなれるというものではない。状況的な要因が，その人をアントレプルナーらしくすることはあるが，もっとも大きい要因は，その人柄，パーソナリティの特徴である[11]。その中のいくつかの特徴はたがいに矛盾しているかもしれない。アントレプルナーとは自己撞着も平気な人である。また状況的な要因も欠かせられない。トロプマンの指摘のように[12]，個性（characteristics）だけではなく，優れた資質（competence），それを可能にする条件（conditions），活動の背景（contexts）が具備されないと，アントレプルナーの個性が活かされないのは当然である。ホンダやソニー，あるいはダイエーなどの創業者の伝記を読めば，このことは理解できるだろう[13]。それらの延長線上に，何をするか，明確なビジョン構築が不可欠である。それがあるからこそ，彼らはアントレプ

ルナーになれるのである。

ネットワーク構築　では，アントレプルナーは具体的に何をするのか。マネジメントに果たすその役割，位置づけを明らかにしなければならない。錯綜した組織を1つにまとめるためには，尋常ではない（これ自体，合理的な表現ではないが）仕掛けがいる。その構築をアントレプルナーはできるというのである。とにかくそこに参加した人たちを，極端にいえば，嘘をついてでもよいから，ある方向に動かさなければならない。そのために，アントレプルナーは何をするのだろうか。

　その言葉の定義に従えば，アントレプルナーの行動とは，業を起こし，それを発展させることである。それはミッションを唱導し，多くの人を，そのミッションのもとに動員させ，何かを達成するための仕掛けを用意することである。場合によっては，倫理的な問題も生じなくはないが，彼らは手段を選ばないこともある。一言で要約すれば，彼らの行動は資源調達がしやすいようにネットワークを構築することである。何かを効率よくなすためには，それを支える仕組みがいる。それを構築しなければならないのである。

社会起業家　近年，NPO（non-profit organization：非営利組織）の創業者を，ソーシャル・アントレプルナーとして区別することもあるが，彼らもアントレプルナーとほぼ似たような人たちである。彼らは社会貢献をおもにその目標とする組織を立ち上げる人たちである。彼らの行動の特性は，つまり，ビジョン構築においてもネットワーク構築においても企業を起こすのと同じである。今後，この社会の行き詰まりは，むしろ社会起業家を必要とするようになるだろう[14]。

KEY WORD 4　アントレプルナーの強みと限界

個性による組織の限界　従来の論議で，アントレプルナーが重要とされながら中心に位置づけられてこなかったのは，それが個人的な特性によるところが多く，研修などの作為によって新しい特性の追加やさらなる向上などはありえない，あっても限定的であるとされるからである。その特性のある部分は生来的で，学習によっては変更できないところもあるとされ

る。アントレプルナーシップは，リーダーシップの特性説がそうであったように，天性に由来するような，その人独自の性格や個人的な資質によることが多いとされる。それは他の人が，真似できないものであり，たとえ長期的に学習しようとしても，そのコストは非常に大きいといってよい。したがって，それを要因として経営の中に組み込むためには，不確定要素が大きすぎるというのである。

　また，アントレプルナーの行動が，その人自身の内部世界の価値に依拠しており，外部的な影響を受けない，いわば「頑固」ということがある。もしもアントレプルナーが複数，並立するようなことがあれば，彼らはたがいに競合しあう関係におかれ，協働するようなことは，一時的にはあっても長くは続かないであろう。アントレプルナーシップとは，所詮は，1人の人物の行動である。彼ないし彼女が何をするかということだけなのである。

　さらに，リスクや不確実さへの迅速な対応がアントレプルナーには課せられている。そこには，目的の達成のための，あらかじめ設定された筋道はない。端的にいえば，経験の積み重ねや，それに由来するカンのようなものがはたらくようなこともある。賭けのようなことも四六時中だといえなくもない。アントレプルナーシップと，マネジメントとしてシステムを安定的に稼動させることとは，どこかで反りがよくないという経験則が，理論的な位置づけを避けようとさせているのである。

危機的状況への対応

　また，アントレプルナーに組織の全権を委任するような事態は，成り立ちの当初，創業期を除いては，通常は考えられないことである。そこで，アントレプルナーに全権が委ねられるいくつかの特異ともいうべき状況特性を考えなければならない。全般的にいえば，それは状況が流動的で経営管理において見通しがよくない場合である。たとえば不確実性が極度に高まって，ハイリスクな状況におかれたとき，責任を分散するよりも，特定の個性に委ねるほうが都合がよいと判断されるようなことがある。また，少ない資源をどのように分配するかといった問題や，何かに集中的に投資する場合なども，公平や公正について時間をかけて討議するよりも，アントレプルナーの仕業に委ねる方が長期的には，むしろ合理的とさえされる。

ということは，危機的状況や倒産寸前の，あるいは組織化の途上にある，スラック（経営管理のための余裕部分）の多くない，むしろ欠乏気味の組織などが，アントレプルナーに活動の舞台を提供するということである。ライフスタイル・モデルを提示した論者たちも，発展の過程で行き詰まりや解決困難な課題が発生したとき，アントレプルナーが待望されることを指摘している。少なくとも平時では，リーダー，あるいは管理者が必要とされ，合理的なデザインに準拠した行動が望まれ，乱時には，アントレプルナーやカリスマなどの個性に委ねて，合理的な枠組みからの逸脱もやむなしとする行動が望まれるようになるのである。

　危機からルーティンへ　組織の発展モデルに従うと，変革期においてはアントレプルナー，あるいはイントレプレナー（組織内部の起業家，つまり，組織内部の変革者）が必要とされる。しかし，やがて，事態が落ち着きを取り戻して，通常のシステムが順調に稼動するようになれば，彼らは不要となる。しかし，組織とは安定的に見えてさまざまの利害が絡むところである。平時と乱時の区別は正確にはできない。表面的に静穏でも，その底には厳しい利害の対立があり，それが組織を危機に追いやるようなことがあるとすれば，場合によっては，アントレプルナーのワンマン経営に委ねられるようなことがないとはいえない。

　ということは，組織にとって，カリスマやアントレプルナーなどによる人的な要因の管理は，危機的状況とルーティン的なそれとの間でどのような選択がなされるか，その状況に依存していると考えることができる。組織のおかれた環境が激しく変動すれば，それを切り抜けるために1つの個性に賭けるようなことも，長いスパンの中では，組織にとって合理的な選択であるということにもなる。ただし，合理性の達成のためには合理的であるとはいえ，アントレプルナーの考えや行動は予測できないものであり，結果についての一貫したシナリオを期待できない，その意味では，不確かなところを残さざるをえないのは当然であろう。アントレプルナーの存在自体が，組織はそれが平時に見えるときでもかならずしも平時ではなく，つねに不確実なところがあるということについて，シグナルとして警報を発しているといってよいであろう。

　なお，組織が不確実性を克服し，危機を乗り越えたとき，アントレプルナー

によって仕組まれた組織の枠組みは，利害関係者を含むその後の人たちにとって，1つのビジネスモデルとなる。あるいは，それを意図することがあれば，それだけで有力なビジネスプランとさえなる。それがルーティンになれば，伝来やモデルやプランを覆すことは難しくなり，それに唯々諾々と従うようにならないとはいえない。そのことが，組織にとってその後の危機となることはいうまでもない。モデルもプランも，組織の発展，あるいは成長にとって両刃の刃である。

本章のまとめ 以上，見てきたように，組織の成長の当初は，ビュロクラシー（管理・運営機構）がまだ成り立たず，属人的な支配になるのが通常である。システムが未発達で，有能な（特異というべき）人が，組織を支えるのである。彼らのことをベンチャーと呼んだりアントレプルナーと呼んだり，また起業家ということもある。彼らがどのように組織に関わるかは，その後の経営管理の枠組みに大きく影響を与えることがある。彼らの考え方や行動様式について熟知しなければならないのはいうまでもない。

ブックガイド

田尾雅夫『成功の技法――起業家の組織心理学』中央公論新社（中公新書），2003年。　アントレプルナーとは，どのような人たちのことであるか詳細に論議している。かならずしも，誰もがなれるというのではなく，特異な能力や資質，時宜を得た機会などが，起業を支えることを論じている。

J・A・コンガーほか『カリスマ的リーダーシップ』（片柳佐智子ほか訳）流通科学大学出版，1999年。　アントレプルナーは，カリスマ的であることが多い。カリスマとはどのような人たちであるか，どのような影響を与えることになるかを論じている。

D・ヘントンほか『市民企業家』（加藤敏春訳）日本経済評論社，1997年。　アントレプルナーは企業だけではない。NPOなどの活動を立ち上げる人たちにも適用される。彼らも事業を起こしている。社会的な事業を起す人たちを，とくにソーシャル・アントレプルナー，あるいは市民企業（起業）家といって区分することがある。

注

1) Quinn & Cameron (1983) がもっとも著名である。
2) カリスマについてはHouse & Baetz (1979), Tichy & Ulrich (1984), Tichy & Devanna (1986), Conger & Kanungo (1988) などを参照されたい。トランスフォーメーション・

リーダーシップについては Burns (1978), Tichy & Devanna (1986) に詳しい論述がある。
3) Kanungo (1998) を参照。
4) Swedberg (2000) を参照。
5) Dollinger (1999) を参照。
6) Hirrich & Peters (1998) を参照。
7) Gartner (1985) を参照。
8) Lorange & Vancil (1976) を参照。
9) Heimovics *et al.* (1993) を参照。
10) Young (1985) を参照。
11) 田尾 (1999) に詳しい解説がある。
12) Tropman (1989) を参照。
13) 田尾 (2003) を参照。
14) 社会企業家については Henton *et al.* (1997) に詳しい。

11

組織として学習する

本章のポイント

1. シングル・ループ学習は既存の価値の枠組み内で行われる学習活動で，ダブル・ループ学習は既存価値の転換によって起こる学習だが，両者のバランスこそが重要である。
2. ナレッジ・マネジメントも学習する組織も，組織に望ましい学習好循環を起こすための実践重視の考え方である。
3. 組織内地図は，活発な組織学習をもたらすうえで不可欠な必要条件の1つと考えられる。

KEY WORD 1 シングル・ループ学習／ダブル・ループ学習

競争力の源泉としての組織学習能力

好況期はもちろん，長引く不況にあっても，むしろそれを機会へと転換し，高い競争力を示し続ける企業や組織がある。増収増益を続けるトヨタ自動車や花王は，その好例といってよいだろう。そうした組織には，概して，独創性や創造性があふれ，他を圧倒するような独特の勢いと活気がみなぎっているものである。望ましい状態を実現するために求められること，その答えの1つとしてあげられるのが，学習する組織能力をつけさせること，すなわち，組織学習を効果的にマネジメントすることである。

組織学習（organizational learning）とは，組織における諸活動の中で組織とし

て獲得した新たな知識や価値観を，既存のものと融合させたり，すでに時代遅れとなり妥当性を欠いたものと置き換えたりしたうえで，ふたたび必要なときに取り出せるようなかたちで記憶しておく一連のプロセスのことを指す[1]。

組織が学習するとは？ 表現上は「組織」が学習する，となるが，実際の学習主体（agent）は，企業の従業員に代表される1人1人の組織成員である。組織成員が学習を放棄すれば，組織学習は成立しない。組織の実力も，1人1人の学習内容や質に左右される。学習の結果得られた知識も，いうまでもなく，一義的には個人の頭脳に蓄えられる。それではなぜ「組織学習」という，個人学習とは明確に区別された表現が用いられるのだろうか。

その理由は，目的・役割上のちがいと性質上のちがいの大きく2つに分けて考えられる。ここで目的上のちがいとは，組織成員である個人による学習活動は，直接的には組織目標を達成するためで，純粋な個人目標追求とは異なる現実を指す。たとえば，組織成員は組織におけるみずからの役割を果たすため，個人的な関心とはかならずしも関係なく学習活動を行う。また組織成員として，本来のみずからの価値観とはかならずしも同一でない，組織の価値観にもとづいた学習活動を展開することもある。つまり，組織という特定のコンテクストや関係性の中で行われる学習であるため，「組織学習」と考えるのである。

性質上のちがいについては，ヘドバーグによる説明が好んで用いられる。第1に，組織学習は個人が行った学習の単なる総和ではなく，シナジー効果（資源や戦略を組み合わせることで生まれる相乗効果。プラスの効果［例：$1+1 \Rightarrow 3$］と，マイナスの効果［例：$1+1 \Rightarrow 1$］の双方がありうる）によってより大きくも小さくもなる点。第2には，新規採用や定年退職など，組織成員の入れ替わりがあるにもかかわらず，組織のコアとなる知識や価値観，文化は基本的には損なわれない点。そして第3として，成員の学習したことは他者に伝達・共有され，かつての構成員のすべてが絶えてしまった後でも脈々と受け継がれていく点である。これらの相違から，組織学習は，個人によって行われながらも，個人学習とは一線を画すとされているのである。

2種類の組織学習 組織学習の代表的な研究者アージリスとショーンによれば，組織学習はそのレベルによって，シングル・ループ学習とダブル・ループ学習に分けられる[2]。

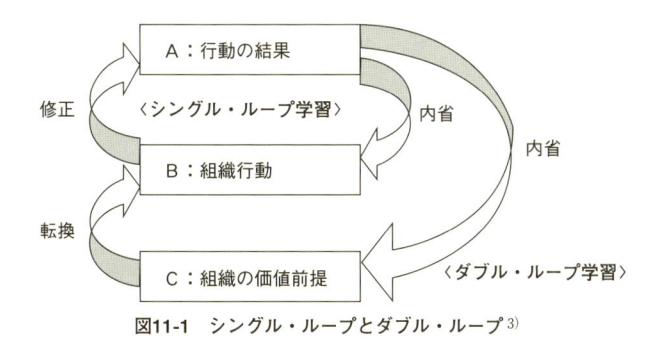

```
         ┌─────────────┐
    ┌──→ │ A：行動の結果 │ ──┐
    │    └─────────────┘   │
  修正   〈シングル・ループ学習〉 内省          内省
    │    ┌─────────────┐   │
    └──  │ B：組織行動  │ ←─┘              ┐
         └─────────────┘                  │
    ┌──→ ┌─────────────┐                  │
  転換   │ C：組織の価値前提 │ ←───────────┘
    └──  └─────────────┘     〈ダブル・ループ学習〉
```

図11-1　シングル・ループとダブル・ループ[3]

　シングル・ループ学習は，目標と実際の結果にギャップがあるときや組織行動にエラーがあるとき，その解決のために，既存の組織価値や参照枠組みの範囲内で行われる組織行動の修正や転換を指す。低次学習（lower-level learning）とも呼ばれる[4]。いわゆる改善活動や効率性を求める活動は，ここに分類される。

　それに対して，ダブル・ループ学習は，組織行動の基盤となる組織価値という，より深いレベルの見なおしをともなう組織行動の転換をいう。シングル・ループ学習のような表層的な修正にとどまらず，組織に大変革や非連続的な向上，高い創造性をもたらすような根本的な学習であることから，高次学習（higher-level learning）とも名づけられている。

　これを図で表したものが，図11-1である。シングル・ループ学習はB→A→Bという修正行動を繰り返す中で，徐々に組織行動の改善を図っていくが，ダブル・ループ学習はより根源的な価値レベルまで戻るため，B→A→C→A→Bというサイクルをたどることになる。つまり，後者の場合，前者では一重であるループを，経路こそ異なるが二重に経験することになる。ここに，後者がダブル・ループ学習と呼ばれる所以があるのである。

　ダブル・ループ学習は実現可能性が低いが，発生した場合の組織への影響力が大きいことから，実務界を中心にシングル・ループ学習よりダブル・ループ学習を重視する傾向が見られる。だが，両者は車の両輪のような関係にあり，いずれが欠けても期待する成果を上げにくい。大切なことは，両学習のバランスとその好循環の継続性をいかに確保・支援するかにある。こうした考え方を

> **TOPICS**
>
> **サーモスタットの例に見る，2つの組織学習の関係**
>
> 　2つの組織学習の関係を説明するうえで，よく知られるのはサーモスタットの例である。いま仮に，サーモスタットの設定温度を28度としたとき，それより低い温度であれば温度を上げる方向に調整が行われ，逆に設定温度を超えると今度は温度を下げる方向に調整がはたらく。これが，シングル・ループ学習に該当する。一方で，なぜ設定温度が28度でなければならないのかという点に疑問を抱き，設定温度自体に変更を加えるのが，ダブル・ループ学習とされている。

　組織における現実の活動に活かすには，具体的にどうすべきなのか。その問題意識を受け，以下で紹介する「ナレッジ・マネジメント」や「学習する組織」は，理論の実践化を助けるものとして登場してきた。

KEY WORD 2　ナレッジ・マネジメント

ナレッジ・マネジメントとは　　ナレッジ・マネジメントとは，組織が学習するプロセスについての理論を現場で実際に活用できるよう，実践レベルに落とし込んだ考え方である。実務家に好まれ，多くの企業でその考え方を取り入れようという動きが見られる。著名なものでは，2000年に世界中の企業を対象として実施された知識経営企業調査で日本企業では第1位の評価を獲得した富士ゼロックスや，営業に関する情報や知識，ノウハウを社内で一元管理し，社員全員でそれらを有効に活用したことで非常に高い評価を受けたアサヒビールの取り組み例が知られているうえ，その名を冠した日本ナレッジ・マネジメント学会まで設立されたほどである。統一的な定義はないが，「1人1人の組織成員がばらばらに保有する情報や知識を，最新の情報技術などの手段を用いて共有を図り，その必要性や目的に応じて，成員がいつでも自由に知識を移転・再利用できる組織コンテクストや仕組みを作り上げること」5)をいう。

SECIモデルとナレッジ・マネジメント　　ただし，ナレッジ・マネジメントが拠り所とする理論は，組織学習論というよりは，知識創造理論という別

```
        ┌──── 暗黙知 ────┐     ┌──── 暗黙知 ────┐
        ↓               │     │               │
   暗黙知 ┌───────────────┬───────────────┐ 形式知
        │               │               │
        │    共同化     │    表出化     │
        │               │               │
        ├───────────────┼───────────────┤
        │               │               │
   暗黙知 │    内面化     │    連結化     │ 形式知
        │               │               │
        └───────────────┴───────────────┘
        ↑       形式知         形式知    │
        └──────────────────────────────┘
```

図11-2　SECIモデルの4つの知識変換モード[6]

の理論である[7]。知識創造理論は，日本人研究者が海外で発表した著書が高い評価を受け，ふたたび日本に逆輸入されるかたちで，急速に広まった。

組織学習論と知識創造理論との大きなちがいは，まず，学習成果の表出をどこに見出すかという点である。組織学習論では認知面や行動面の変化に求めるのに対して，知識創造理論では意味づけされた情報であるナレッジ（知識）に着目する。認知面や行動面の変化の背景にはたいてい，知識の変動が何らかの作用をおよぼすものだが，知識が増幅しても認知面の変化に至らないなど，その逆はかならずしも成立しない。また，学習サイクルに対するフォーカスの仕方も微妙に異なる。組織学習論では学習サイクルを構成する各フェーズの動きより，学習サイクル全体の落ち着き先を見定めようとしている。だが，知識創造理論ではプロセス全体を見つつも，むしろ学習モードの変化をフェーズごとに詳しく取り上げる。ただし，両理論は，効率性と創造性を両立させ，その好循環を通じて組織の知識や学習に関する組織能力を高めるプロセスを考察している点で，非常に似通っている。そのため，最近では幅広い意味で知識創造理論を組織学習論の一派と考える研究者も増えてきている。

実務家がナレッジ・マネジメントを進めていくうえで，非常に重要と位置づける知識創造理論のコア・アイディアが，図11-2のSECI（セキ）モデルである。知識創造が可能になるとき，まず組織成員個人が他者と直接経験を共有することでその暗黙知を共有する共同化（Socialization）から始まる。続いて，その暗黙知を対話や思索によって形式知に変換する表出化（Externalization），表出化された既存の形式知を組み合わせて組織の知とする連結化（Combination）

が起こり，最後に，体系化された形式知を個人が活用する中で，新たな暗黙知の獲得を行う内面化（Internalization）へと至る。そしてふたたび共同化から始まる学習サイクルへとつながるというわけである。かならずしもきれいには呼応しないが，創造性に関わる共同化と表出化がダブル・ループ学習に近く，効率性に関わる連結化と内面化がシングル・ループ学習に近いと考えることができる。

　ナレッジ・マネジメントとしてこのモデルを利用するにあたり，真っ先に着手されたのは，連結化のフェーズであった。組織資源として十分に活用されないまま，組織に点在する個人知識があまりにも多く，その共有化が急務であることが認識されたことに加え，ちょうど加速度的な進歩を遂げてきた情報技術が，共有化の実現に大いに貢献しそうだと考えられたのである。その結果，現在見られるように，多くの企業や組織が挙ってその導入に取り組むこととなった。

ナレッジ・マネジメントの課題　ただし，ここ最近までのナレッジ・マネジメントの取り組み方には，問題点も指摘されている。フォン・クローク・一條和生・野中郁次郎は，その著書『ナレッジ・イネーブリング』の中で，「現在のナレッジ・マネジメントの多くは，パラダイムを変化させるというよりも，むしろ既存のパラダイムを強化する方向に動いている」[8]と警鐘をならしている。やはり行うは難し，なのである。

　効果の測定手段や情報技術の構築など，そのツールの開発・整備に没頭しすぎた，というのがよく耳にする批判である。SECIモデルの本質は，共同化から始まる学習サイクルが円滑かつ継続的にまわり続けるような場づくりを実現することにあり，それはけっして情報技術の構築などの物理的なものにとどまらない。ビジョンやリーダーシップのあり方，メンバー同士の信頼関係などについても要求されるのである。

　また，ディクソンが指摘するように，ナレッジ・マネジメントの進め方に唯一最善のものは存在しない。組織内もしくは組織間でやりとりする知識の種類や，知識の送り手および受け手の能力も，ナレッジ・マネジメントに取り組むうえで勘案せねばならない大切な要素である。

　最終目的を見失って手段にばかり振り回されているかぎり，たとえ組織学習

が起こってもそれはシングル・ループ学習にとどまり，けっして期待するような好循環は生じえないだろう。

KEY WORD 3 学習する組織

学習する組織とは　「学習する組織」も，ナレッジ・マネジメントと同様，期待する組織学習プロセスを実現するための仕組みを，より実践的な見地から考察・提案する発想である。その提唱者，センゲによれば，学習する組織とは，革新的で発展的な思考パターンが育まれる組織，共同して学ぶ方法をたえず学習し続ける組織のことをいう。つまり，ここでも「継続的な，創造性と効率性の好循環」が重視されているのである。先のナレッジ・マネジメントが知識ベースの考え方であるのに対して，学習する組織では，システム・ベースであらゆる組織現象をとらえ説明しようとしている点に，その特徴を見出すことができる。

システム・アプローチ　1つ1つの事象に振り回されるのではなく，その事象に関わる複数の要因間の相互作用まで考慮しながらシステム全体を概観し，そこでネックとなっている問題を解決することから始めねば，組織学習はうまくいかないというのが，「学習する組織」研究者の根底を流れる基本的な価値観である。

この考え方の重要性を示す一例として，アメリカにおけるピープル・エクスプレス社のケースがよく取り上げられる[9]。ピープル・エクスプレス社は，1978年のアメリカ航空規制緩和以降はじめて設立された航空会社である。高品質のサービスと業界最低価格を売り物にし，わずか数年で業界最大規模の利益を上げ，飛躍的な成長を遂げた。だが，その成功は長くは続かなかった。設立から5年で迎えた業績のピーク後，その売上高は低下の一途をたどり，いったん赤字転落をすると，そのまま最後まで赤字から抜け出すことはできなかった。そしてまもなく，この会社は破綻するのである。

システム・アプローチは，この成功と失敗の理由を同時に説明するのに役立った。図11-3で描くように，ピープル・エクスプレス社は当初，低価格にもかかわらず添乗員が親切できめ細かいサービスを行う点で高い評判を獲得し，

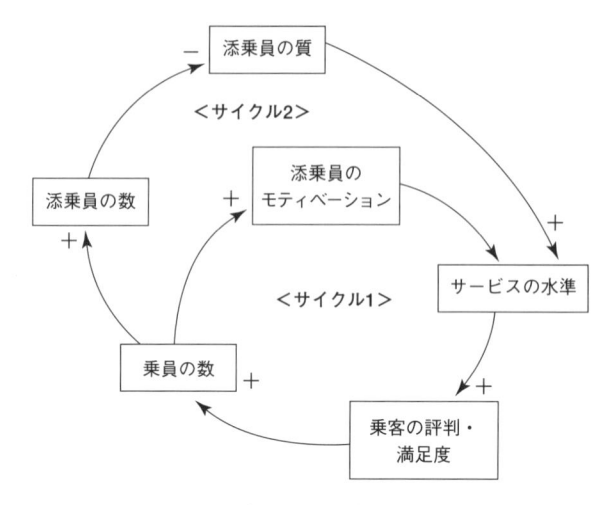

図11-3 ピープル・エクスプレス社の問題[10]

これが輸送客数の増加につながった。この増加が添乗員たちのモティベーションにはたらきかけ，さらに高いサービスを提供する，という好循環につながっていた（サイクル1）。だが，顧客の増加が会社としてのキャパシティを超えはじめたときから，問題は始まった。顧客の増加分に応じて航空機を用意する必要性とともに，添乗員の数も確保しなければならなくなった。至急その補充採用が行われ，ただちに現場に投入されたが，数だけは十分なものの質の低い添乗員が増える結果となったため，その判断は顧客の会社に対する評価や満足度をじわじわと下げる結果をもたらした（サイクル2）。いつしか顧客離れが進み，それは添乗員のモティベーションに作用してさらなるサービスの悪化を招くという悪循環を引き起こすこととなった（サイクル1）。

　このケースは，本来，好循環を実現しうるサイクルが，思いがけないシステム上の欠陥から一転して悪循環へと陥ってしまう怖さを，非常に明快に説明している。この例においては，経営陣の目にはサイクル1しか映っていなかった。だが，システム全体を鳥瞰的に眺めなおしたとき，サイクル2，中でも添乗員の質が組織活動の成否を握る重要な要素として浮かび上がってくることがわかる。もちろん，経営陣も添乗員の質が重要であることは知っていただろう。しかし，その水準を維持するうえで必要な添乗員の育成にはある程度時間が必要

> **TOPICS**
>
> ### システム思考を養うビール・ゲーム
>
> システム思考を養うために，非常に効果的な教材の1つに「ビール・ゲーム」がある。これは専用ゲーム盤を使ったロールプレイングゲームで，参加者がビールの製造者，卸，小売，消費者の役を分担しあい，チームをつくり，チームの総費用最小化を目指してチームの成績を競いあうものである。各自の顧客の需要を予測しながら，在庫を抑える一方，品切れを起こさない努力をしていく。各自が良かれと思った意思決定が，チーム全体では思いがけない結果につながることを体験できる。結果について，他チームと比較しながらチーム全員で話しあうことで，楽しみながらシステム思考を学習することができる。入手方法に関しては，システムダイナミックス学会日本支部のHP[11]から情報を得ることができる。

とされることについては，見落とされていた感がある。これこそが，この例におけるシステム上の欠陥である。

このように，システム全体を鳥瞰的にとらえ，真の問題が何かを明らかにすることによって，全体最適を図ろうとする考え方・とらえ方をシステム思考と呼んでいる。表面的な現象に惑わされずに，システムの行く末を左右する真の要因を探りあてることができたとき，それはまさに組織学習論におけるダブル・ループ学習が実現したと考えてよいだろう。同時に，このシステム・アプローチでは，シングル・ループ学習を進めれば進めるほど悪循環に突入してしまうケースについても説得力のある説明を提供できており，その点も研究者・実務家双方に高く評価されている。

学習する組織の課題　ただし，ナレッジ・マネジメントと同様，学習する組織についても実際に組織変革に成功した例は少ないとされている[12]。とくに，継続的に効果を上げているものとなると，その数はさらに絞られる。その理由の1つとして，システム思考を身につけるのは一朝一夕では難しいことがあげられる。トレーニングでそのスキル向上も可能だが，1人1人で訓練を行うよりも，対話を通じたグループでの訓練のほうがより効果的と考えられている。1人では多様な要素が絡むシステムを動かすことはできない。組織全体としてシステム思考を徹底することによって，学習する組織を実現する場づくりを進めるわけである。

また，学習する組織では，時間軸の設定が恣意的である点も1つの課題といえる。組織学習論では，組織の行動パターンや認知枠組み，価値観に変化をもたらされれば，その結果の良し悪しにかかわらず，すべてダブル・ループ学習の発生と考える[13]。短期的に良いことが長期的に見たとき，むしろ悪い方向にはたらくことは多々あるためである。だが，学習する組織では望ましい学習結果をもたらすもの以外，ダブル・ループ学習が成立したとはみなさない。そのかわりとして，評価の対象とする期間は主観的に設定される。したがって，その時間軸を変えることによって，たとえば年単位で見るのか月単位で見るのかによって結論がまったく変わってしまうこともある。その点について明示的に述べられることは少ないため，学習する組織の考え方を実践的に活用しようとする場合，その点に注意した運用が求められる。

KEY WORD 4　組織内地図

組織内地図とは　いままでの説明を要約すれば，ナレッジ・マネジメントと学習する組織は，ともに効率性と創造性の好循環を実践するための場づくりに取り組む議論といえる。ただ，どれだけ場づくりに力を尽くしても，最終的には，その場を1人1人の組織成員がどのように受け止めるかということが重要となる。その点に注目したのが，組織内地図という概念である。

　組織内地図とは，安藤史江による造語である。その著書『組織学習と組織内地図』の中で，「組織目標実現のために，組織メンバー1人1人がそれぞれの立場から，組織における自己の役割や位置づけを自分なりに理解・解釈している状態」[14]と定義される。組織内地図が十分に形成されている組織成員ほど，シングル・ループ学習・ダブル・ループ学習ともに組織において活発な学習活動を行う傾向が，ケース・スタディや大量サンプルによる質問票調査の結果から見出されている。

場づくりと組織内地図　望ましい条件を備えた場づくりは，たしかに組織学習を支援するうえで大切なことだが，それだけでは組織成員の学習活動に直結しない。たとえば，従来，多くの先行研究では，組織学習

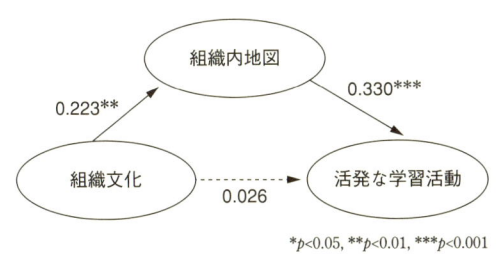

```
        組織内地図
   0.223**  ↑    ↘ 0.330***
            │
   組織文化 ┄┄┄→ 活発な学習活動
           0.026
```

$*p<0.05, **p<0.01, ***p<0.001$

図11-4 組織内地図の役割[15]

に好意的・支援的な組織文化があると，組織学習が促進されると主張してきた[16]。だが，安藤による統計分析を用いた実証研究の結果は，図11-4のような関係を提示することとなった。

　当初，好ましい組織文化と活発な組織学習との間には，統計的に有意な関係が見られた。だがそこに，その組織文化の中で組織成員が組織目標や組織における自己の役割をどう受け止めているかという要素，すなわち，組織内地図という第3の変数を新たに投入したとき，その結果は一変した。たしかに，好ましい組織文化の存在は，組織成員による組織内地図の形成にプラスの影響を与え，その結果として，間接的には活発な学習活動を引き起こしていた。だが，その一方で，当初有意であったはずの組織文化と学習活動との直接的な関係は，有意でなくなっていたのである。

　この結果を見るかぎり，真に重要な要素は，組織文化というよりは組織内地図であったことがわかる。似たような組織文化をもつ一方の企業は好業績だが，もう一方の企業は業績が振るわないといったケースは頻繁に見られるが，両者を分けているのは，組織内地図の形成度合いのちがいという可能性も大きいのである。とはいえ，これは組織文化の重要性を否定するものではない。望ましい組織文化の存在があってはじめて，組織成員が組織目標をみずからにひきつけて考えるようになるととらえることができるためである。

　つまり，場づくりは必要だが，何のための場づくりかという原点につねに立ち返ることがより求められるといえるだろう。

学習コミュニティでの組織内地図　近年，組織学習論や知識創造理論で注目されているのは，コミュニティという概念である。コミュニティは

もともと地域や地縁の集まりに対して使われていた言葉であるが，最近ではNPOやオンライン・ネットワーク，社内プロジェクト，組織間プロジェクトなど，人々が集まり，知恵を出しあう場全般に対して，「知識コミュニティ」「学習コミュニティ」のように幅広く活用される傾向があり，その期待の高さがうかがえる[17]。中でも，ウェンガー，マクダーモット，スナイダーの著書『コミュニティ・オブ・プラクティス』は，実践コミュニティの活用がいかに知識の生成に有意義な役割を果たすかを説明している[18]。

　これらコミュニティには，人々が共通の関心や解決したい問題をもっていること，原則的にメンバーはそれぞれ深い専門知識をもち対等な関係にあること，メンバーが固定的でないこと，参加を強制されず自主性が尊重されることなど，複数の共通する成立要件がある。だが，これはあくまでも場づくりの条件である。場を整えた後はその恵まれた場を最大限に活かして，コミュニティが有機的に機能するために，やはりコミュニティ・メンバーに組織内地図を形成させることが鍵となるものと考えられる。ことに，コミュニティは自主参加が原則であり，企業組織の雇用関係のように拘束されないため，嫌になったら，コミュニティを抜けてしまえばよい。抜ける者が入る者と比較して圧倒的に多くなれば，それはそのコミュニティの求心力が小さいか，その使命をすでに終えていると考えることになるが，その反対に，組織内地図の形成が進んでいる者の割合が多いほど，そのコミュニティの求心力は強まることになる。このように，コミュニティの特性を考えたとき，組織内地図を形成することによる効果やその重要性は，普通の企業組織と比較して，より大きくなると推測することができるだろう。

　以上のように，望ましい組織学習の実現には，それを支援するための場づくりが欠かせない。だが，場にはハード面だけではなく，育成にある程度時間が必要とされるような，組織成員のスキルなどのソフト面も含まれる。したがって，手段に振り回されたり，その実現を急ぎすぎたりせず，いま，自分たちが取り組んでいるのは何のためか，真に必要とされることは何か，といった原点につねに立ち返り，一歩一歩検討しながら進めることが大切となる。

ブックガイド

野中郁次郎・竹内弘高『知識創造企業』(梅本勝博訳) 東洋経済新報社, 1996年. 知識創造理論のバイブルともいえる書. 内外の研究者に非常に頻繁に引用されている. SECIモデルを詳しく説明している.

P・センゲ『最強組織の法則』(守部信之訳) 徳間書店, 1995年. 学習する組織をつくるうえで必要とされる条件を述べるとともに, システム思考をもつ重要性をいろいろな事例を用いて説明している.

安藤史江『組織学習と組織内地図』白桃書房, 2001年. 組織学習理論を体系的に整理した書. 組織学習における組織内地図の重要性を, 統計分析や事例研究を用いて説明している.

E・ウェンガーほか『コミュニティ・オブ・プラクティス』(野村恭彦監修, 櫻井祐子訳) 翔泳社, 2002年. 実践コミュニティの成立・育成に必要な条件を述べるとともに, それが知識創造や学習活動に有用であることを, 多数の実例を用いて主張している.

注

1) Argyris & Schön (1978), Huber (1991) などを参照.
2) Argyris & Schön (1978) を参照.
3) Argyris & Schön (1978) をもとに作成.
4) Fiol & Lyles (1985) を参照.
5) Harvard Business Review (1987, 1991, 1993, 1996, 1997 and 1998), Von Krogh et al. (2000) など.
6) Nonaka & Takeuch (1995), 邦訳 p.93, 図3-2 より.
7) Nonaka & Takeuch (1995) を参照.
8) Von Krogh, Ichijo & Nonaka (2000), 邦訳 p.46 より.
9) Senge (1990) を参照.
10) Senge (1990) をもとに作成.
11) http://www.soc.nii.ac.jp/jsd
12) Senge et al. (1994) を参照.
13) Huber (1991) を参照.
14) 安藤 (2001) p.7 より.
15) 安藤 (2001) p.117, 図表4-3 より.
16) Argyris & Schön (1978), Kotter & Heskett (1992), Nevis et al. (1995) などを参照.
17) 下河辺監修・香西編 (2000), 本間ほか (2003) など.
18) Brown & Duguid (1991), Lave & Wenger (1991) も深く関係している.

第Ⅲ部 マネジメントの最前線ってどんなの？

12
お金を目的としない組織を経営する

―― 本章のポイント ――

1. 企業以外にどんな組織があるのかを学ぶ。また、お金を目的としない組織で、なぜ経営が必要かを理解する。
2. 非営利組織の経営上の特徴を理解する。
3. 非営利組織を中心とした新しい動きとして、コミュニティ・ビジネスやパートナーシップについて学ぶ。

KEY WORD 1 お金を目的としない組織

なぜ経営か　ボランティアという言葉は、日本でもすっかり定着している。読者の中にも、実際にボランティアの経験のある人も多いだろう。それは言葉の通り、みずから進んで、経済的・物質的報酬を期待せずに、他人に役立つ仕事をする人のことを指す。あるいは日本では、そうした活動自体を指す言葉としても用いられる。

　しかし、人々がボランティアをやろうという気持ちをもっていても、それだけではボランティアとして活躍できるとはかぎらない。あるいは、気持ちだけではなく、実際に何かをやりはじめても、それが成果に結びつくとはかぎらない。実際にボランティアが活躍している背後には、ボランティアを活かすための努力や工夫がある。たとえば、ボランティアを必要とする人とボランティアをしようという人とのマッチングや、ボランティアをやるための知識や技術を

教えること，さらにはボランティア活動の意味を人々に伝えたり，国や自治体にボランティアへの支援や協力を要請するなど，それはかなり多様である。

そうした仕事は，ボランティアではなく，むしろその仕事によって報酬を得て，生活をする非ボランティアによって行われていることが多い。またそれは個人ではなく，そうした専門家やそれを支える事務所などを備えた組織によって行われていることが多い。これらはお金もうけではなく，人々の自発的な貢献意欲を最大限に活かすために努力する組織であるが，一方では，それを本格的な事業として進めるためには，専従職員を雇い，事務所を構える必要があるために，それをまかなう費用の確保が不可欠となる。

ボランティアとしての個人の活動も，こうした組織に支えられており，そしてそこでは目的とする仕事の達成はもちろんのこと，同時に組織を維持するための努力もなされているのである。こうした事業は，ボランティアを支える組織にかぎったことではない。さまざまな分野の活動が，こうした組織によって支えられ，推進されているのである。

お金を目的としている組織，すなわち企業としては，日本では株式会社，有限会社，合名会社，合資会社それに相互会社などがあるが，それらの数は255万ほどにのぼる。とりわけ，株式会社（構成比41.1％）と有限会社（同55.8％）は，両者で全体の96.9％をしめている（平成14年分の国税庁統計）。そういう意味では，お金を目的とする組織の経営については，株式会社やその簡易版ともいえる有限会社を前提として勉強することは，妥当なことといえるだろう。

しかし，経営といえばすぐに「お金もうけ」と連想されがちだが，世の中にはお金を目的としない組織もたくさん存在する。企業の数に比べると少ないものの，それでも宗教法人18万，医療法人3.6万，公益法人（財団・社団）2.6万，社会福祉法人1.8万，特定非営利活動法人（NPO法人）1.6万，学校法人7800，協同組合3700，計28.75万ほどになる。もちろん規模はまちまちだが，ざっと全法人の1割ほどが，お金を目的としない組織なのである。

さらに，お金を目的としない組織として，行政の存在も忘れてはならない。国の機関だけでなく，47の都道府県と約3100の市町村の地方公共団体（地方自治体）がある。国家公務員で61.8万人，地方公務員で311.7万人の人々がそうした公的な，そしてお金を目的としない組織で働いている。

こうしたお金を目的としない組織の活動は，数字に乗りにくいために，各種の統計からは把握されにくいが，私たちの身の回りを少し観察してみただけでも，いかに多くの場面でこれらの組織に関わり，そして影響を受けているかがわかる。学校，病院，役場，福祉施設，美術館，博物館，ボランティア団体，財団，社団，協同組合，NPO，NGO，自治会，老人会，婦人会，子供会，宗教，スポーツクラブ，ボーイ（ガール）スカウト……などなど。法人格をもたないものまで含めると，私たちは企業よりもはるかに多くの場面や時間を，こうしたお金を目的としない組織との関係の中でおくるのである。

　こうした組織も，経営を必要とする。かつては，経営学の中には経済的組織としての企業のみが経営学の対象であるという立場も存在したが，いまやそうした見方は実態にそぐわない。目的がお金でなくとも，目的達成のためにお金や人は合理的に使わなければならないし，そもそも何が目標達成につながるのかといった検討を行う戦略策定なしに，日々の活動を進めることはできない。目的がお金でなくとも，組織を通じて目標を達成するために，さまざまな考察を行い，そして活動を実践していくには，そのための方法，工夫，知恵，熱意が必要である。それらを束ねたものが経営である。考えようによっては，血税とも表現される税金を使う行政の活動，人々の想いが託された寄付を使うNGOやNPOの活動では，それらの尊い資源を，お金もうけの活動以上に大事に使わねばならない。それが経営という活動にかかっているのである。実際，行政の分野でも，いまや世界中でもっと経営の視点を強めようと，「ニュー・パブリック・マネジメント」（NPM）が合言葉になっているほどである。

　しかし，企業の世界を舞台にした経営と，お金を目的としない組織を舞台にした経営では，事情の異なるところがあり，まったく同じように経営を考えるわけにはいかない。それと同じようにお金を目的としない組織の間でも，行政機関のような公的部門にある組織と，非営利組織のように企業と同じような民間部門にある組織ではさまざまな事情のちがいがあり，問題を複雑にしている。さらには最近では，そうした事情の異なる組織の間でコラボレーションをやろうという動きも進んでいる。

　本章では，まずお金を目的としない組織の分類と基本的な特徴をまとめ，そしてマネジメントの最前線ともいえる組織間のコラボレーションや，地域を単

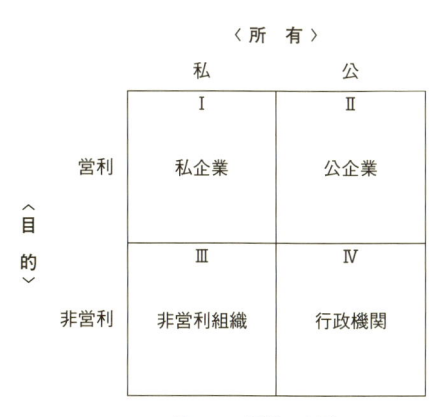

```
                    〈 所  有 〉
                  私          公
              ┌─────────┬─────────┐
              │    Ⅰ    │    Ⅱ    │
         営利 │  私企業  │  公企業  │
              │         │         │
    〈        ├─────────┼─────────┤
    目        │    Ⅲ    │    Ⅳ    │
    的  非営利│非営利組織│ 行政機関 │
    〉        │         │         │
              └─────────┴─────────┘
```

図12-1　組織の大別

位にしたネットワークについて紹介する。

どんな組織があるのか　組織とは，共通の目的をもった人の集まりであるといわれる。しかし経営学で対象にする組織ということになれば，それにある程度の規模，事業の継続性などをもったものという条件が加わる。そうした条件を備えた組織は，ほとんどの場合，法人格をもつ。逆にいえば，ある程度の規模で事業活動を継続していくためには，法人格をもたないと難しいということである。

　お金を目的としない組織でも，同じである。ただNGO（Nongovernmental Organization：非政府組織）などには，相当の規模と活動実績をもつにもかかわらず，あえて特定の国の法人格をもとうとしない組織がある。そうした法人格をもたない組織は任意団体と呼ばれる。

　法人格も，その活動の内容によって多様である。企業の場合には，その目的が営利であるので，商法や有限会社法などを根拠法としており，法人種もおのずと限られるが，お金を目的としない組織というのは，実は営利以外の目的のものすべての目的をカバーしてしまうため，かなり多様となる。それらの多様な法人種をあげる前に，まず全体的な類型を見よう。

　図12-1は，組織を目的と所有の2つの次元から類型化したものである。それぞれ目的は営利－非営利，所有は私－公の2つに分けて，それによって4つの象限に分けられる。所有というのは，経営学では資本の所有のことをいい，出

> **TOPICS**
>
> ### 第3セクター
>
> 　国や自治体など公的部門を第1セクター，民間営利部門を第2セクターと呼ぶが，その両者の混合体を日本では第3セクターと呼んでいる。略して「3セク」と呼ばれることも多い。リゾート開発，鉄道，テーマパークなど大型の事業が多い。株式会社以外に，有限会社，公益法人である財団や社団の法人格も用いられる。しかし，日本以外ではThird Sectorといえば，こうした公私混合体の合弁事業ではなく，民間非営利部門を指す。

資を指している。それが私（民間）であるか，それとも公（国や地方公共団体）であるかという区分である。経営的にはこのちがいは大きい。というのは，公のものは最初だけでなく，法人設立後も公的資金を受け，財源が安定しており，またそうした公的資金が入るがゆえに，組織の上位にある行政意図や政治的視点が入ってくるからである。要するに，資源がある程度保証されているかわりに，自律的意思決定の余地が小さいという公的組織と，あらゆる場面でみずからの意思決定が必要で，資源獲得が死活問題となる民間組織では，同じく経営といってもかなりそのニュアンスが異なってくるのである。

　経営学の対象としてもっともポピュラーなのが，Ⅰの象限の私企業である。市場経済の主役といってもよいだろう。これの対角Ⅳにあるのが，いわゆる行政の世界である。上に述べた民間部門と公的部門とのちがいを，もっとも明確に示すのがこの両者である。行政機関の経営については，議会などの組織の上位者による影響の問題などがあり，行政学で扱われてきた。しかし，事業の設定やその抜本的改革などの意思決定については，行政意図や政治的視点に委ねられるものの，設定された事業をいかに効率的に進めるかという段階においては，それは経営の問題となる。もちろん，行政の活動には社会政策的な要素も必要であり，単純に効率性だけを追うわけにはいかないが，基本的前提は効率的な事業運営である。また，公平性や社会政策的配慮についても，それを実現する方法を全体としての効率性との兼ね合いの中で検討し，実行するのは経営の仕事であるといえる。

　Ⅱの公的所有でありながら営利を追求するというのが公企業である。具体的

には，国有企業，地方公営企業などである。かつて3公社といわれた国鉄（現JR），電電公社（現NTT），専売公社（現JT）は国有企業であった。廃止の方向に向かっているが，特殊法人と呼ばれる国が特別の法律を個別に作って設立した法人の多くも公企業である。またそれぞれの自治体で，受益者が特定されるために受益者負担の料金を徴収する事業は，地方公営企業と呼ばれる。たとえば，水道局，清掃局といったもので，営利追求とはいえないものの，独立採算を前提に経営されている。

そしてⅢの，民間でありながら営利を目的としないものが非営利組織である。ここには，先にあげたように民法を根拠法とする公益法人（社団，財団），その特別法である社会福祉事業法による社会福祉法人，私立学校法による学校法人，宗教法人法による宗教法人，特定非営利活動促進法による特定非営利活動法人（NPO法人）などがある。また，公益追求を目的としないものの営利を目的としないということでは，中間法人，協同組合なども含めることができるだろう。税法上では公益法人とその特別法による各種の法人は，特定非営利活動法人を除いて「公益法人等」と一括され免税団体となっている。医療法人は，税制上では株式会社などと同じ普通法人とされるが，根拠法である医療法で利益を分配することが禁じられているので，原理的には非営利組織である。

お金を目的としない組織ということでは，Ⅲの非営利組織，Ⅳの行政機関があてはまるが，Ⅱの公企業も実際には営利追求というよりも，人々の生活の基礎をなすようなサービスを，安定して，そして平等に提供するために，あえて国や自治体が実施するというものであるため，その本来の目的は営利ではないと考えることができる。

KEY WORD 2 非営利組織

非営利組織の定義 非営利組織（Nonprofit Organization）は，日本ではそのイニシャルをとって「NPO」と呼ばれることがあるが，同時に特定非営利活動法人が「NPO法人」と通称され，「NPO」イコール「NPO法人」と誤解されることが少なくない。特定非営利活動法人が非営利組織であ

ることはたしかであるが，それは非営利組織の一種類であることに注意しなければならない。法人数からも，また各法人の事業規模からも，特定非営利活動法人はむしろ非営利組織としては小口のもので，まだこれから成長する組織群である。実際，特定非営利活動法人の独自の活動領域というものもなく，公益法人をはじめとする既存の非営利組織の手がける領域の一部がピックアップされ，法人格取得が簡便にできるようにすることが意図された制度なのである。

より理念的には，非営利組織の国際比較研究を行ったサラモンらの分類基準，ICNPO（The International Clasification of Nonprofit Organizaions）であげられる，①公式性，②非政府，③非利益分配，④自主管理，⑤自発性，⑥公益性の6つの基準が有名である。これは国際比較のため，概念を統一する必要から導かれたもので，けっして厳密な定義ではないが，最大公約数としての非営利組織を浮かび上がらせている。理論的には，③の利益の非分配性が非営利組織の概念的条件とされているため，協同組合が外されるが，ヨーロッパでは協同組合が民間非営利活動の受け皿として重要な位置をしめる。また，利益の非分配性だけを条件とすると，営利目的ではないが，公益を追求するわけでもないという中間法人も含まれることになる。サラモンらの基準は，⑤自発性，⑥公益性をあげているため，非営利組織の中でも理念型，あるいは典型のものを示すことになる。

非営利組織の経営上の特徴　そうした典型的非営利組織について，そのマネジメント上の特徴を整理する。

①自主・自力性　非営利組織は，営利を目的としない組織であるが，あくまで民間である。その意味では，存続していくための環境は，営利企業とほぼ同じ条件下にある。すべての経営資源は，みずから獲得しなければならない。また，何をどうようにやるかなどの意思決定も，みずからの責任で行わねばならない。

②ミッションによる事業の固定性　営利を主目的とせず，それとはまた別の特定の使命（ミッション）をもつ組織であるという特徴は，ある意味でその組織の事業展開を制限することになる。財務的な見返りがあまり見込めないから他の事業にシフトする，財務的見返りを期待して新しい別の事業を手がける，といった企業の経営戦略では当然のことが，非営利組織では自己の存在意義を

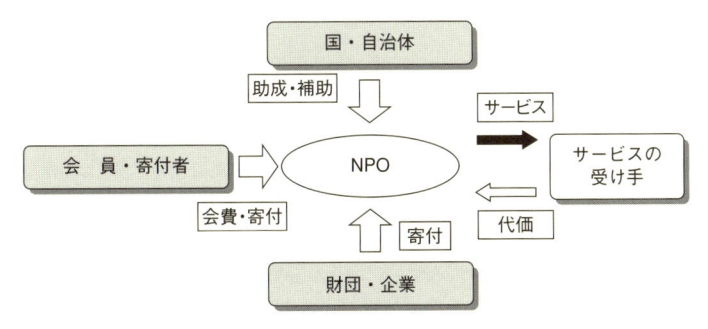

図12-2　NPOの資金調達パターン

見失いかねない行動として，回避されることが多い。

　③**明確な業績尺度の欠如**　　数字で表すことが容易な「利益」が主目的でなければ，それが業績の尺度としても主ではない。その非営利組織の主目的を基準とした尺度がメインであるべきだが，利益のような単一明解で，それですべてというような尺度はない。業績尺度が明確でないと，行われている諸活動がうまくいっているのかどうかがわからない。あるいは，今後どのようなところを改善すべきなのかがわからない。

　④**サービスの受け手と支払い手の分離**　　海外援助など慈善的活動事業では，援助物資や医療サービスを受ける者からはサービスの支払いは受けずに，サービスを受けない者の寄付などによってその費用が賄われる。すべての非営利組織にあてはまるわけではないが，寄付，助成，補助，カンパ，ボランティアなどを得ている非営利組織では，部分的にでも生じる現象である。市場の基本原理である「交換」ではなく，「贈与」が原理となっている。これは，アウトプットの成否から次の行動を導くという経営の基本的手順に，重大な影響を与える。つまり，贈与としてのサービス提供では，受け手による評価や選別がほとんどはたらかないため，経営活動に必要なフィードバック情報が得られなくなる。「善いことをやっている」という意識もはたらき，みずからの活動を自己評価したり，反省するきっかけを失うことになりがちとなる。

　⑤**資源ソースの多様性**　　組織活動に必要な資源を調達する先が多様である（図12-2参照）。企業と同じように，サービスの受け手から代価を得ることもある。それ以外に，一般の人々からの寄付，篤志家からのまとまった寄付や遺贈，

--- TOPICS ---

特定非営利活動促進法

　公益法人などは、主務官庁による法人許可と同時に免税資格などの税制優遇を受けるため、許可の基準が高くなり、小規模な市民活動団体などが法人格を取得するのは難しかった。そこで公益目的の活動を行う団体に対しては、商法などと同じように、一定の要件を定め、これを満たす場合には法人の成立が認められるという準則主義による法人制度が創設された。これが1998年3月に公布され、同年12月に施行された特定非営利活動促進法である。特定非営利活動の分野としては、保健・医療・福祉、社会教育、まちづくり、学術・文化・芸術、環境、災害救援、人権擁護、国際協力などなど、17分野があげられている。2002年12月に改正され、経済活動の活性化などの分野も追加されたため、今後さらに法人数は増えることが予測される。

　企業からの寄付、地域自治体からの寄付、助成財団からの助成、行政からの補助金などのほか、ボランティアも労働力や能力の提供である。これらの組み合わせや割合は、それぞれの組織によって異なり、サービスの受け手から代価を取らないことも多いが、いずれにしても、こうした多様な資源ソースの存在は、それに関わる組織間関係の管理を複雑にする。とくにサービスを受けない資源提供者（寄付者等）には、組織の活動ぶりが直接的には見えないために、それをフォローする情報提供や資源提供継続の説得などが必要となり、それにかなりの労力が費やされる。非営利組織のマネジメントでは、組織の事業活動それ自体の指揮よりも、こうした組織間関係の調整に時間と労力が割かれることが多いこともある。また、単に量的に多いというだけでなく、対象が行政であったり、企業であったり、財団であったり、個人であったりと多様であるばかりか、それぞれの会計や予算のシステムなどのちがいもあり、さらに複雑なものになる。

KEY WORD 3　中間支援組織とパートナーシップ

中間支援組織　中間支援組織とは、資源提供者と非営利組織を媒介し、その活動を支援する組織である。特定非営利活動法人

の増加にともなって，日本全国の主要な地域で発生している。同じ活動を行う組織のネットワークづくり，資源提供者と事業組織とのマッチング，非営利活動の啓蒙，非営利組織の環境整備のためのアドボカシー（提言型運動，権利擁護），非営利組織を対象としたコンサルティングや研修，さらには調査研究，政策提言なども行っている。その多くは，みずからもNPO（とりわけ特定非営利活動法人）であるため，「NPOをサポートするNPO」ともいわれる。

中間支援組織という名称は，アメリカやイギリスのIntermediaryが元になっていると思われるが，それはおもに助成財団を指し，事業を直接行う団体に対して資金を提供することで，それぞれのミッション実現を目指すものである。そうした助成財団と個々の事業実施団体との仲介，政府の補助金の窓口，種々の資金の情報提供などを行う組織も含めてIntermediaryとされる。その他，非営利組織に対してマネジメント上の相談，コンサルティング，人材派遣，教育・研修を行うMSO（Management Support Organization），法律など非営利組織の活動の基盤を整備するために，非営利組織に情報提供し，それらを組織化し，アドボカシー活動を進めるInfrastructure Organizationがある。日本の中間支援組織は，財務資源の仲介はそれほど活発ではないため，Intermediaryというよりも，むしろMSOやInfrastructure Organizationに近い。

こうした中間支援組織が管理・運営する非営利組織の支援施設も急増している。とくに，自治体が施設を提供し，その管理・運営を中間支援組織に委託するという公設民営型のものが多くなっている。

パートナーシップ

非営利組織をはじめ，お金を目的としない組織が行う事業は，多くの場合サービスの提供である。形のないサービスはストックできないうえに，単一の組織だけで完結しないことが多い。たとえば，教育や医療・福祉などを思い浮かべればわかるように，さまざまな組織が提供する諸サービスが揃ってはじめて，ある人，あるいはある地域の教育や医療・福祉は一定の質ものになる。したがって，単に個々の組織の効率性を追求するだけでは，最終的な目的が達成できるとはかぎらないのである。

こうした認識は，教育とか医療・福祉など，それぞれのサービスの分野ごとに早くから認識されていたが，今日ではセクターをまたがった諸組織の協働が模索され始めている。産業界では，産業界，官公庁，大学が協働して地域産業

の活性化などを図るという「産官学連携」がスローガンとなっている。人々の暮らしに関わる分野では「公(官)民パートナーシップ」が叫ばれている。

これまで日本では，戦後の復興のために，行政が強力なリーダーシップを発揮して，社会のさまざまな制度を整備し，推進してきた。しかし，行政が何でも自分たちで仕切り，やっていこうという志向は，もはや現実的ではなくなった。財政的にも限界にきているし，行政の役割に関する考え方からも通用しなくなってきた。むしろ，積極的に他のセクターと協働して，それらとの補完関係をつくり，ネットワーク全体としてより充実したサービスが提供できるようにすべきだという考え方が，世界中の主流となってきている。そして，事業の具体的な実施はより効率的な民間に任せ，行政は政策立案などに専念すべきというのが，「ニュー・パブリック・マネジメント」（NPM）の基本的な考え方である。

具体的には，業務の一部を民間業者に委託するいわゆるアウトソーシングから，公の施設（NPO支援センターなど）の管理運営を丸ごと委託するというもの，さらには完全にその事業を民間事業者に開放してしまい，行政は事業の実施にはタッチしないというものまで，さまざまなかたちで民営化の流れは進んでいる。これまで公共事業として政府が建設していた橋梁，トンネル，病院，学校，刑務所といったものも，民間資本によって建設し，運営も任せるというPFI（Private Finance Initiative），PPP（Public Private Partnership）といった手法も先進国を中心に普及してきた。

また，これまで行政がカバーしていた事業だけでなく，少子高齢化，国際化などの進展によって，新たな課題が生じている。それらの課題への対応も，もはや行政だけでは難しくなっている。こうした流れの中で，行政や企業とのパートナーシップが，非営利組織の重要な展開方向として認識されている。

KEY WORD 4　コミュニティ・ビジネスと地域の経営

コミュニティ・ビジネス　コミュニティ・ビジネスとは，その地域の過疎化，高齢化，産業衰退などの諸問題を克服するために，地域の住民が主体となってビジネスを通じてコミュニティを再生・活性化しよとす

TOPICS

株式会社「黒壁」

　コミュニティ・ビジネスは，いまや日本のいたるところで見られるが，もっとも有名な事例の1つが，滋賀県長浜市の株式会社「黒壁」である。旧来からの中心部が衰退し，駅前の商店街もシャッター通りとなっていたが，街のシンボルであった黒壁銀行の建物の売却契約が明らかになった際に，青年会議所のOBなどを中心とする市民団体がその保存活動を進め，市と協同で買い取り，さらにその維持のために株式会社を設立した。しかし，ただ建物を保存するだけでは何の問題解決にもならず，街の衰退も進むという危機感から，黒壁を中心にした事業が模索された。そして古い街並みを活かしながら，ガラス工芸品をコアとした事業が計画された。そして現在，黒壁スクエアとしてエリアにガラス工芸品の展示販売や食堂喫茶など30ほどの施設が設けられており，一時は昼下がりの時間帯でさえ，数人の往来しかなかった黒壁一帯は，いまや年間200万人もの人が訪れる。街に生まれ育った市民が主体になって，行政も巻き込みながら，ビジネスを通じて地域の経済を復興し，街を活気ある魅力的なものにしたのである。

るものである。形式的には経済取引を行うビジネスであるが，それはお金を目的とするというよりも，コミュニティや自分たちの生活を守ろうというものである。それは株式会社，NPO法人，協同組合などの法人を受け皿とする。ビジネスとして，個々の参加者は利益を獲得することもあるが，組織や全体としては営利目的ではない。

　より具体的には，地域にある観光資源を掘り起こし，観光事業を起こすことで地域の雇用を創出したり，生活に必要な食料などを提供する店舗を，住民みずからで運営したり，衰退した商店街を活性化させるために，新たな名物を企画したりというような事業が，その地域に住み，その地域にコミットする人々の手で行われるものである。

　国際分業や国際最適化が進められ，産業の空洞化，事業機会や雇用機会の集中化が起こり，結果として地域経済や地域コミュニティの衰退化を招いているのが今日の世界の状況である。日本の場合，それに少子高齢化が予想以上に進んでいることが加わり，地域の衰退の問題は深刻化することが予測されている。お金を目的としないビジネスというのは，本来は矛盾したものだが，地

域での生活を維持するため，法人格やビジネスや貨幣（地域通貨）を，道具として利用するという考え方は，今後さらに進化していくかもしれない。

地域の経営　同じNPOだけでなく，行政や企業も巻き込んだパートナーシップや，その具体的事業の舞台となるコミュニティ・ビジネスやソーシャル・エンタープライズ（社会的企業）は，つまるところその地域を経営していくという活動になる。行政だけに頼っていたのでは，自分たちの生活基盤が衰退していくということに気づいた人が，同じ意識をもった人と協働しようとする。そのための装置としてNPOなどの組織があり，ツールとしてコミュニティ・ビジネスなどの事業がある。

　行政がやってくれないことを抗議するという活動も，状況によっては必要かもしれない。しかし，財政事情や公平性優先といった構造的限界があるのも事実である。可能な部分だけでも，行政もいっしょになって地域を維持しようというのが，今後の現実的な行動様式となっていくだろう。

　実際，世界中のあちこちで，地域の自治体，企業，NPOなどがさまざまなかたちで協働し，外部の専門家や関係機関も巻き込みながら，その地域を蘇らせているという事例が数多く報告されている。地域はけっして不変のものではなく，人口動態，産業シフトなどによって状況が大きく変化することがある。そうした変化にあわせて，地域の産業や社会サービスなどをリストラクチャリングせねば，生活基盤さえ喪失してしまうような衰退をまねくことがある。働きたくても仕事がない，買い物したくても商店がない，学校や病院がないというような状況は，地域の産業が衰退し，人口が流出し始めると，簡単に起こってしまうのである。

超マネジメント　これまでの感覚から見ると，現在の経営学あるいは経営の様子は，カオス的状況である。お金を目的としない組織の経営などは，象徴的である。しかし，概念を玩ぶ学者ではなく，行政や医療や福祉や学校など，むしろマネジメントという言葉を不謹慎というイメージでとらえていた世界の人たちが，本気で経営の重要性を語るようになっている。

　これはビジネスの世界にとってみても，大きな意味をもつ。けっして対岸の火事ではなく，経営という概念に遅れてやってきた者への優越感に浸っていら

れる状況ではない。まず，こうした行政や非営利目的の諸組織は，ビジネスの世界にとっての重要な顧客であることが多い。ビジネスの世界において顧客とは，取引を通じて利益を綱引きする交渉相手である。その相手が経営に目覚め始めたのである。経営に目覚め始めた組織は，ただ購買の効率性を追求するだけにとどまらない。より積極的な利益獲得の活動を行うだろう。この先のシナリオは，本書の1章や2章にまかせよう。

さらに，非営利目的の諸組織は，ネットワークの視点で行動することでは，むしろビジネスの世界より先行している。地域における諸サービスは，ネットワーク単位での競争となる。個々の組織にとっては，どれだけ競争力のあるネットワークに参加できるか，あるいはどれだけ競争力のある組織間連結を形成していくことができるかが，それぞれの組織の存続を左右することになる。非営利組織は，資源を多様な外部者に依存せざるをえないという，構造的ともいえる脆弱性をもつ。しかし，必要な資源が不足するがゆえに，それを保有する他者とのつながりを模索する。そして，他者との相互依存関係を成立させるために，自己のコア・コンピテンシー（中核的競争優位性，能力）を認識し，それをさらに高める。つまり，ネットワーク形成あるいはネットワーク参加へのインセンティブが高いのである。市場が成熟し，ニーズの多様化やそれに対応するサービスの細分化や高度化の流れが進むと，もはや自己完結型のフルセット戦略は限界に突きあたり，それとは対照的な，特化した諸組織が相互補完し，全体としてフルセットのサービスを提供するネットワークが優位性をもつ。

こうした視点をさらに進めると，「超マネジメント」ともいうべき視点が生まれる。マネジメント（経営）とは，当該組織の存続を目的とした諸活動というのが基本的な概念である。しかし，ネットワークや地域といった単位での効率や成功を目的とした場合には，かならずしも一組織の存続は重要ではない。むしろ，課題の変化にしたがって，スムーズに組織群の新陳代謝が進むほうが望ましい。

組織は，目的を達成するための装置であるという根本的なことが，ビジネスよりも非営利組織の世界のほうがわかりやすい。たとえば，飢餓で苦しむ国の人々に援助物資を送るという活動をしている非営利組織のメンバーは，自分たちの仕事がなくなり，組織を解散する日が来ることを望んでいる。いったん組

織が出来上がった以上は，何としてでもこれを維持し，ゴーイング・コンサーン（事業継続体）となろうという考え方とは180度違う。

しかし，ビジネスも行政も市民も関係なく，利用できるリソースはすべて動員して地域を維持したり，活性化させようという時代になってきた。すでにクラスターとなっている地域で観察されているように，その地域に根づいた人々は，組織を渡り歩いたり，組織のスクラップ・アンド・ビルドを繰り返したりしながら，その地域を活性化させている。そうした地域の人々は，セクターの境界を越えて，相互乗り入れしながら，要はその地域の産業や事業にコミットしているのである。ある会社，あるNPOを，何としてでも存続させようというのではない。そうした状況が，逆に人々の雇用機会を増やし，外部からの資源を呼び込んでいる。

こうした地域全体を巻き込んだマネジメントの要件としては，キーパーソンの存在が重要であると指摘されている。また，その地域の人々が，他人を信頼し，協働関係を結べるような習律（心の習慣）をどれくらいもっているかが重要であるという指摘もある。ならば，これらをうまく醸成し，人々の地域愛やソーシャル・パワーを引き出すマネジメントが重要となるだろう。

■■■ ブックガイド ■■■■■■■■■■■■■■■■■■■■■

吉田忠彦編『地域とNPOのマネジメント』晃洋書房，2005年。　NPOのマネジメントは，一組織だけを対象にして論議しても十分でない。地域を舞台にして，行政や企業や他のNPOとの関わりあいの中で活動するのがNPOの実際の姿である。本書ではそうした視点から，ニュー・パブリック・マネジメントやイギリスにおける最先端の様子が紹介されている。

田尾雅夫・川野祐二編『ボランティア・NPOの組織論』学陽書房，2004年。NPOの組織について，経営学的視点から解説した入門書。平易に書かれているが，長くこの分野に携わってきた著者たちによって，最前線の問題にもふれられている。

D・ヤーギンほか『市場対国家』（山岡洋一訳）日本経済新聞社（日経ビジネス人文庫，全2巻），2001年。　原題は「管制高地」で，国家がその国の経済をコントロールするために，その国の主要産業を国有化したり，規制をしいたりすることを指す。本書は，むしろそれがいかに市場経済に揺り戻されていったかを描く。ニュー・パブリック・マネジメントの背景を知るための必読書である。

杉山学・鈴木豊編『非営利組織体の会計』中央経済社，2002年。　今日の日本

の経営学は，アメリカを中心とした組織論的経営学が主流となっているが，実際の経営は財務や会計を抜きにしては語れない。そういう意味では，これから経営学を学ぶ者は財務や会計をちゃんと勉強するべきである。ここでは，本章に関わる非営利組織の関連で本書をあげておく。

坂本文武『NPOの経営』日本経済新聞社，2004年。　NPOマネジメントの実践ガイドとして現在のところもっとも新しく，かつバランスのとれたもの。筆者は，アメリカの大学で日本人としてはじめて非営利組織経営修士号を取得し，現在は日本でNPOのマネジメント支援を実践している。

13
新しい製品やサービスを作り出す

本章のポイント

1. 新しい製品やサービスを作り出す活動は，一般にイノベーションと呼ばれている。イノベーションには，発明だけでなく，それが事業化される過程が含まれる。
2. 新しい製品やサービスの登場によって，既存の産業や経済システムが破壊されることがある。イノベーションが，それまで企業が蓄積してきた組織的な能力を温存・強化するのか，それとも破壊してしまうのかという視点が重要である。
3. 新しい製品やサービスを作り出す活動は，大別して4つのプロセスに分けられる。これらのオーバーラップや，早期の問題解決が開発プロセスの管理に有効である。
4. イノベーションを実行する組織には創造性と効率性の両立が求められるが，これを実現する鍵として，近年は製品アーキテクチャに注目が集まっている。

KEY WORD 1 イノベーションとその源泉

イノベーションという活動

　新しい製品やサービスを作り出すことは，現代の企業にとってもはや望外な驚くべき出来事ではない。組織化された日々の活動として，企業活動に組み込まれているのが実態である。携帯電話は3ヵ月で新しいモデルが投入され，多くのモデルは半年から1年でその寿命を終える。アメリカの代表的な企業の1つである3Мの場合，売上の4

分の1は発売4年以内の新製品によるものであり，この新製品を開発し続ける能力によって優良企業の地位を長く維持している[1]。多くの企業が成長，存続するためには，つねに新しい何かを産み出し続けなければならない時代になってきたということであろう。

　このような新しい製品やサービスを生み出す活動は，一般にイノベーションと呼ばれている。そして，企業は競合相手よりも早く製品を開発して市場に投入することで，競合他社との競争に勝つ可能性を高めることができる。実際に，企業業績と新製品の投入との間には強い相関関係があることが知られている[2]。イノベーションは企業間の競争にとって大きな武器なのである。そこで，この章では，このイノベーションの内容やその競争上の意味，制度化されたイノベーションとしての製品開発プロセスの実際，およびその組織などについて，順に説明していくことにしよう。

発明とイノベーション　単に良いアイデアを思いつくだけではイノベーションとはいえない。そのアイデアが現実に利用されるようになるまで，すなわち製品やサービスのかたちで顧客の手元に届くまでのプロセスのすべてがイノベーションである。イノベーションは発明と混同されがちであるが，発明が事業化されてはじめてイノベーションなのであり，そのプロセスには，事業領域の選択や，製品やサービスのコンセプト創造，市場の開拓，組織やプロジェクトの管理などの，現代の企業によって遂行されているさまざまな活動が含まれる。

　また，新しい製品を開発する場合，その製品を生産する工程の開発も，市場からは見えないものの，製品の開発と同様に重要である。これは，工程イノベーションと呼ばれている。製品が誕生してから市場が成長し，成熟してやがて衰退するというライフサイクルで見たとき，製品のイノベーションは工程のイノベーションに先行するケースが多い[3]。大きな製品イノベーションが起こるということは，逆にいえばその製品がどのようなものであるのかが固まっていないことを意味している。製品として重視すべき機能や，それを実現するための最適な技術が定まっていないなかで，特定の生産工程を開発するのは困難である。このため，製品の主要な設計に関する合意が生まれて，はじめて工程イノベーションが活発になるのである。

ニーズと技術の結合　単なる発明をイノベーションと呼ぶことができないのは、新しい技術やアイデアが顧客に受け入れられなければならないからである。市場のニーズに応える製品でなければ、いくら技術開発にお金をつぎ込んだとしても仕方がないのだ。つまり、イノベーションは、技術と顧客のニーズの結合という側面をもっていることになる。

ただし、通常はこの両者が均等に役割を果たすことはあまりなく、技術とニーズのどちらかが主導するかたちでイノベーションが実行される。つまりイノベーションには、その源泉や発端によって大きく2つのパターンがあることになる。1つめは、科学的な発見や技術の進歩によって新しい可能性が生じ、これが新製品やサービスの開発を刺激するものである。これは一般に「技術プッシュ型」イノベーションと呼ばれている。これに対し、市場の満たされないニーズが顕現化して新しい製品やサービスの開発を促進する場合もある。こちらは「ニーズプル型」イノベーションと呼ばれている[4]。

イノベーターとしての顧客　ニーズが主導するイノベーションでは、場合によっては顧客そのものがイノベーションの担い手となることもある。これなどはニーズプル型イノベーションの極端な例であろう。

「イノベーションは誰の手によって生み出されるのか」という問いを投げかけられたとき、多くの人は至極当然に「その製品を作るメーカーが生み出したのだ」と答えるであろう。思いつきのアイデアだけならばともかく、それを開発して製品のかたちにするのはメーカーの仕事であるという考え方が広く信じられている。

ところが、近年のイノベーション研究の進展によって、興味深い事実が明らかになってきている。一般的な通念に反して、実際には顧客がしばしば新製品を開発しており、かならずしもメーカーが開発者となっているわけではないというのである。実際に、科学機器やエレクトロニクス製品の製造装置といった分野では、製品の顧客自身がイノベーションを生み出しているケースが大半をしめている。多くの場合ユーザーは単にニーズに関するアイデアを提供するといった限定的な役割にとどまらず、問題を解決し、試作品を制作・テストする役割まで担っていたのである[5]。

> **TOPICS**
>
> **イノベーターとしての顧客：具体例**
>
> 　核磁気共鳴分光器の開発では，この機器の顧客であったスタンフォード大学が機器の設計，試作，実験の役割までを担当した。当時認識されていた問題について，スタンフォード大の教授がサンプルを磁界内で急速にスピンさせるという新しい解決法を提唱し，教授のもとにいた2人の学生が，この機器の試作品を作成し，実際に実験してその方法の有効性を実証したのである。大学に近接するパロアルトに立地していた核磁気共鳴分光器メーカーの役割は，この試作品を用いた市場向けのモデル開発にとどまっていた。

複数の源泉を統合する　顧客がイノベーションの担い手になっている例は，やや特殊かもしれない。だが，現代のイノベーションの源泉はさまざまであり，企業の内部の研究所だけではなく，外部の研究機関や大学，部品の供給業者，顧客，場合によっては競合他社のアイデアや技術的知識，ニーズなどを統合する必要がある。

　このため，何らかのアイデアが技術的な問題解決を経て製品やサービスとして事業化されるという直線的なモデルでは，現代のイノベーションの実態を十分に反映しなくなっている。多くのアイデアを統合し，別の源泉からもたらされたアイデアに刺激されるかたちで，新しいアイデアが創造され，それがまた別の部門の技術的な課題になるといった，さまざまな主体の間の相互作用によってイノベーションが進むというモデルのほうが，より現実に近い理解であろう[6]。

KEY WORD 2　イノベーションと競争

画期的 vs. 漸進的　次に，イノベーションが企業間の競争に与える影響や，イノベーションから利益を上げる戦略について考えてみることにしよう。まずは，これらの議論の前提として，イノベーションの類型について示すことにする。

　新しい製品やサービスの登場によって，既存の産業や経済システムが破壊されることがある。イノベーションによって，既存の製品やサービスのパフォー

--- TOPICS ---

漸進的イノベーション

　イノベーションには，市場に急激な変化をもたらしたり，技術的に大幅な性能向上を一度に実現するものもあるが，長い時間をかけて少しずつ積み重ねられてきた製品性能の進化や工程能力の向上も，累積されることによって既存企業の存続に関わるほどの破壊的なインパクトをもつことがある。このようなイノベーションの積み重ねは，漸進的イノベーション（Incremental Innovation）と呼ばれている。

マンスが大幅に改善され，それによって産業におけるプレイヤーが一変してしまうのである。このため，一度に大幅なパフォーマンスの改善を実現することを，イノベーションの定義に含めて考えがちである。

　だが，イノベーションといっても，一度に大きな変化がもたらされるようなものばかりではない。長い時間をかけて少しずつ積み重ねられてきた製品性能の進化や工程能力の向上も，現在ではイノベーションの一種だと理解されるようになっている。この漸進的な性能進化の累積がもつ破壊的なインパクトに注目して生まれたのが，漸進的イノベーションという概念である[7]。

　たとえば家庭用VTRは，導入当初である1975年頃の価格は2000ドル以上しており，高額所得者による嗜好品の域を出なかった。ところが，その後の小さなイノベーションの積み重ねにより，1985年頃までに価格は300ドル程度までに下落し，VTRは日本のエレクトロニクスメーカーの主力商品となった[8]。また，航空機で最初に商業的成功を収めたDC-3は，技術的に見て画期的な性能改善が実現した製品ではなかったが，それまでのイノベーションの積み重ねによって旅客輸送のニーズを的確に満たす機能を提供したことで，航空機市場を大きく変えるインパクトをもった。

　非常に革新的なイノベーションに比べると，漸進的イノベーションは製品やサービスの改善の連続であり，一見非常に地味である。だが，むしろそれゆえに多くの競合企業に見逃されやすいという側面もある。華々しい革新は注目を集めることも多く，追従者を生みやすいが，小さなイノベーションの1つ1つはそれほど大きな社会的な影響をもちにくいからである。

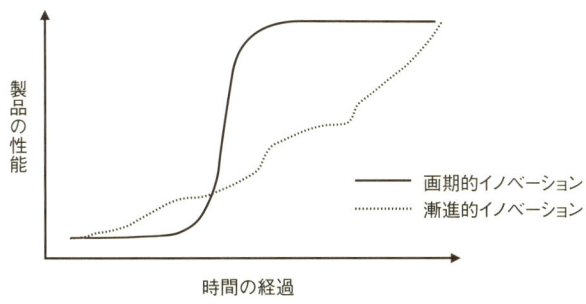

図13-1 画期的 vs. 漸進的イノベーション

　一方，画期的なイノベーションの場合でも，背後にある開発の過程を見ると，継続的な活動の積み重ねであることが多い[9]。近年テレビやPCなどで画像表示用デバイスとして採用されている液晶ディスプレイは，画期的なイノベーションとして位置づけられることが多いが，液晶自体は19世紀のヨーロッパで発見されたもので，ディスプレイに応用する可能性も1960年代のアメリカですでに示されていた[10]。電卓や時計の表示装置として技術を蓄積したことで，近年テレビに利用できるまでに技術レベルが到達したのである。継続的な開発が画期的なイノベーションに結実した例である。

既存企業にとっての脅威　イノベーションは，業界における既存の企業にとって脅威である。たとえば，CDの登場によって，それまで音楽を顧客に届ける主要な媒体であったレコードは市場からほぼ駆逐されてしまった。既存の業界のプレイヤーが，1つのイノベーションによって市場からの退出を余儀なくされてしまう例は少なくない。

　イノベーションが既存企業にとって脅威となるのは，過去に蓄積したノウハウや技術，顧客との関係などが一度に破壊されてしまう場合があるからである。この場合，既存企業にとっては，単にその企業が保有しているノウハウや技術を強みとして活用できないだけではなく，その技術やそれを支える組織の能力が邪魔になってしまうことも多い。たとえば，カラーテレビにおける真空管からその代替技術であるトランジスタ・ICへの移行では，真空管技術で先行していた米国企業の多くは転換が遅れ，いち早く技術の転換に対応した日本企業の後塵を拝することになった。

　ただし，画期的なイノベーションだからといって，つねに既存企業が脅かさ

れるわけではない。むしろ，イノベーションが，それまで企業が蓄積してきた組織的な能力を温存・強化するのか，それとも破壊してしまうのかという視点が重要である。たとえば，セメント業界における主要な3つのイノベーションを比較すると，最初のイノベーションでは既存企業の能力が破壊され，新興企業が多く参入したのに対し，その後の2つのイノベーションでは，既存の企業の能力は温存・増強され，導入を主導したのも既存企業であった[11]。

このように，能力温存・増強型のイノベーションであれば，資金や人的資源が豊富な先行する既存企業のほうが有利である。一方，能力破壊型のイノベーションの場合，その産業で先行することがデメリットとなってしまうため，新規参入企業が有利となることも多い。

イノベーションと利益 イノベーションによって新しい経済的価値が創出されるとしても，その価値すべてをイノベーションの担い手が利益として獲得できるわけではない。新しい製品やサービスの開発は，利益の獲得を目指すうえで非常に魅力的な手段ではあるが，その製品やサービスを模倣されてしまえば，すぐに同質的な製品やサービスを供給する企業間で激しい価格競争になる危険性がある。イノベーションを起こすだけではなく，その利益を譲り渡さない仕組みが必要なのである。

技術やイノベーションへの志向が強い業界について考えると，この利益を確保する仕組みや戦略としては，以下の4つがあげられる。

① 知的財産権
② 補完的資産のコントロール
③ 技術の特性による模倣困難性
④ 新製品の連続投入

知的財産権とは，特許や商標，著作権，営業秘密などで，法的に無形の財産を保護する仕組みである。たとえば，特許の場合，知識が新規であり，かつその内容が公開されることを保護の要件としている。知的財産権が詳細に設定され，その執行に関する監視と制裁の仕組みが整備されていれば，イノベーションの模倣は限定的となり，そこから得られる利益を長い間維持しやすい。医薬品や化学などの産業では，イノベーションの利益の確保において，特許による保護が有効な手段となっている[12]。

補完的資産とは，ある技術やアイデアを事業化する場合に必要となる製品やサービス，技術などである。この補完的資産をコントロールすることによって，たとえば他社の参入を阻止してイノベーションの利益を確保したり，自社だけが先行して新しい製品の導入に成功したりすることが可能となる[13]。たとえば，家庭用ゲーム機業界の利潤は，ゲーム機本体の販売よりも，むしろその補完的資産であるゲームソフトの市場投入をコントロールすることで確保されている。ゲームソフトの開発と販売や，他のゲームソフト業者からのロイヤリティ（ゲーム機を用いたソフトを販売する権利への対価）による収入で利益を獲得できるため，ゲーム機の価格は低く設定することが可能なのである。

　技術の特性とは，技術情報の形式化の程度，複雑さの程度などによって，競合企業による技術の模倣や普及の困難さが変わることである。たとえば，技術情報が設計図やマニュアルなどのかたちにあらかじめ形式化，明確化されている場合は，それらを獲得するのは比較的容易である。それに対して，技術情報が暗黙的である場合，すなわちコツや熟練ノウハウといった情報の場合は，情報の送り手側すらも情報の内容を説明できないため，情報の模倣や獲得には時間とコストが必要となる[14]。

　新製品の連続投入とは，イノベーターとしての先行者の地位を活かして，他社が模倣品を市場に投入してきた場合に，すぐに新製品を投入することで差別化を図ることである。新しい技術や先端的なアイデアを盛り込んだ製品を市場に先行して投入することで，模倣企業が追従してくるまでに利益をつねに確保するという戦略である。ただし，この戦略は，模倣企業が追従してくるスピードが速い場合，開発費を回収できなくなる恐れもある。

KEY WORD 3　製品開発プロセスの管理

4段階の製品開発プロセス　新しい製品やサービスの開発活動は，現代の企業にとって「日々の活動」となっており，開発活動はもはや組織化，ルーチン化されている[15]。では，具体的に組織化されたイノベーションのプロセスはどのようになっているのだろうか。また，それはどのように管理されているのだろうか。

たとえば自動車や電子機器などのような組立産業の製品の開発プロセスは，大別して①市場のニーズを製品コンセプトに翻訳し，②それを具体的な部品の組み合わせに翻訳し，③部品の設計図という形に翻訳し，④生産設備に翻訳するという4つのプロセスに分けられる。それぞれは具体的に，①製品コンセプトの創造，②プランニングと機能設計，③製品エンジニアリング，④工程エンジニアリング，と呼ばれている[16]。

開発プロセスの例 カラーテレビの製品開発の例で，これらのプロセスが具体的にどのように進行するのかについて，製品コンセプト創造から順に見てみることにしよう[17]。

製品コンセプトとは，その製品がいかに顧客の問題を解決し，顧客満足を達成するかについての基本的な考え方のことである。短いセンテンスやキーワード，簡単なスケッチなどで表されることが多い。カラーテレビ産業の製品コンセプトの創造でも，市場のニーズ，部品技術，生産技術の動向，他社の開発動向などをふまえて，「アートとしてのテレビ」や「再現から表現へ，そして感動へ」などのコンセプトが定められる。異なった分野の最新の動向を反映させることが必要となることから，多くの企業では製品コンセプトは設計，マーケティング，商品企画，生産技術，デザイナーなどの各部門が参加した会議によって決定される。コンセプト創造のため機能部門を横断するタスクフォース（専門家を集めた臨時編成組織のこと）のかたちがとられることもある。

ここで創造された製品コンセプトは，製品のデザイン，機能面での要求仕様の分析，コストターゲットの設定などの作業を経て具体的な商品企画として提示される。続いてこの商品企画を受けて，設計部門が開発スケジュール，個別の部品の指定とコストターゲットの設定，設備投資などを含む具体的な開発プランを作成する。これらは設計構想，構想設計などと呼ばれている。この段階で，プランが製造部，検査部，購買部などに提示され，それぞれからのフィードバックがプランに盛り込まれる。

次の段階は，設計，試作，実験による評価の各活動を含む製品エンジニアリングのプロセスである。カラーテレビの開発では，この段階に入ると回路設計が開始され，その後設計による試作（設計試作と呼ばれるケースが多い）によって回路のチェックや原価の検討が行われる。同時に製造，購買，検査の各部門

は，それぞれの目的にしたがって試作品の問題点を抽出して設計にフィードバックしていく。

生産準備とも呼ばれる4番めのプロセスが，工程エンジニアリングである。詳細設計図面を工程の流れ，工程レイアウト，設備・治工具の設計，作業標準，設備制御用のコンピューター・プログラムなどに翻訳するプロセスである。製造部門が開発活動に参加する時点は会社によってやや異なるようだが，カラーテレビの開発の場合は，少なくとも設計試作の段階から工程エンジニアリングが製品エンジニアリングと調整を始めているようである。

オーバーラップ型開発方式 ここまで述べてきた製品開発プロセスの管理方法について，ここで代表的な2つの方法を紹介しておこう。まず，オーバーラップ型開発方式についてである[18]。

前述のカラーテレビの例でも示したように，製品コンセプトの創造，プランニングと機能設計，製品エンジニアリング，工程エンジニアリングの4つのプロセスは，時間的に見て直列的に連結されているというよりは同時並行的であり，期間が重複している。このような同時並行的に開発プロセスを進めていくやり方は，オーバーラップ型開発方式と呼ばれている。日本の自動車メーカーは，このオーバーラップ型の開発方式を得意としており，欧米メーカーよりも開発期間が短く，開発コストが小さいことで知られている。

ただし，開発プロセスをオーバーラップさせることだけで，開発のパフォーマンス向上が実現できるわけではない。たとえば，製品の詳細設計が固まらないうちから設備や治工具の設計をスタートさせる場合，設計に修正が必要になったときにせっかく作った設備の廃棄や大幅な手なおしを余儀なくされるかもしれない。そもそも，前のプロセスの成果は後のプロセスの判断の前提として使用されることが多いため，あえて同時並行させるには，それなりの能力が必要となる。

この能力とは，オーバーラップするプロセス間の組織的調整を効率的に実施する能力のことである。緊密なコミュニケーションによる早期の未確定な情報の提供，各部門間の相互信頼，部門間の目標共有といった組織文化などが，この能力を構成する具体的な要素である。これらの条件がそろって，はじめてこのオーバーラップが開発パフォーマンスの向上に寄与する。実際に，1980年

```
コンセプト創造
    ↓↑↓↑↓↑↓↑
    製品プランニング
       ↓↑↓↑↓↑↓↑
       製品エンジニアリング
          ↓↑↓↑↓↑↓↑
          工程エンジニアリング
```

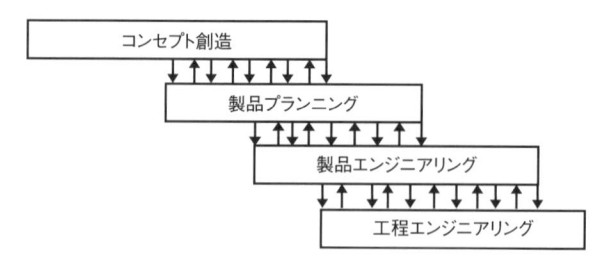

図13-2 製品開発プロセスとオーバーラップ

代の米国企業では，日本のオーバーラップ方式を緊密なコミュニケーションをともなうことなく導入したため，かえってパフォーマンスを悪化させたケースもあった。組織的調整の能力が欠けていれば，オーバーラップというやり方は機能しないのである。

フロントローディング　もう1つの例は，フロントローディングと呼ばれる方法である[19]。開発活動の問題解決を前倒しして，なるべく開発の初期の段階で問題を解決しておくことを意味している。

開発の後半に設計変更などが入ると，大幅なコストの増加をまねくことになり，開発スケジュールも遅れてしまう。とくに，すでに解決済みの問題に対して影響を与えるような重要な変更の場合，これまでに解決した問題も一からやりなおさなければならず，追加的にかかるコストは膨大となる。

このような事態を避けるため，開発プロセスのなるべく早い段階で問題を解決するのがフロントローディングと呼ばれる方法である。具体的には，過去のプロジェクトで蓄積された知識を移転してプロジェクトで解決すべき問題を削減する方法や，コンピューター・シミュレーションなどの短いサイクルの問題解決モードを早期に集中的に実施するなどの方法がある。

これらの方法を駆使した結果，2000年頃の日本企業の自動車の開発では，1990年頃に比べて，製品コンセプトの決定から製品の市場投入までにかかる時間をほぼ半減することに成功している。

KEY WORD 4 製品アーキテクチャと組織構造

創造性と効率性の両立　この章の最後に，イノベーションを実行する組織の構造と，その開発対象となる技術との関係に関する議論を紹介する。

新しい技術やアイデアの事業化を推進する組織には，非常に複雑な課題の解決が求められている。一方では，組織は非常に創造的でなければならないが，他方で，その事業化において，効率の良い生産工程や流通チャンネル，信頼性の高いマーケティング方法などの既存の確立されたオペレーションを活用する必要がある。

この創造性を発揮するのに向いている組織と，効率的なオペレーションを実現するための組織は，元来異なった特徴をもっていることが知られている。効率的なオペレーションを実現するための組織は，階層的な構造をもち，職務の専門化や分業が進んでおり，それを調整するための権限がトップに集中している。これに対し，創造性を発揮するのに向いている組織は，一般にフラットな構造で，職務の分業は柔軟に行われ，権限という意味でも自律的で分権化されている[20]。

この組織的な特徴のちがいから，創造性と効率性という2つの組織の目標を同時に追求することは非常に複雑な課題となってしまい，組織内部に緊張関係をもたらすことも多い。

機能横断的チーム　そこで，提案されている解決方法が，機能横断的チームという方法である。これは，製造やマーケティング，購買，物流，サービスといった，機能的なオペレーションを担う部門はそのまま残したうえで効率を追求しつつ，それらの部門を横断的なチームによってより創造的な課題の解決にあたるというものである。

自動車産業の製品開発では，「重量級プロダクト・マネージャー」と呼ばれる，強いリーダーシップを発揮するプロジェクトの管理者の存在が，そのプロジェクトによって開発された製品の市場でのパフォーマンスを左右してきた[21]。この重量級のマネージャーは，それぞれの部門間の調整を促進しただ

けでなく，新しい製品コンセプトという既存の組織では支持されにくいものの守護者としての役割を果たしている。このような仕組みによって，創造性と効率性という2つの課題の同時追求が可能になっているのである。

モジュール化　また創造性と効率性の同時追及という観点から，近年注目されているのが，部品と組織のモジュール化という方法である。部品のモジュール化とは，もともとはIBMのメインフレーム・コンピューターの開発において提案された方法である。部品システム間のインターフェイス（接続部分）を標準化し，構造・機能的に分離独立したいくつかの部品システムにまとめることで，製品の構成要素間の相互依存性を削減することを意味している[22]。

このモジュール化によって，組織が実行するタスクも分割可能になり，個別のモジュールの開発に際して他の部門との調整の必要がなくなる。これによって，短期的に他のモジュールの開発における変動から独立して各々のモジュールの開発を行うことができるようになり，新しい技術を製品に反映することが容易になる。

ここで議論となっている，製品の構成要素間の相互依存性に関する設計思想は，一般に製品アーキテクチャと呼ばれている[23]。この製品アーキテクチャの選択という議論は，一見経営とは関係のない技術的な話に見えるが，前述のように，アーキテクチャは組織の構造と深い関係があり，開発プロセスのあり方を規定し，ひいては業界の構造にも影響を与えていることが知られている。

オープン化と水平分業　製品を複数のモジュールに分割してモジュール型のアーキテクチャを採用することによって，業界の構造が大きく変わることがある。製品を構成する多くの部品を内製し，そのサプライチェーン（原材料や部品の調達から製造、物流など、最終消費者に至るまでの連鎖のこと）を垂直的に囲い込む戦略から，市場に提供する分野を絞り込みつつ，自社のコミットする分野についてはより高いシェアを獲得しようとする水平分業型の戦略への転換が進むのである。

モジュール間のインターフェイスが社会的に共有され，あらかじめ設定されたルールにしたがって設計されるのであれば，さまざまな企業によって開発されたモジュールを1つのシステムとして連結させることが可能になる。こうな

--- TOPICS ---

製品アーキテクチャ

　製品アーキテクチャとは，製品システムの性質を，システムを構成する構成要素間の相互依存関係のパターンによって記述したものである。理念型としては統合型とモジュラー型とに分類できる。統合型では部品同士がそれぞれ独自のインターフェイスによって複雑強固に連結されているが，モジュラー型では部品間のインターフェイスが標準化されており，構造的に分離独立したいくつかの部品システムにまとめられている。

ると，他社が開発したモジュールであっても，性能やコストにおいて自社のモジュールより優れていれば，追加的なコストを負担することなく，自社の製品に組み込むことが可能になる。この結果，より競争力のあるモジュールに自社の資源を集中するのが得策となり，水平分業型の戦略が垂直囲い込み型の戦略にとってかわるようになるのである。この多様な主体が開発したモジュール間の連結による価値の増大を図る戦略は，オープン・アーキテクチャ戦略と呼ばれている[24]。

　コンピューター産業は，この水平分業型への転換を経験した典型的な産業である。1980年頃までのコンピューター産業では，当時世界を代表するコンピューターメーカーであったIBMをはじめとするほとんどの企業が，CPU，OS，アプリケーションソフト，外部記憶装置といった，製品を構成するさまざまな要素を，基本的に自社ないし自社のグループ企業が供給するかたちをとっていた。だが，現代のPCの構成では，それぞれのモジュールを異なった企業が供給する水平分業化が進んでいる。特に，CPUとOSでは，それぞれインテルとマイクロソフトがほぼ独占といってもいいほど集中的に供給しており，業界に非常に大きな影響力をもつようになっている。

　水平分業のメリットは，高い自立性をもって開発された技術や知識が次々と結合していくことで，製品システム全体で見ると性能の進化が爆発的に進むという構造をもっているところにある。他のモジュールを開発している企業と調整する必要がないため，あるモジュールに特化した専門的な企業が，限定された得意分野で創造性を発揮できる。そのような多くの企業がそれぞれのモジュ

ールにおいて競いあうことで，もっとも優れたモジュールを供給する企業が採用され，業界で最高の性能を結合させた製品が供給されるようになるのである。

アーキテクチャの得手不得手

ただ，このモジュール化や水平分業型の戦略がつねに有効なわけではない。これが不向きな業界や組織，ひいては国があるからである[25]。

まず，モジュール化は，製品に要求される機能と製品を構成する部品との関係がそれほど複雑でないものでなければ実現は難しい。たとえば，自動車に消費者が求める機能に，「乗り心地のよさ」というものがあるが，車には乗り心地のよさを実現するための機能完結的な部品が存在しているわけではない。乗り心地は，タイヤ，サスペンション，ボディ，エンジンなどの数多くの部品を横断して統合・調整することでしか実現しない機能である。つまり，統合型アーキテクチャの製品を，機能的な要求が変わらないにもかかわらず，無理やりモジュール化することは困難なのである。

また，統合・調整が重視されてきた組織が，急にモジュール化による水平分業型の戦略に転換することも困難である。組織における価値観や作業手順，部門化と昇進のパターン，報酬体系などが，水平分業型の戦略にあわないことが多いからである。IBMは，上記のコンピューター業界の水平分業化が進んだ際に，みずからの組織に備わった統合や調整を得意とする能力を入れ替えるのは困難であるとして，事業の軸足をコンピューターからシステムソリューションの提供へと移行することで危機を脱した。組織が変わりにくいことを認めたうえで，事業分野のほうを入れ替えたのである。

日本企業の競争力の高い分野では，どちらかといえば調整や統合に優れた組織を構築してきた企業が多いとされている。乗用車や軽薄短小型家電，ゲームソフトなどを供給する企業は，エレクトロニクスと機械加工，ソフトウェアなどのさまざまな技術分野や，開発と製造，マーケティングなどの異なった機能部門の間の調整によって，製品の高い製造品質や，コンセプトにマッチした製品の提供などを実現している。これに比べると，アメリカで成功している企業は，どちらかといえばモジュール化による水平分業によって成功している企業が多い。このように，地域別，もしくは国別に見ても，得意なパターンには偏

りが見られる。製品アーキテクチャは，組織の能力や業界の構造などと密接な関係がある。この関係をよく理解したうえで，適切な戦略を選択，実行することが必要である。

この章のまとめ 最後に，この章を終えるにあたり，以下の2点を強調しておきたい。第1に，新しい製品やサービスを作り出す場合，その行為によってそれまで企業が蓄積してきた組織的な能力を温存・強化するのか，それとも破壊してしまうのかという視点が重要である。とくに，能力を破壊するイノベーションは実行が困難であるが，この困難な課題を克服した企業は長期にわたって好業績を維持している。第2に，新しい製品やサービスを作り出すためには，技術とニーズを結びつける創造力が必要な一方，効率性も追求する必要がある。そのためには，技術と組織のマッチングをうまく管理する視点が重要になる。製品アーキテクチャと組織をうまく適合させるなどの手段を用いて，創造性と効率性を両立させることが，イノベーションが不可避になっている現代の企業における成功の鍵である。

ブックガイド

藤本隆宏・安本雅典編『成功する製品開発』有斐閣，2000年。　自動車産業における製品開発研究の知見を軸として，さまざまな産業における製品開発の成功パターンについて分析している。統一的な分析枠組みを使うことで，産業間の差異が浮き彫りになっている。

一橋大学イノベーション研究センター編『イノベーション・マネジメント入門』日本経済新聞社，2001年。　イノベーションに関する議論を網羅的に紹介しており，日本語で書かれた入門書としてはもっともバランスがとれている。本章の前半については，この本で補足することをすすめる。

藤本隆宏『日本のもの造り哲学』日本経済新聞社，2004年。　アーキテクチャの議論をベースとしたもの造り現場発の戦略論を，平易な語り口で展開している。アーキテクチャと組織能力の相性と，それを活かした戦略の重要性が強調されている。

注

1) 3Mのイノベーションとそれを支える組織については,さまざまな論文や本に記述がある。たとえば，Ghoshal & Bartlett（1997）を参照。
2) Souder & Sherman（1994）
3) Abernathy（1978）は，製品イノベーション、工程のイノベーション、漸進的イノベーシ

ョン、ドミナント・デザインなどの概念を用いて、産業発展のパターンを描き出している。
4) 技術プッシュとニーズプルという2つの概念については、Mowery & Rosenberg（1979）で詳細に論じられている。
5) このユーザーによるイノベーションの実態や、イノベーションの源泉の決まり方に関する議論については、von Hippel（1988）を参照。
6) 前者はリニア・モデル、後者は連鎖モデルと呼ばれている。この2つのモデルの詳細やその意義については、Kline（1990）を参照。
7) Abernathy（1978）
8) 新宅（1994）に示されている例を参照。
9) この議論の詳細については、Levinthal（1998）を参照。
10) 液晶ディスプレイにおける技術革新の歴史については、沼上（1999）に詳細な記述がある。
11) 能力の破壊と強化という分類については、Tushman & Anderson（1986）における議論と事例を参照。
12) Teece（1987）
13) 補完的資産の概念の詳細については、Teece（1987）を参照。補完的資産が企業間競争に与える影響の事例については、たとえば Tripsas（1997）を参照。
14) この議論については、Winter（1987）を参照。
15) Brown & Eisenhardt（1995）では、組織化された製品開発活動のルーチンの解明をテーマとした一連の研究が整理されている。
16) Clark & Fujimoto（1991）による分類を参照。
17) ここでのカラーテレビの開発プロセスに関する記述は、椙山（2000）をもとにしている。
18) 日本の自動車産業におけるオーバーラップ型開発方式については、Clark & Fujimoto（1991）に詳細な記述がある。
19) フロントローディングの概念の詳細や、その事例については、Thomke & Fujimoto（2000）を参照。
20) この議論の詳細については、たとえば Galbraith & Kazanjian（1986）を参照。なお、創造性を志向する組織と効率性を志向する組織の特徴のちがいについては、組織のコンティンジェンシー理論と呼ばれる一連の研究がある。
21) 重量級プロダクト・マネージャーの実態については、Clark & Fujimoto（1991）を参照。
22) 製品のモジュール化と組織の関係については、Sanchez & Mahoney（1996）に詳しく議論されている。
23) 製品アーキテクチャの類型は、Ulrich（1995）に整理されている。
24) オープン・アーキテクチャ戦略の具体的な内容については、国領（1999）を参照。
25) 藤本（2004）に、この論点に関するわかりやすい説明がある。

14

企業として環境問題に取り組む

■ **本章のポイント**

1. 持続可能性を機軸にした環境経営の方向性について考えながら、これからの企業が環境主義企業へと転換していくための条件について考える。
2. 環境経営の具体的内容を鳥瞰しながら、他の企業との競争優位性を確保するための競争的環境戦略について考える。
3. 企業と環境NPOのコラボレーションの例をもとに、企業が他のグリーン・ステイクホルダーとどのように共生していくかを考える。

KEY WORD 1 持続可能性

持続可能性
（サステナビリティ）

　本章では、持続可能な社会へと発展を遂げていくためには、企業として環境問題にどのように対処すればよいかについて論じていく。そして経済的効率性だけでなく、環境への配慮も考慮した企業像としての環境主義企業について考える。こうした企業のグリーン化が要求される基盤として、消費者や投資家やNPOなどステイクホルダーのグリーン化の動きを取り上げ、そうした動きに受動的に反応する企業と先取り的に対応する企業の戦略上の差異を考える。続いて環境経営の全体像をふまえながら、企業が環境NPOと協働しながら社会的商品の開発に取り組んでいる事例を紹介する。

　今日の企業が直面しているもっとも大きな課題の1つに環境問題がある。

1992年ブラジルのリオデジャネイロで開かれた「環境と開発に関する国際会議」では，持続可能な発展（sustainable development）という言葉が共通理念として認識され，それ以降環境マネジメント，環境倫理，環境ビジネス，環境会計といった言葉が重要視されるようになった。しかしその多くは，経済的視点，会計的視点，工学的視点，倫理的視点による分析であり，戦略的あるいは組織的分析はさほどなされてこなかった。環境経営や環境戦略という言葉が一般化し始めたのも最近のことである。とくに企業として環境問題にどのように取り組むかについて，社会システム全体の関係からとらえなおすという試みは緒につき始めたばかりである。

　企業として環境問題に取り組むときに基本になるのは，「持続可能な発展」という考え方である。この考え方は，1987年に「環境と開発に関する世界委員会（通称ブルントラント委員会）」が出した最終報告書『我ら共有の未来』で提唱されて以来一般化してきた考え方である。すなわち，現在の世代が開発によって環境や資源を利用する場合には，将来の世代のことも考えて環境や資源を長持ちさせるようなかたちで利用しなければならないというのが基本的考え方である[1]。

　このように企業が環境問題に取り組むときに重要な点は，第1にサステナブルという言葉に代表されるように，次の世代のために現在何ができるか，あるいは長期的に生態系をいかに維持していくか，など時間概念を重要視することが必要不可欠になるという点である。現在の環境問題に対して応急措置的に対処するだけではなく，未来の地球社会をどのように創り上げていくかという持続的視点が必要になってきている。たとえば企業活動についても，これまでの大量生産・大量販売・大量廃棄のやり方から，最終処分や廃棄を前提に製品の開発や製造を行うやり方に転換していくべきである。

　第2は，環境への配慮を第1の目的に行動する〈グリーン・ステイクホルダー〉ン・ステイクホルダーが重要な役割を果たしつつあるという点である。すなわち，企業が環境問題に取り組む契機をつくったり，企業の環境問題を共同で解決したり，環境に優しい企業を正当に評価するような組織である。こうした組織は，環境に優しい商品の購入に熱心な消費者である場合もあれば，環境主義企業に投資しようとする投資家である場合もあれば，

環境教育や環境学習に関わる活動をミッションにしたNPOやNGOである場合もある。こうしたグリーン・ステイクホルダーとの協働をどのように進めていくかが重要な時代になりつつある。

　最後に，これからの21世紀型企業は，単に財務的指標で表されるような経済的側面だけではなく，環境的側面や社会的側面を含めた3つの側面をバランスよく調和させる経営が必要になるという点である。経済・環境・社会という3つの要素を基盤にして企業活動が成り立っているという考え方をトリプル・ボトムラインと呼んでいる[2]。この章では，企業が環境問題に取り組むときに何をどのように考えればよいかについて考えることにする。

KEY WORD 2　環境主義企業とグリーン・ステイクホルダー

トリプル・ボトムライン　企業が長期継続的に存続するためには継続的収益が必要である。これが経済的収益性であり，第1の財務的ボトムラインと呼ばれているものである。しかし第1のボトムラインだけでは不十分であり，企業活動が環境に与える影響や企業の持続可能性を高めるための活動に関わる環境のボトムラインを考える必要がある。これが第2の環境のボトムラインである。さらに第3のボトムラインとして，コミュニティや社会的弱者や従業員に対する配慮をどれだけ重視しているかを考える社会のボトムラインを考えることが必要である。環境コンサルタントのノーマン・マイアーズは，こうしたトリプル・ボトムラインを目指して「積極的に社会に貢献する社員に溢れ，利益を追求するだけでなく，環境や社会に対する責任にも重大な関心をもつ企業」をガイア企業（The Gaian Corporation）と呼んでいる[3]。ガイア企業は，自然を支配することから，自然をみならう方向へ進むことが企業と環境の双方にとって生き残る唯一の方法であることを認識する。そして環境問題を企業活動の全分野や全部門に関係するもっとも重要なチャレンジの1つとみなす。さらに地球の有限資源を有効利用するために社員の無尽蔵な頭脳資源を創造的に活用するような企業である。

ガイア企業　日本でも，こうした「ガイア企業」あるいは「環境主義企業」への動きが加速している。たとえば，環境省

---TOPICS---

環境学習

　環境学習は企業内外の環境コミュニケーションのツールとして注目を集めてきている。また企業の社会的責任を果たすための契機としても重要視されるようになってきた。最近では地域のNPOなどが企業と協働して環境学習を通じた持続可能な地域社会の構築を目指す動きも盛んである。たとえば，こども環境活動支援協会（LEAF）や環境学習研究会は，市民と事業者と行政がパートナーシップを組んで，子供や地域の実情にあわせた環境学習プログラムを開発し提供している。

の「環境にやさしい企業行動調査結果」によれば，環境への取組と企業活動のあり方について，「ビジネスチャンスである」と回答した企業等が，平成13年度から平成15年度にかけて4.5％→4.7％→6.4％と増加している。同様に「社会貢献の1つである」と回答した企業が，36.9％→40.3％→42.1％と増加している。逆に環境への取り組みと企業活動のあり方について「法規制をクリアするレベルでよい」と回答した企業は減少傾向にある。

　また企業トップも，環境経営についての将来ビジョンを提起しつつある。たとえば，産業エコロジーや資源生産性の向上をテーマに持続可能な経済社会の実現に向けた活動を行っているNPO法人の理事長であり，元米国三菱電機社長の木内孝氏は，これからは「機械としての企業」から「熱帯雨林としての企業」へと企業モデルを変化させていくべきであると主張している。熱帯雨林というのは，土壌も薄く栄養分もごく微量で，ほとんど何も消費せずに廃棄物が食べ物になる。そして環境の変化に対してたえず学習することで危機を乗り越えてしまうような組織である。企業は，つねに学習のできる生き物のように組織されていなければならないし，熱帯雨林こそが学習する組織のモデルであるという[4]。

　また環境経営で有名なキヤノンや日本テトラパックのトップを歴任した故山路敬三氏は，人と人，人と機械，人と自然の共生という企業理念をもとに，産業エコロジーという考え方を定着させた。そして地球環境を配慮した「美しい経営」を行うためには，企業は3つのEを重視しなければならないと主張していた。3つのEというのは，"Economical"（合理化），"Ecological"（環境経営），

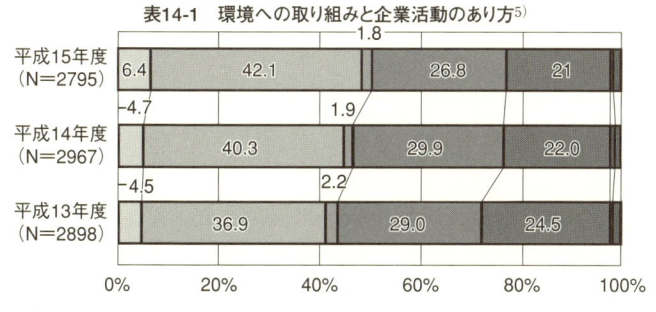

表14-1　環境への取り組みと企業活動のあり方[5]

	ビジネスチャンスである	社会貢献の1つである	法規制などをクリアするレベル	業績を左右する重要な要素	もっとも重要な戦略の1つ	その他	回答なし
平成15年度（N=2795）	6.4	42.1	26.8	21		1.8	
平成14年度（N=2967）	4.7	40.3	29.9	22.0		1.9	
平成13年度（N=2898）	4.5	36.9	29.0	24.5		2.2	

そして"Ethical"（企業の倫理）である。

社会的責任を果たす企業　"Socially Responsible Business"（社会的責任を果たす企業）という言葉がよく聞かれるようになった。企業の社会的責任（CSR）や持続可能性経営という言葉も同様である。一足早くこうした言葉が合言葉になった米国において，これまでの自然淘汰主義を中心に利益こそが唯一絶対の指針であり株主第一主義を標榜していた企業の経営者の発想が，よき企業市民として地球環境や社会に貢献する経営へと変化してきた背景には何があるのだろうか。米国の経営者が，倫理的で道徳的で慈善的になったのだろうか。そういう側面もあるかもしれないが，むしろ実質はこれからの21世紀型企業は，環境問題や社会問題にコミットし社会変革に貢献することが結果的には企業に利益をもたらすことになる，というように経営者の意識が変化したことにある。

なぜこのような変化が生じたのだろうか。その1つの動きが，企業をとりまくグリーン・ステイクホルダーの声の変化である。たとえば，これまでの消費者の意識は，企業は自分たちが欲しい商品やサービスをできるだけ安い価格で提供しくれさえすればそれでいいという意識であった。しかし最近は，消費者が企業行動のチェックパワーとして機能するようになっている。

たとえば元CEP（Council on Economic Priorities）の「Shopping for A Better World」（より良い社会をつくるためのショッピング運動）」は，米国企業300社あまりを経済的指標以外で評価し公開する運動であった。それぞれの企業が利益の

何％を社会に寄付したか，女性やマイノリテイをどれぐらい雇用したか，地域社会にどれだけ貢献したか，地球環境にどれだけ配慮しているか，社員の福利厚生をどれだけ熱心に行っているか，情報の公開はどの程度まで進んでいるか，などを調査し，それをパンフレットとして公開している。消費者はこのパンフレットを見て買い物をする。消費者は，石鹸でもシャンプーでも家電製品でも，同じ商品であっても企業評価の高い企業の商品を買おうとする。たとえばトイレット・ペーパーであれば，100％再生紙であり，製造過程において塩素系溶剤を使用していなくて，色素，インク，染料，香料を添加していない商品を選ぶという行動である。企業も，こうした消費者の意識の変化に対応せざるをえない。日本でもこうした傾向は少しずつ出始めている。

同様に，投資家の意識も変化しつつある。同じ投資をするなら，単に利益率が良いというだけでなく，社会に対して有意義な活動をしている企業に投資しようとする投資家が増えている。社会的責任投資（SRI）が盛んになりつつある現在，地球環境や社会に対して十分な貢献をせずに収益ばかり考えていると，投資家に投資してもらえない状況が生まれる。投資家は，自分たちの価値観や倫理観を投資活動に反映させるため，兵器関連企業，環境を破壊している企業，従業員との関係が良くない企業，など罪行株への投資を拒否しようとする。そのかわりに，環境保全型企業，従業員参加型企業に対して積極的投資を行おうとするからである。

企業評価団体 さらに最近とくに重要なステイクホルダーとして考えられてきたのが企業評価団体である。たとえば元CEPやICCR（Interfaith Center for Corporate Responsibility），CERES（Coalition for Environmentally Responsible Economies）などの企業評価団体は，それぞれの独自の評価項目をもとに企業の社会的・環境パフォーマンスを格付けし公開している。そして大半の企業評価団体は非営利組織（NPO）である。企業が環境問題に積極的に関わるためのインセンティブを，いろいろなかたちで提供しながら，逆に環境問題や社会問題に消極的な企業に対して，不名誉賞格付けや不買運動などの社会的制裁を試みるような組織をグリーン・ステイクホルダーと呼んでいる。またそうしたグリーン・ステイクホルダーの影響力が強くなってきた現在をエコ産業革命（Eco-Industrial Revolution）の時代と呼ぶ人もいる。

KEY WORD 3　環境原則と環境マネジメント

セリーズ原則　環境マネジメントを考えるうえで大きな節目になった事件としてバルディーズ号石油流失事故をあげることができる。1989年3月24日，エクソンの大型タンカーのバルディーズ号がアラスカ沖のノース・スロープで1080万ガロンの石油を流失し，漁業被害だけでなく多くのラッコや海鳥を死滅させた。バルディーズ号石油流失事故として有名な環境汚染事故である。エクソンは25億ドルを賠償費用や浄化費用に投じたにもかかわらず，環境意識の低さを批判されクレジットカード破棄問題にまで発展した。前年の1988年には，インドのボパール災害があり，環境意識がピークに達したときでもあった。多くの環境保護団体は，企業の環境対策についてのガイドラインを制定し，一刻も早く環境原則をまとめるように運動していたが，いろいろな参加団体を一線に並ばせるのは難しかった。

それでもセリーズ（CERES）という環境NPOが，大型タンカーの名前からとったバルディーズ原則を1989年9月に公式に表明している。バルディーズ原則（のちにセリーズ原則と改名）は，以下の10の原則をもとに企業活動を行うことをCERESとの間に契約し毎年セリーズ・レポートを作成するというものである。すなわち，生物圏保護への取り組み，天然資源の持続可能的利用，廃棄物の削減や適切な処置，エネルギーの保全，地球環境，従業員・地域住民が被るリスクの削減，安全な製品・サービスの提供，環境の修繕，一般への情報公開，経営陣の環境業務への関与，の10原則である。企業にとっては環境パフォーマンスを正確に評価することが可能になり，投資家にとっては環境への影響をもとに投資先を選別しやすくなり，消費者にとっては企業と環境についてのより多くの知識を得やすくなるというメリットがある。

環境NPOのCERESは，ポラロイドやH・B・フラーなど環境問題に熱心といわれる企業7社に，バルディーズ原則を採択し，この原則にそった環境レポートを公開してほしいと勧誘した。しかし企業の最初の反応は，狼狽や驚きや不快感に満ち溢れ，われわれ企業がなすべきことを要求するあなたたちは何者かという否定的反応であった。しかし1993年には，フォーチュン500社の中で，はじめてサン石油がセリーズ原則を採択し，94年にはGM，95年には

ベスレヘム・スティールがセリーズ原則を採択している。現在セリーズ原則を採択している企業は54社にのぼっている。

アモコとサン石油の対応

米国ではじめての環境原則ともいえるセリーズ原則に対する米国企業の反応を考えるときに参考になるのが、対照的な行動をとった以下の2つの企業のケースである。すなわち、いずれも石油精製・販売企業であるアモコ社とサン石油の2社の反応である。この2社のケースから、企業として環境問題に取り組もうとするときに、どのような戦略的対応をして、何を優先することが重要かについてのヒントを得ることができる。

まずアモコ社は、バルディーズ原則の第1号採択企業にならないかという申し入れを受けたときの最初の反応は否定的であった。アモコ社では、環境原則が普及する前に積極的な行動を起こすべきだという推進派と、自社の行動が第三者によってコントロールされることは避けるべきだという消極派が社内を二分していた。そこでトップはバルディーズ原則採択をいったん拒絶し、採択の検討を新組織である「環境・健康・安全委員会」で行うことにした。

その後、1990年の株主総会で投資家グループからバルディーズ原則を採択すべきという声が出始めた。そこでアモコ社は1項目のみを受け入れ、6ヵ月以内に自社で「環境向上レポート」を公表することを約束している。さらに1991年の株主総会でもバルディーズ原則を採択すべきという提案がなされ、環境保護団体からもさまざまなかたちで圧力がかかるようになっていった。トップは、バルディーズ原則採択を頑強に固辞したが、株主総会でのバルディーズ原則採択に賛成する株主は全体の8.6％にもなった。SECルールによれば、株主総会でバルディーズ原則採択に対して3％の賛成があれば、次年度再度の投票が義務づけられ、さらに6％の賛成があれば2年間の投票が義務づけられることになっている。8.6％賛成という数字は、1992年と1993年の2年間は再投票する必要があるということである。この2年間の投票で、バルディーズ原則賛成票が20％を超える可能性もあった。そこでアモコ社は、バルディーズ原則にかわる別の環境データ公開案を検討し始めることになる。それがPERI（Public Environmental Reporting Initiatives）設立による自発的な環境報告書作成に向けての動きにつながっていく。

TOPICS

環境問題と社会的責任投資（SRI）

SRI は英語の Socially Responsible Investment の頭文字をとったものであり，社会的に責任ある投資を意味する。社会的に責任ある投資には，道徳的投資，環境投資，株主活動，地域社会貢献活動への投資などが含まれる。たとえば，環境問題に取り組む企業に投資する，環境改善に貢献する製品を製造している企業に投資するファンドなどをあげることができる。最近関心が高まっているエコファンドと呼ばれる投資信託も SRI の1つである。エコファンドも，環境への配慮の度合いが高く，かつ株価のパフォーマンスも高いと判断される企業の株式に重点的に投資する投資信託である。

　アモコ社が CERES に代わる環境報告書作成のための組織を立ち上げている最中に，サン石油はフォーチュン 500 社の中ではじめてセリーズ原則を採択する。そしてサン石油は CERES と交渉する中で，次の2つの譲歩を引き出した。第1はイメージの悪い「バルディーズ原則」という名前を「セリーズ原則」に変えるという譲歩である。第2は，サン石油がセリーズ原則を採択するのは CERES からの強制ではなく，あくまで自発的意図の表明であることを強調するという譲歩である。

　セリーズ原則という環境原則に対して，つねに受動的（reactive）に対応しようとしたアモコ社と主体的かつ先取り的（proactive）に対応したサン石油の事例からわかることは，同じ業界に属する企業でも選択する環境戦略はさまざまであるという点である[6]。そして競争企業との差別的優位性を確保する戦略の1つとして環境戦略を位置づけることも可能である。こうした競争的環境戦略（competitive environmental strategy）を新しい経営戦略の動きとしてとらえようとする動きも出てきつつある[7]。

環境配慮型商品開発

前述したように企業の環境マネジメントの引き金になるのは，その企業をとりまくステイクホルダーである。そのステイクホルダーは，産業廃棄物やごみ問題，風車発電などのグリーン電力，オゾン層破壊による地球温暖化問題，リデュース・リユース・リサイクル対策，など持続可能性を第一に考えて行動する「グリーン・ステイクホルダー」である。そして地球環境への配慮という視点を全面に打ち出すことで，後世の

世代に地球社会というかけがえのない財産を残していくという視点を強調している。企業が環境問題に取り組むときに無視しえない存在としてあがってくるのが、そしてこの「行動するグリーン・ステイクホルダー」の存在である。

こうした行動するグリーン・ステイクホルダーに対して、企業はどのような環境戦略を策定し実行するだろうか。持続可能性を基軸にした環境戦略のもっとも代表的なものは、環境配慮型商品や環境配慮型技術の開発であり、地球市民としての意識や知識を学ぶ環境教育である。

環境報告書・グリーン購入・環境会計 それ以外にも、環境報告書、グリーン購入、環境会計、環境監査、環境アセスメントなど多くの環境戦略が実行に移されている。たとえば環境報告書は、さまざまなステイクホルダーに対して、企業が事業活動と環境に対する関わりについての情報をまとめたものであり、環境情報開示の重要な手段である。最近は、各企業が開示する環境報告書の内容も格段に向上し、さまざまな工夫がなされるようになってきた。たとえばリコーの環境報告書は、項目を体系的に整理し、わかりやすさを追求した報告書になっている。またポジティブ情報だけでなく有害化学物質や罰金科料といったネガティブ情報も記載している点も大きな特徴である。さらに環境会計の信頼性を高めるため第三者審査を受けている。またNECのように環境文明21という環境NPOと協働で環境アニュアルレポートを作成している企業もある。

またグリーン購入は、製品・サービスを購入するときに、地球環境への負荷ができるだけ少ないものを選んで購入する動きである。グリーン購入は、消費生活など購入者自身の活動を環境にやさしいものにするだけでなく、供給側の企業にも環境負荷の少ない製品の開発を促すことで、経済活動を環境負荷の少ないものに変えていく可能性を有している。平成13年4月にはグリーン購入法が施行され、公的機関が率先して環境負荷の低い製品・サービスを調達することが義務づけられる一方、地方公共団体・事業者・国民もグリーン購入に努めることが奨励されている。

環境会計は、企業をはじめさまざまな組織が、持続可能な発展を目指して、社会との良好な関係を保ちつつ、環境保全への取り組みを効率的かつ効果的に推進していくことを目的として、事業活動における環境保全のためのコストと

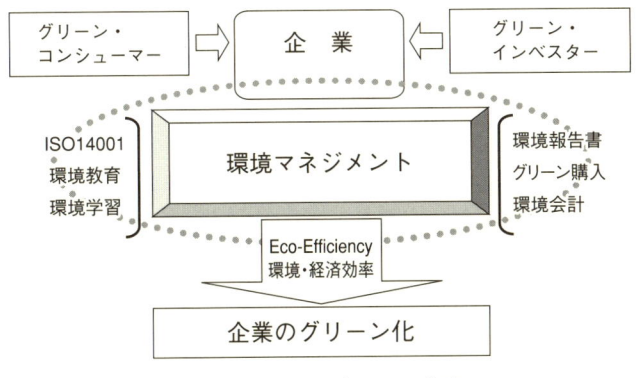

図14-1　環境マネジメントの体系

その活動により得られた効果を認識し，可能なかぎり定量的に測定し伝達する仕組みである。ここ数年環境会計の重要性についての認識が高まりつつある。

　こうした環境戦略によって企業のグリーン化を進め「エコ・エフィシエンシー（環境効率）」を追求することが環境経営の最終目的である。エコ・エフィシエンシーというのは，企業においては環境保全と生産性が二律背反したものであるとは考えずに，技術力を通じて品質や付加価値の向上および環境負荷の低減を図ることが可能であることを示す言葉である。すなわちエコ・エフィシエンシーは，環境と経済の両面で効率性とその向上が可能であることを示した理念ないし指標である。

グリーンフリーズ　企業にとって環境配慮型商品の開発は，持続可能社会の実現に向けて社会的責任を果たすという意味でも重要であるが，競合他社に対する競争優位性を確立するためのビジネス・チャンスでもある。消費者も，価格はやや高くても環境にやさしい商品を購入しようという意識に変わりつつある。環境配慮型商品開発に熱心な企業に優先的に投資しようとする投資家も現れつつある。さらに環境NPOが，グリーン・ステイクホルダーとして企業に対してさまざまな要求を突きつけるようになってきた。

　こうした動きに後押しされながら，企業もコスト優先や経済性優先の商品開発から社会的ニーズにあった商品開発へと転換しつつある。たとえば，グリー

ンピース・ジャパンからの要求を原動力に，日本ではじめてノンフロン冷蔵庫（グリーンフリーズ）の商品化に成功した松下冷機の例をあげることができる。

「ノンフロンと省エネを含めた地球環境との共存」と「電熱技術による食文化への貢献」を事業理念にした松下冷機は，冷蔵庫内電気部品の安全性確保，PL法のもと火災事故の場合の火元疑いの対応，製造から廃棄までの製品のリサイクルでの安全性の確保，コストアップなど多くの課題に直面しながら冷蔵庫のノンフロン化への取り組みを進めていた。しかし欧米とちがって，日本では課題が多すぎてノンフロン冷蔵庫の商品化は無理というのが家電業界の常識であった。

そのときに環境NPOとして有名なグリーンピース・ジャパンは，さまざまなキャンペーン活動を繰り返しながらグリーンフリーズの早期商品化を求めた。こうした要求活動に肩を押されるかたちで，競合他社を含めて業界7社は，業界団体を中心にして冷蔵庫の安全性に関する自主基準を制定する方向へと集約化してきた。グリーンフリーズ商品化は，松下だけの問題ではなくて業界全体の問題であるという認識が高まり，2002年2月国内初の松下のノンフロン冷蔵庫「NR-C32EP」が発売された。グリーンピースという環境NPOの圧力とライバル企業間での企業秘密に属する技術や情報の共有が，グリーンフリーズという環境配慮型商品の開発につながったケースといえる[8]。

同様のケースとして，環境NPOの環境保全米ネットワークとパートナーシップを組みながら環境にやさしい無農薬純米酒の開発を進めている一ノ蔵の例，生活者が主体となる社会であり生活の質が満たされている社会を目指して活動しているNPOのユニバーサルデザイン生活者ネットワークと協働しながらバリアフリー商品の設計や開発を手がけているトステムの例などをあげることができる[9]。

本章のまとめ 以上本章では，なぜ環境問題が重要になってきたかを持続可能性という視点から述べた後，環境に優しい企業とはどのような企業かを考えてきた。そしてそうした企業が求められる背景として，さまざまなグリーン・ステイクホルダーの影響力が大きくなったことを強調した。最後に環境経営の中でもとくに重要な位置を占める環境配慮型商品の開発について事例を紹介した。

ブックガイド

ノーマン・マイアーズ『よみがえる企業』(福島範昌訳) たちばな出版, 1999年。ガイア企業とその原則について述べている。ザ・ボディショップ, ベン&ジェリーズ, 3M, ノボ・ノーディスクなどの企業ケースについても紹介されている。

佐々木弘編『環境調和型企業経営』文眞堂, 1997年。 日本学術振興会経営問題第108委員会による2年間の共同研究の成果論文集。経営学の視点から環境問題について論じている。

Kurt Fischer and Johan Schot『グリーニング・チャレンジ』日科技連, 1999年。企業の環境戦略についてさまざまな視点からの論文を集めた論文集。とくに第1章は組織論的視点からの環境問題の接近方法について述べている。

注

1) 松下和夫 (2002) 第7章。
2) Myers (1999) 第4章。
3) Myers (1999)
4) Myers (1999) 193ページ。
5) 環境省「環境にやさしい企業行動調査」平成15年度調査結果より。
6) 佐々木 (1999), 佐々木 (2000)
7) Hoffman (2000)
8) 松下冷機、GPJなどのインタビュー調査による。
9) 環境保全米ネットワークや一ノ蔵などのインタビュー調査による。

15

企業として社会的に行動する

■ 本章のポイント

1. 違法行為や社会ルール違反行為などの企業不祥事が続発する理由を，組織文化や企業体質に遡って理解する。
2. 企業を動かす経営者をチェックするコーポレート・ガバナンス（企業統治）とCSR（企業の社会的責任）の関係を明らかにする。
3. CSRを実践するには経営戦略に組み込まねばならないことと，それを超える社会貢献を企業が行う理由を理解する。

KEY WORD 1 コンプライアンスと信頼

頻発する企業不祥事　食品偽装事件，ATMオンライン・トラブル，無認可食品添加物の使用，食品の賞味期限偽装，総会屋への利益供与，原子力発電施設の虚偽報告などの企業不祥事が，2002年の1年間に報道された。そして2004年でも，上述した企不祥事がほぼ出揃っている。

食品偽装については牛肉（2002年）をブロッコリーなどの農産物（2004年）に置き換えれば，産地偽装などは偽装方法までがそのままである。食品の賞味期限偽装もなくならない。虚偽報告やデータの捏造などは電力関係ばかりか，大手金融機関まで加わり，金融庁から告発を受ける始末だ。ほんの数年前の金融機関における粉飾決算・虚偽報告・不正融資の凄まじさを思えば，いまさら驚くほうが野暮かもしれない。顧客情報の不正流出も相変わらずである。総会

```
        C S R
    ┌─────────────┐
    │ コンプライアンス │
    └─────────────┘
```

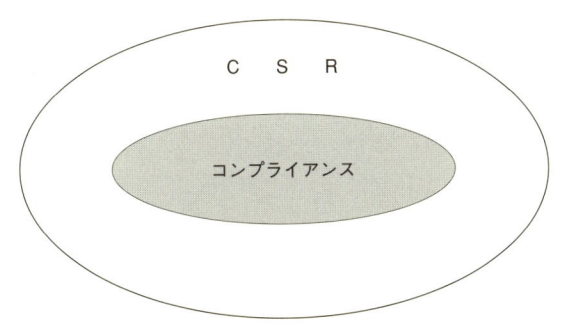

図15-1　コンプライアンスとCSRの関係

屋への利益供与では大手電鉄会社の会長が辞任し、社長が降格している。2004年春まで上場企業の現役経営者として、自社のホームページで「企業倫理宣言」を発表し、社員に法令順守（コンプライアンス）を説いていた前社長が、こともあろうにインサイダー取引で売却益を上げて逮捕された。まさにお笑い種であるが、それを部下にまですすめていたのを何と表したらいいのだろうか。「盗聴事件」を起こした大手消費者金融の元オーナー経営者も起訴され、公判が始まっている。また大手自動車会社のリコール隠しもきわめて悪質な反社会的企業行為である。

　以上は、いずれも2004年前半の企業不祥事であるが、すべてをあげたわけではない。もちろん、それらは、日本の企業総数から見れば、ごく少数の不心得な企業に違いない。しかし、逆に企業の不祥事や反社会的行為の発覚は氷山の一角だとの見方もある。そのうえ、毎年のように繰り返される不祥事報道に接していれば、人々に「頻発する企業不祥事」という印象を与え、企業に対する信頼を低下させるだろう。企業は社会的に行動してこれを乗り越え、人々の信頼を取り戻さなければ、その存続・発展はないのである。

CSRとしてのコンプライアンス　最近、「コンプライアンス」という言葉を眼にし耳にする人は多いだろう。一種の流行語だ。また、2003年が「CSR」元年とかで、これも「SRI」という言葉とともに、テレビの経済ニュースや新聞紙上を賑わせている。何のことだろう。カタカナ語や英語略字を次々繰り出し流行らせるのが日本人の十八番とはいえ、ボーとしていてはなかなか追いつけない。

```
第3段階                社会貢献              社会的応答

第2段階        事業内容と方法の              社会的責任
              社会的・倫理的妥当性

第1段階      コンプライアンス（法令順守）      社会的義務
```

図15-2　CSRの段階把握

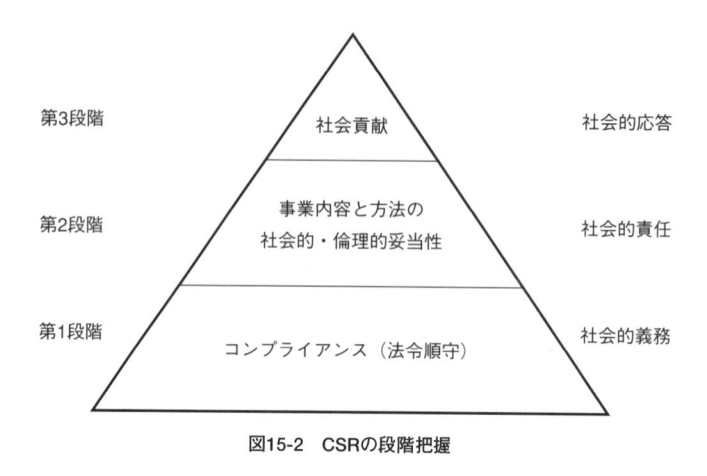

　コンプライアンスとは法令順守のことである。CSRとはCorporate Social Responsibilityの略語で，企業の社会的責任のことだ。SRIは社会的責任投資を意味するSocially Responsible Investingの略語である。「わかった」と思ったら，コンプライアンスとはCSRであり，それにSRIどころか，コーポレート・ガバナンスまで加わって，1つの議論として展開するから，ややこしい。ここではまず，コンプライアンスとCSRの関係だけを見ておこう。

　「コンプライアンスはCSR」とはいえるが，その逆の「CSRはコンプライアンス」とはいえない。ここに両者の関係がよく示されている。つまりCSRはコンプライアンスを含む包括概念なのだ。一般に，コンプライアンスはCSRの基底をなす第1段階と理解されている。第2段階が法を超えた社会的規範や倫理の実践であり，第3段階が主体的に社会的役割を果たす，いわゆる社会貢献のレベルである。コンプライアンスを法の精神や企業倫理の遵守を含めて広義に理解すれば，CSRの第2段階までとほぼ重なっている。その意味では，CSRにコンプライアンスの占める位置は大きい。

　CSRの段階的，次元的なとらえ方は，30年ほど前にアメリカですでになされていた。たとえば，S・P・セシは，CSRを義務，責任，応答の3段階でとらえる。社会的義務は法や市場のルールに従う経営行動であり，社会的責任は社会的規範や期待に適応する経営行動を意味し，社会的応答とは企業みずから

> **TOPICS**
>
> ### 信頼と安心
>
> 　人が他者（他の人や組織）と協力や協働できるのは，他者に対する信頼があるからだ。消費者が企業から商品を購入するのも，同様である。製品・サービスの価格だけでなく，品質や安全性に対する信頼，つまり提供する企業に対する信頼がなければ，購入しないし，当該企業からすれば信頼性がなければ，購入されないのである。
>
> 　信頼とはリスクを賭けて他者を評価する社会的知性であり，用心深さである。この信頼は，一方の極の「研ぎ澄まされた判断」と対極の「安心」との間のさまざまなレベルで存在する。企業が社会的に行動することは，かぎりなく安心に近い信頼を消費者から獲得する道でもある。
>
> 研ぎ澄まされた判断 ←―――――――――――→ 安心
> （不信）　　　低　　　　信　頼　　　　高

が社会的役割を考え，主体的に遂行してゆくことで，最近のCSRの議論と変わらない。ただ，コンプライアンスがより強調されるようになったことが最近の特徴である。それには2つの理由があるだろう。

　1つにはコンプライアンスの欠如を示す企業不祥事の続発がある。いま1つは，豊かな社会になって，人々のコンプライアンスや倫理的期待水準が上昇し，不祥事が表面化しやすくなったことや，それを厳しく受け止めるようになったこともあるだろう。そのため，不祥事を起こした企業はただちに存続が危うくなる時代となった。たとえば，2002年には牛肉偽装事件で雪印食品が解散に追い込まれ，2004年では鳥インフルエンザによる大量感染死の届け出を怠った浅田農産が倒産した。それどころか，日本を代表する三菱自動車やUFJホールディングス（銀行）といった大企業さえ追い詰められている。

　欠陥が原因で事故が起きたにもかかわらず，「運転未熟」とか「整備不良」などと責任転嫁して，何年も欠陥隠し，リコール隠しを行ってきた三菱自動車はコンプライアンスの欠如の最たるもので，三菱グループの総力をあげての支援がなければ，解体を免れまい。それでも経営危機は深く，生き残れるかどうかの瀬戸際にある。金融庁検査時に資料を隠して行政処分を受け，なお検査忌避で告発されているUFJも，社会の信頼を失い，預金の流出が止まらない。

多くの不良債権を抱えていることもあって，処分を機に経営危機が表面化し，三菱東京ファイナンシャル・グループに救済統合を求めざるをえなかった。

不祥事の根絶は望ましいが，難しい。それだけに，企業にとってその対応が大切である。しかし，両社はコンプライアンスを欠いて，隠し続け，ごまかし続けて，人々の信頼を失った。地に落ちた信頼は容易には取り戻せない。そもそもコンプライアンスとは，CSR という前に，経営の前提だ。株主，取引先，顧客，地域社会のコンプライアンスに根ざした信頼が，信頼以上の安心が，企業存続の条件なのである。ちなみに『日経ビジネス』に掲載された調査によると，機関投資家と消費者から見た「尊敬できない会社」のワーストスリーはともに，三菱自，武富士，UFJ であった[1]。

不祥事を生む企業体質

企業不祥事とは，わかりやすくいえば，企業による違法行為や社会ルール違反である。これだけコンプライアンス（法令順守）が叫ばれているのに，企業はなぜ違法や違反を犯すのだろうか。

現代経営学の原型をつくった C・I・バーナードは，理解されない命令や組織や自己の立場に反する命令は守られないことを理論的に明らかにしているが，一般的にいっても，理解されず，あるいは納得できない法やルール，社内マニュアルなどは守られにくい。また，他者が堂々と違反して利益を得ているときは，違法への誘惑に駆られる。後から見れば，食肉業界全般に偽装が横行している中で，雪印食品の牛肉偽装が行われたともいえる。さらに，違法行為が罰せられないと，組織全体に蔓延し，それが組織風土，企業体質となって，不祥事を繰り返すことになる。トップが違法行為をするような企業はなおさらだ。

たとえば，2004 年に三菱ふそうの前会長（三菱自動車元副社長）や三菱自動車元社長が逮捕された三菱自動車の不祥事は，これがはじめてではない。1992 年にアメリカ三菱自動車でセクハラ事件が表面化したが，これに対する違法意識がないために深刻化し，1998 年に 3400 万ドル（約 47 億 6000 万円）を支払って和解している。1997 年には総会屋への利益供与事件を引き起こした。2000 年にはリコール隠しが発覚し，業績を落とした経験ももっている。

三菱自動車に企業倫理規定がなかったわけではない。それどころか，他社に

見劣りしない立派な企業倫理規定があった。ただ，それを守ろうとする組織文化がなかっただけである。コンプライアンスは組織文化となって，日々の企業実践に定着しないかぎり，実効性は乏しいだろう。

　その点からUFJの問題も見えてくる。UFJ銀行は2004年5月に住友信託銀行との間で経営統合に向けて「他社の干渉を排して誠実に協議する」との基本合意書を交わしている。それを反故にして，7月に三菱東京ファイナンシャル・グループとの経営統合に走った。経営判断としてはやむをえない。それは多くの人々も認めるだろう。それでも，UFJは誠実協議義務を果たしたうえで損害賠償交渉に臨むのが，コンプライアンスの精神というものだ。

　ところが，最高裁は住友に対する誠実協議義務を認めつつも，三菱東京との協議差し止めの仮処分を認めるほどではないとして，UFJ側が一応勝訴した。そのためか，UFJに誠実協議義務を果たす素振りもない。いずれにしても損害賠償で決着をつけるほかなく，誠実協議を介在させるかどうかは結果から見れば，取るに足りないちがいともいえる。だが企業体質的には，決定的なちがいだ。ここに金融庁に虚偽報告をしたUFJの素地もある。

KEY WORD 2　コーポレート・ガバナンス

暴走する経営者　企業の小さな反社会的行為の場合，トップの意思に反した現場の従業員の倫理規定違反にとどまることは多い。ましてコンプライアンスの問題が，善悪の区別がつきにくいグレーゾーンで起こるときも，現場で不適切に処理されてしまうこともあるだろう。また社内に環境汚染物質の使用を禁じる規定があり，それを守る気があっても，調達先を含めて，汚染物質を確実に排除する仕組みを欠いたら，反社会的な企業行動になってしまう。このような場合は，コンプライアンスを当然視する組織文化のもとにあったり，CSRを重視する企業体質であれば，たとえ問題が生じてもただちに対処できる。

　しかし，「頻発する企業不祥事」であげたような事例は，トップ経営者かそれに近いレベルが関わっているのが一般的だ。いわば経営者の暴走を許す企業体質ということもあって，経営の自主的対処や組織的対応がきわめて難しい。

トップの辞任や逮捕にまで至るのは，そのためである。

経営者の暴走といえば，1997年の野村證券・第一勧銀事件（総会屋への利益供与・不正融資）が凄まじい。両社のトップを含めた15人の逮捕者と最高経営者層に1人の自殺者を出した。古くは，"金の延べ棒山分け"に象徴される日通の乱脈経営（1968年），特別背任横領や押しつけ販売の三越百貨店事件（1983年）がある。ミドリ十字の薬害エイズ（1996年）も取締役会でトップ承認のもとで拡大した。これらは表面化したごく一部であるが，経営者が会社を私物化した果ての暴走であった。本来贈収賄事件であるKDD事件（1980年）では，下着などの日用品まで経費で落とす経営者の姿をあぶり出している。

暴走した経営者の多くは，オーナー経営者ではない。経営のプロとしてその地位に就いた専門経営者で，一般的にいえば，サラリーマン経営者だ。

「サラリーマン経営者」とは，一見，弱々しい表現である。しかし，トップ経営者の指名で社内昇進してくることの多いわが国の取締役会が，暴走するトップをチェックすることは容易ではない。弱くて強いサラリーマン経営者なのである。ここにコーポレート・ガバナンスの問題が浮上してくる。

コーポレート・ガバナンスとは何か わが国にかぎらず，組織を握り企業を動かす経営者をチェックするのは簡単ではない。その認識がコーポレート・ガバナンス概念を生み出した。これは狭義には，「企業は株主のもの（株主主権）」を前提に，株主総会，取締役会，監査役会などの機関を通した企業の監視ないし統治のことである。簡単にいえば，経営者（取締役）の選任権（人事権）を通して，経営の適切性と効率性，つまり収益性の観点から経営者の政策決定を評価・牽制し，株主の意思を反映させることだ。コーポレート・ガバナンスとは狭義を意味するのが一般的である。

他方，上場大企業は社会的に広く資金調達しているだけでなく，その活動が国民生活の隅々にまで影響していることを考慮すれば，「企業は社会のもの」であり，「社会的制度」といえる。ここに，広義のコーポレート・ガバナンスは企業と社会との関係の問題であり，経営の公正性の観点から企業行動の社会的制御，とくに大企業経営者権力の社会的制御が問われるといえる。

すでに述べたように，わが国のコーポレート・ガバナンスは，直接的には株主総会で選任された取締役会が負っており，その役割は意思決定と代表取締役

の選出・監督にある。しかし，内部昇進した取締役がトップを監督することは難しい。そこに株主の立場を無視した低収益経営，社内にしか通用しない内輪の論理，「会社のため」という衣をまとったトップの保身や恣意的な判断がまかり通るのである。トップが後任の指名権をもつことが多い日本企業では，赤字事業や不良資産どころか，不正までもが継承されやすい。

　コーポレート・ガバナンスという点から見れば，これまでの取締役会の機能不全は明らかであるが，近年，商法改正もあって，以下の①②ようにガバナンスを強化する動きは出てきている。また③④の動きも眼を離せない。

①社外（社外取締役・社外監査役）のお目付役を生かそう　　他社の経営者，学識経験者，あるいは機関投資家や消費者代表からなる社外取締役は，ガバナンスを強化するものの1つである。彼らは社内の力関係を離れて，株主や社外の意見や感覚を取り入れ，経営を監視することができるからだ。これまでも社外取締役を取り入れた企業はあったが，商法改正で2003年から社外取締役を中心にした委員会設置会社への道を開き，統治形態の選択肢を拡げている。

　もちろん，「社内事情に疎い人を迎えても効果はない」との批判は根強い。だが，社外取締役に求められているのは，細かな経営的知識や理解ではなく，社内の常識と社会の常識との乖離を防ぐことだろう。たしかに社外取締役はコーポレート・ガバナンスの切り札ではないにしても，彼らに経営状況を説明するプロセスは経営者に規律を与え，経営の質を高めて，社会の信頼も得られるにちがいない。逆に，それぐらい力のある人でなければ，社外取締役に迎える意味はないともいえる。この点は社外監査役も同じである。

②大株主（機関投資家）や個人株主（株主代表訴訟）も怖い　　わが国で，コーポレート・ガバナンスがはたらかなかった理由の1つに，経済成長のもとで含み益を抱えていることもあって，株主が経営に無関心だったからだ。大株主（銀行や会社）の多くも株式を持ち合い，たがいに口出ししなかった。しかし，バブル崩壊で，年金基金や投資信託などの機関投資家が投資先の経営を厳しく監視するようになった。また株式持ち合いの解消による受け皿になったのが，株主意識の高い外国の機関投資家や個人投資家で，この傾向をさらに強めている。わが国の個人株主も，会社にかわって経営者を訴える「株主代表訴訟」を武器に違法な経営行為を許さなくなり，経営に緊張感を与えている。

③**顧客の力は強い**　社外取締役や株主などの経営監視は，結果的に社会的公正さや社会的正義をもたらすことがあっても，それが直接の目的ではない。広義コーポレート・ガバナンスを積極的に推進する力は弱いが，企業の反社会的行為にもっとも敏感に反応して取引停止に走るのは，国や地方自治体である。法治国という建前や税金の支出をともなう取引は国民や市民の厳しい批判の眼にさらされているからだ。

これに比べれば，顧客（消費者）の動きは，一見，鈍い。しかし，安全性に関係したり，社会常識を無視した経営者の開きなおりや桁外れの不正な行為に対しては，別である。顧客の怒りが企業を経営危機に追い込み，ときには市場から退場させてしまう例を，最近の雪印乳業や雪印食品，三菱自動車に見ることができる。顧客の力はトップ企業を引きずり落とすほど強いのである。

④**良き社会人（市民）が良き企業人**　「何もしない」36％，「社外に情報を伝える」28.9％，「退職覚悟で社内解決を目指す」28.5％，「その他」6.6％。これは「社内で不祥事を改善できそうにできなければどうする」との問いに対する調査結果である[2]。記事は「何もせず」36％に注目して組み立てられていたが，むしろ注目すべきは30％弱の社員が「社外に情報を伝える」とした点ではないだろうか。調査結果は，「近年，内部告発によって，企業不祥事を隠し通すことがほとんどできなくなった」という事実と符合する。

かつて，「良き企業人が良き社会人」と信じられていた。この認識のもとに多くの社員が企業不祥事に駆り立てられたし，いまもそれが続く。しかし，人々の社会意識の高まりの中で「良き社会人が良き企業人」という認識も芽生え始めてきている。内部告発の増加は，この意識変化の一端を物語っているが，「退職覚悟で社内解決を目指す」人が30％近くいることも無視できない。社員が広義コーポレート・ガバナンスの一翼を担うのは，もうすぐだ。

CSRとコーポレート・ガバナンス　コーポレート・ガバナンスがうまく機能したら，企業はかなり社会的に行動するようになるだろう。少なくとも，経営者報酬の開示をはじめ株主（投資家）への説明責任を果たせば，CSRの一環だとしばしば主張されている「組織運営の透明性」も高まるにちがいない。また社会意識が高まれば，広義コーポレート・ガバナンスもはたらきやすくなり，CSRの遂行が企業に利益をもたらすようになるだろう。ここ

に，CSRとは経営そのものと理解され，ガバナンスと区別しない主張が散見されるようになってきた。それは実務家の発言に著しいが，学者の意見にもしばしば見られる。

長期的利益の観点からCSRを語れば，ガバナンスと同じ地平に立たざるをえない。それでは両者は同じなのか。結果から見れば，重なる部分が多いとしても，そのよって立つ理論的根拠は違う。

CSRは企業が社会的に行動すること自体，社会的問題を解決することそのものが目的や目標である。私たち個人の社会的行動でも，単に「得だから」という以上に，「人間的価値や社会的価値」にもとづいている。それと同じことだ。ガバナンスが経営に外的な力とすれば，CSRは経営に自律的な力なのである。

もちろん，自由市場体制に生きねばならない企業にとって，競争や利益が意味を失うのではない。それどころか，利益は企業を動機づけるとともに，どうしても超えねばならない厳しい制約として機能する。この制約を克服できない企業は退場せざるをえない。たしかに，克服過程は利益の犠牲をともなうが，同時に企業を鍛え上げ，革新を果たし，経営を高度化して強い企業を創り出しもする。経営的に見れば，そこにCSRの真価もあるが，あくまで結果にすぎない。

いずれにしても，利益概念を目的から制約へ転換するところにCSR成立と遂行の基盤がある。それは，株主主権的企業観から，自立した経営者機能が組織的に担われることによって，「企業それ自身」とか「組織が主体」という意識を生み出す経営体的企業観への転換をともなっている。現実化するかどうかはともかく，ここにCSRないし社会性を営利性の手段から転換させ，目的に位置づけやすくなるはずだ。しかし，経営意識が未熟であれば，法人格を与えられた同じ経営体的企業観のもとに，組織の衣をかぶった偏狭な経営共同体意識となって，経営者の暴走と企業不祥事をまねくことを忘れてはならないだろう。

KEY WORD 3　CSR (Corporate Social Responsbility)

CSRバブルを超えて　2003年にはCSRの呼称を冠した報告書を公表していた大手企業は2社にすぎなかった。しかし，1990年代に定着した環境報告書をCSR報告書に衣替えて，2004年前半だけで20社を超す大手企業が発行するという。また2003年後半から2004年前半にかけて，大手企業にCSR担当部署が相次いで設置された。その動きはいずれ中堅企業や中小企業にもおよんでいくだろう。

　新聞の紙面にもCSRが現れない日は少ないぐらいだ。多くの経営者も熱心にCSRを語っている。だが，それほどCSRの内容が見えてこない。逆にそれと裏腹に，企業不祥事が頻発するのは皮肉というほかないが，まさに言葉だけが一人歩きするバブルの様相を呈している。CSRをバブルを超えて展開し定着させるためにも，昨今のCSR論の意味を歴史的に位置づけてみよう。

　わが国の場合，CSR論は大きく3つの時期に分かれ，領域的にも質的にも深められてきた。第Ⅰ期CSR論（1950年代後半）は，顧客に対する「良質・安価な製品・サービス」が強調された。今日，これをCSRという人はいない。それどころか経済的責任を果たすための競争武器でさえある。第Ⅱ期CSR論（1960年代後半～70年代初頭）は経済的領域のみならず，消費者問題（安全性）や雇用問題（社会的弱者に対する就業保障）も加わり，とくに公害問題（生産プロセス廃棄物による局所的汚染）の解決に迫られた。そして現在（2000年代前半），第Ⅲ期CSR論が展開中である。

　たしかに1980年代初頭に，一部で地球規模の環境問題（熱汚染や製品廃棄物）を中核にした第Ⅲ期社会的責任論が論じられていた。だが全体としては浮上せず，1980年代後半のバブル経済と歩調をあわせて，メセナ（芸術文化の擁護・支援）やフィランソロピー（博愛・慈善），あるいはコーポレート・シチズン（企業市民）が強調された社会的貢献論へと流れていった。

　メセナやフィランソロピーなどの社会貢献は，より積極的なCSRの遂行にちがいない。しかし，社会貢献論はCSRとしての議論が熟さないまま，バブルの崩壊とともに下火になってしまった。それでも，公共意識や責任意識を基礎とする社会貢献論は，1990年代に深刻化した（認識できたというべき）地球環

境問題を含めた第Ⅲ期CSRが展開しなければならない道筋を照らしている。

CSRと経営戦略の統合　かつてCSRは伝統的な組織論の「権限（権力）－責任均等の法則」を論拠に主張されたが，権力がなければ責任が生じないことになってしまい，CSR実践に支障をきたす。CSRは企業に権力があろうとなかろうと問われるのである。むしろ責任の基礎は自由（行為権）であって，保有する権力ではない。この点をはっきり認識して責任中心思考を展開したのが，すでにふれたバーナードだった。自覚と認識が責任を芽生えさせ，知識や情報が責任を生成し，行為能力が責任を負うのである。知れば知るほど，行為能力（自由）があればあるほど責任は重くなる。多くの自由をもつ企業はみずからを律し，責任を負わねばならない。

これをどのように受け止めるかは，経営の力量の問題である。消極的に受け止めれば，CSRは利益を社会に引き渡す義務となり，利益を圧迫する以外の何ものでもない。これまで経営者はともすれば，このように考えてきた。しかし，積極的に受け止めれば，CSRは企業の存続・発展を促すチャンスであり，経営戦略との統合ないし経営戦略の一部として組み込まれよう。

CSRの第1段階とでもいうべきコンプライアンス（法令遵守，広くは倫理遵守）は，これなしには企業存立が許されない経営前提で，いわば「守りのCSR」である。本来，CSRともいいにくいが，多くの企業が不祥事で企業価値を失っている現状を思えば，それを徹底する組織戦略が必要である。

ところで，経営体としての企業の発展は，みずからの投資対象であるとともに経営行為の対象であり，何よりも生存領域ないし存在基盤である事業（本業）の成否にかかっている。企業の営利性（利益）と社会性（CSR）を具体化する事業は，その市場性が問われるだけでなく，当然，事業内容と成果，そして方法の社会的妥当性が問われる。

コンプライアンスは事業方法の社会的妥当性の基本であるが，広くとらえれば，社会的弱者（マイノリティ・身障者・女性など）に対する就業保障などもこれに入るだろう。最長3年程度まで選択的でとりやすい出産休業や育児休業をはじめ，職場復帰を保障する制度，他企業とも相互利用可能な職場に隣接した保育所の設置など，女性の働きやすいシステムは，人権の配慮であるが，少子化という社会的課題にも貢献しよう。もちろん社会的弱者に雇用機会を提供し，

能力に応じて管理者に登用することは，企業の人的資源を豊かにし，利益の源泉となることは多い。また汚染物質を出さない，少なくとも基準値まで処理する生産システムの構築も事業手段や方法の問題である。

　事業内容や提供する製品・サービスまで踏み込んで社会的妥当性を問われるのは，企業にとって厳しい。しかし，CSR的要素を組み込んだ事業戦略を展開するのが不可能というわけではない。CSRを事業の根幹に据えて展開した例としては，動物実験を行わないイギリスの化粧品会社・ボディショップが有名であるが，ここでは自動車会社を例にとろう。移動手段や輸送手段としてこのうえなく便利な車も，安全問題と並んで環境問題（排気ガスによる大気汚染と製品廃棄物）という負の側面を抱えている。各社の事業戦略や技術開発戦略は，この負の側面を克服する方向に展開し始めた。

　たとえば安全性に関しては，カーナビを利用して通学路の警告や自動減速・自動停止，青色レーザー光と認識カメラを駆使した追突防止技術などが実用の域に達しており，商品化までそう遠くはない。また，製品廃棄物に関しては，廃車のリサイクル・システム確立などに著しい進展を見せている。大気汚染に関しても，ガソリン・エンジン車のクリーン化努力と同時に，次世代環境対応車の開発に向かい，メタノール車，水素車，ハイブリッド車（内燃機関と電気モーター），電気自動車などの中から，ハイブリッド車がいち早く商品化した。

　1997年にハイブリッド車「プリウス」を世界ではじめて送り出したトヨタは，昭和50（1975）年の排ガス規制法に終始反対して，世のひんしゅくを買っただけでなく，規制をクリアするエンジン開発が間にあわず，当時まだ新興四輪メーカーとでもいうべきホンダからエンジンの一部を購入せざるをえない屈辱を味わっている。その意味では，鮮やかな戦略転換である。ちなみに収支を著しく改善させ，性能も向上させて2003年に登場した2代目プリウスは，2004年9月現在，アメリカ市場で発注から6ヵ月待ちの人気車種になっている。

社会貢献と企業市民　CSRとは，自社を含めたすべての利害関係者に配慮（利益を得られるように）した経営行動をとることだと，しばしば指摘されてきた。具体的にいえば次のようになるだろう。国家には納税しなければならない。株主には，適切な配当や積極的な情報開示などを行わねば

> **TOPICS**
>
> **SRI（Socially Responsible Investing）**
>
> 　CSR遂行を判断基準して行う企業投資である。企業が倫理的で社会的に行動するように導く投資で，欧米を中心に大きな力を発揮している。CSRとワンセットで論じられることが多いが，突き詰めれば，SRIは株主主権的企業観に立脚した主張であるのが，CSR論にとっては皮肉でもある。

ならない。従業員（社員）は，労働関係法の遵守や社会的弱者の積極的雇用と昇進差別の撤廃など，働きやすい職場を求めよう。顧客に対してはニーズにあった製品・サービスの生産・販売，価格差別や誇大広告の禁止，製造物責任の履行などがあげられる。取引先はフェアな取引や，場合によってはスキルや技術提供を求めるかもしれない。地域社会の関心は雇用創出と優先雇用，環境対策，文化・体育施設の開放などであろう。

　これらの中には，発想を転換すれば，通常の企業活動で実現するものもある。また困難ではあるが，事業戦略の中に組み込めたり，あるいは事業戦略の一環として展開できるものも少なくない。このようにCSRは，コスト削減や利益を増やす道もあり，試行錯誤しながらも進展していくに違いない。残る問題は，CSRの第3段階とでもいうべき事業外領域のメセナやフィランソロピーといった社会貢献活動である。これらは，ときに収益を圧迫して企業経営の足枷ともなるだけに，株主を中心にした利害関係者を納得させる根拠を必要とするだろう。これにも2つの考え方がある。

　1つの有力な根拠は，企業も社会を構成する一員，企業市民（コーポレート・シチズン）だという理解である。市民としての個人が寄付やボランティアなどの社会的な貢献活動をするように，企業も社会を構成する一市民として社会的に行動し，その保持する資源（知識）や力に応じた役割を果たさなければならないというものである。社会貢献活動を根拠づける一般的な主張だ。

　いま1つ考えられるのは，企業は社会を内包しており，極論すれば「企業は社会」だから，より正確にいえば，企業は社会的ネットワークの結節点だから，均衡のとれた社会貢献活動は企業活動そのものとなる。

　じつは，C・I・バーナードは組織の構成員に経営者や管理者，従業員のみな

らず，株主や債権者はもちろん，取引業者や顧客まで含めていた。利害者関係論とちがって，この構成員（個人）の調整された活動が組織なのである。もちろん株主だけという個人はいない。株主も社会人（市民）であり，消費者であり，他社の管理者や従業員であるかもしない。管理者も従業員も同様に社会人（市民）であり，消費者であり，株主なのである。ここに，組織にはたえず社会意識が流れ込み，ときに流動化する。この組織を中核とする企業は，単に社会を構成する一員という以上に，社会的ネットワークの結節点だといえるだろう。

ところで，知的レベルの高い個人はしばしば社会意識が高く，一定水準を超えれば，物的報酬よりも社会的名声や威信，仕事へのやり甲斐など社会的効用に魅力を感じることが多い。それが満たされないと組織を離脱してしまう。情報や知識が大きなウェイトを占める現代社会では，知的人材の質が他社との違いを創り出し，企業業績を決定するから，このことがもつ意味は大きい。社会貢献活動とは組織における社会的効用の生産活動と受け止めることができる。

もっとも，企業の社会貢献活動の現状は，社員のボランティア休暇を認めたり，福祉団体への社員の寄付に上乗せしたりする程度で，一部企業による文化振興のメセナを除けば，知識やスキルを活用する本格的なものはまだまだこれからである。

■ ブックガイド ■

- 高巌『コンプライアンスの知識』日経文庫，2003 年。 経営組織論，経営倫理学を専門とする経営学者の書いた「コンプライアンス」に関する本。コンプライアンス文書作成から社内体制整備，運用のノウハウを具体的に解説している。
- 谷本寛治『CSR 経営――企業の社会的責任とスタークホルダー』中央経済社，2004。 CSR（企業の社会的責任）を事業活動に織り込んで理解するという点で，経営の現実に則したCSR論を展開している。また株主や従業員を超えた戦略的な「ステークホルダー・リレーションズ」の主張もバランスがよい。
- エイミー・ドミニ『社会的責任投資』（山本利明訳）木鐸社，2002 年。 本書は，早くから社会的責任投資を主張し，リードしてきた著者の手になる作品である。経営学をはじめて学ぶ初学者にはやや難しいかもしれないが，挑戦してほしい1冊だ。
- C・I・バーナード『経営者の役割』（山本安次郎・田杉競・飯野春樹訳）ダイヤモンド社，1968 年。 まったく初心者向きでない経営学の専門書。社会的責任論や経営倫理学の基礎文献であることだけを紹介しておこう。

注

1) 『日経ビジネス』2004 年 7 月 26 日号。
2) 『日本経済新聞』2004 年 4 月 19 日付朝刊より。

16
女性として企業社会に生きる

■ **本章のポイント**

1. 産業構造の変革，少子高齢化社会などの社会的背景から，女性労働が必要とされつつあるが，日本では女性が職場進出するにあたって，多くの課題を抱えている。
2. 就業形態の多様化（ダイバーシティ）が進みつつあるが，その中心は非正規雇用者の増大であって，性差により差別的処遇は温存されたままである。
3. 性差（ジェンダー）に関係なく働きやすい男女共同参画社会を実現するためには，ライフスタイルにあわせた多様な働き方を選択できることが必要となる。

KEY WORD 1　女性労働の台頭

女性の社会進出　戦後，民主主義化が進展したものの，女性は良妻賢母として家庭を守り，男性は大黒柱として仕事に従事して家族を養うという性別役割分業は，それまでの封建主義的な考え方を引き継ぎ，日本社会の価値観として定着してきたということができる。そして，この性別役割分業を前提として，企業の雇用制度・処遇制度あるいは税制・社会保障などの社会制度の多くが構築されてきた。しかし，この前提が変化しつつある。女性が仕事をもち，社会の中核的な存在として活躍し始めており，従来の制度は，性差（ジェンダー）による差別として認識されつつある。この

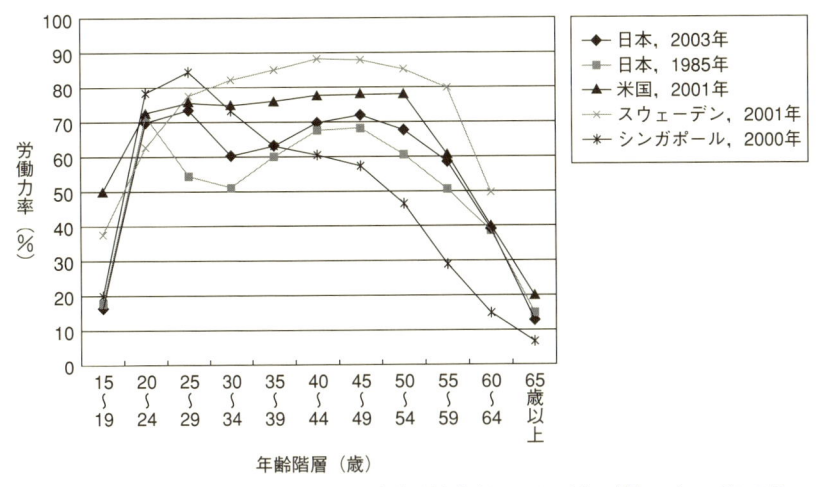

米国およびシンガポールの65歳以上は，65〜69歳の年齢階層を意味している。また，米国・スウェーデンの15〜19歳は，16歳から19歳である。

図16-1　年齢階層別女性労働力率国際比較[1]

章では，男女平等を前提とする社会構築がなぜ進みつつあるのか，企業内で性差別のない男女共同参画を進めるには何が必要か，また，そうした取り組みは具体的にどのようになされつつあるのかを学ぶこととする。

M字型カーブ

日本社会における女性の労働力率は，他の先進経済諸国と比較して低く，依然としてM字型カーブを描くという特徴をもっている。女性は，結婚・出産後に仕事から離脱し，子育てが一段落したころから仕事に復帰するためであり，性別役割分業意識の現れと見ることができる。ただし，復帰後の彼女たちへの正規雇用者の求人はほとんどなく，多くがパートタイム労働者（以下「パート社員」と略記）として働くことを余儀なくされる。さらに，常用労働者すなわち，通称「正規雇用者」として継続就業していても，管理職や取締役などまで昇進できる女性の割合はきわめて低く，男性は企業の中核的労働者，女性は補助的労働者という構図が出来上がってきた。

その結果として，日本社会における女性の職場での地位は低い状況にあるといえる。世界的な潮流として，女性の社会的地位を向上させようとする運動の中で，日本女性の職場での地位をいかに向上させるかが，今日の女性の地位向

上における重要な課題となっている。

ところで，なぜ，今日，女性が家庭にとどまることなく，職場に進出して，男性と同様に仕事を担っていく必要があるのだろうか。まずは，この問題から考えてみよう。

> **3つの環境要因**

女性の職場進出が増大する理由として，3つの環境要因の変化があげられる。第1は，工業化社会から情報化社会・サービス化社会への進展である。第2は，日本での少子高齢化社会の到来による労働力確保の必要性である。第3は，世界的な女性差別撤廃の流れによる男女共同参画（ジェンダーフリー）社会推進の必要性である。この3つの要因は，女性の職場進出に対して，同時並行的な影響を与えている。

第1の経済の情報化やサービス化は，男性・女性の労働区分を不透明にし，女性も男性も同様に，仕事に就くチャンスを提供する。小売業・サービス業で働く雇用者の大半は女性であり，サービス化社会の進展は，女性の労働力率向上に大きく寄与している。ただし，これらの業界での雇用形態は，パート社員が大半をしめる。一方，情報関連業界では，優秀な女性は男性と互角に仕事ができ，正規雇用者やSOHO（Small Office and Home Officeの略で，ITを活用して，独立自営業者として1人あるいは少人数で在宅で働くこと）などさまざまな働き方で活躍可能である。このように，情報化・サービス化はいずれも女性の労働力率を高めるが，情報化では技能の高い専門的業務に従事可能なのに対して，サービス化では単純労働従事者を増大することになり，女性の職場進出の中身はちがっている。

第2に，日本では少子高齢化社会の到来によって，男性壮年期の労働力が不足することから，労働力減少に対する対策として，女性・高齢者・障害者も就業する必要が生じている。この中で，女性は，もっとも身近で潜在能力が高い労働力とみなされている。

第3には，世界的な女性差別撤廃運動の流れの中で，性差に関係なく，誰もが社会で活躍できる男女共同参画社会の実現が求められている。最大の社会的マイノリティであった女性の社会的地位向上のため，就業の機会を増大させ，職場での女性の地位向上を目指し，男女の対等な社会を実現させようという運動の中で，女性が企業の中核的労働者となることが目指されている。

以上の3つの要因の中で，第1と第2の要因は，女性労働力の量的拡大を主として促進する要因なのに対して，第3の要因は，女性労働力の質的向上に寄与する要因といえよう。

> ワークライフ
> バランスの実現

　このように，女性の労働力を増大させると同時に，女性の職場での地位を向上させることが，男女共同参画社会の実現において必要な要件である。環境要因は，女性労働力の量的拡大に関してはその必然性を示しているが，質的向上に対してはかならずしもそうではない。問題は，日本社会において，女性にとって働きやすい条件が整備されていない点にある。こうした状況下で，女性がフルタイム就業すると，家庭責任が緩和されないまま，男性並みの仕事責任が加わり，女性は重責を負うことになる。

　これを解決するには，ペイドワーク（有償労働）の男女共同参画だけではなく，アンペイドワーク（無償労働）の男女共同参画も同時に進行させなくてはならない。すなわち，男女とも，労働生活・家庭生活・社会生活[2)]にバランス良く関わること（ワークライフバランス）を意味している。したがって，日本での男女共同参画社会実現の鍵は，女性ではなく，男性のワークライフバランス実現にかかっているといえよう。

KEY WORD 2 ダイバーシティマネジメント

> ダイバーシティ
> マネジメント

　従来，日本企業の人的資源管理は，正規雇用の壮年男性を企業の中核的労働力とみなし，女性や高齢者は，その補助的存在としてみなしてきた。しかし，先に述べたように，女性は今後ますます企業の中核的労働力となってくる。中核的とは，2つの意味合いがある。第1に，女性労働者が企業従業員の半数あるいは大半を占めるまでになるという量的な意味と，第2には，企業の上層管理者・取締役などに女性が進出するという質的な意味である。

　女性は，パート社員や派遣社員のような非正規雇用者であったり，出産・育児のために一時的に職場を離れる必要があったりという具合に，従来の人的資源管理が対象としてきた男性とは異なる配慮が必要となる。また，従来は，女

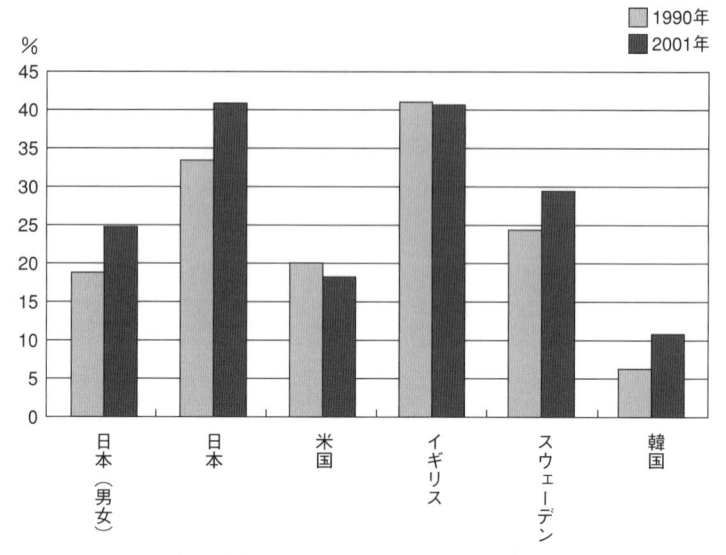

パートタイマーとは，主たる仕事について通常の労働時間が週30時間未満の者。日本は，実労働時間が週35時間未満の者。米国は，賃金・給与労働者。イギリスは，1985年と2000年のデータである。

図16-2　女性パートタイマー比率[3]

性を補助的労働として位置づけていたので，女性を管理職にどのように登用するのか，また，女性が上司となった場合の運営のあり方など，組織運営についても，男性中心の場合とは相違する。ゆえに，多様な従業員を有効に活用するダイバーシティマネジメントの開発も必要となる。ダイバーシティマネジメントとは，国籍，民族，年齢，ジェンダーなどの，異なる属性や価値観をもつ従業員の多様性を，企業競争力を高めるために活用しようとする管理方法を意味する。日本では，どちらかというと従業員に対して同質性を求める傾向が強く，ダイバーシティマネジメントの導入は従来の日本的人事制度の変革をもたらす。

　この節では，ダイバーシティの内容である就業の多様化を4つの多様化，すなわち，①雇用形態の多様化，②就労形態の多様化，③勤務形態の多様化，④雇用者の多様化からなるものとして，具体的にその内容と解決すべき課題を示していこう。

雇用形態の多様化　戦後，日本の雇用形態は正規雇用者が中心だったが，最近では，非正規雇用者の割合が増大する傾向にあり，

TOPICS

パート社員で取締役

　データ入力を業務とする50名程度の企業S社では，従業員は，社長以外すべて女性でかつパート社員からなっている。ここでは，すべての社員に対して，技能と能力によって算定した時間給で賃金支払がなされているが，とくに，功績の高い社員は取締役に抜擢されている。ゆえに，彼女たちは，パート社員ではあるが取締役で，事実上の企業の運営に携わっている。また，この企業は，勤務時間を社員の裁量に任せた自由出勤制を採用しており，女性にとって働きやすい会社を実現している。

　雇用形態は多様化している。正規雇用者とは，企業と期間の定めのない雇用契約を締結している労働者のことを指し，週40時間労働が適用されている。それ以外の雇用者は，非正規雇用者と分類される。

　非正規雇用者も，いくつかに分類される。第1に，労働時間が正規雇用者と比べて短い場合，パート社員（パートタイム労働者）と呼ばれる。パート社員の多くは，時間給で賃金が支払われるので，労働時間が適正に管理されている。企業とは，多くの場合，期間に定めがある雇用契約を結んでいる。雇用機関に定めのないパート社員は短時間正社員となるが，労務管理上は，正規雇用者と区別されるのが一般的である。第2に，期間を定めた雇用契約で働く場合は，契約社員と呼ばれる。契約社員の多くは，契約期間が定められている以外は，正規雇用者と同様あるいはそれ以上の待遇を受ける場合が多い。ただし，定年後の再雇用などでは，労働条件は正規雇用者よりも低く設定されている。第3に，企業と雇用契約を結ぶのではなく，派遣会社と雇用契約を締結し，企業に派遣される場合は，派遣社員といわれる。第4に，臨時に数日から数ヵ月だけ期間を限定して働く期間従業員やアルバイトなどもある。

　産業構造が第3次産業中心となるにしたがい，非正規雇用者の割合は増加しつつある。小売業やサービス業では，すでに，非正規雇用者が中核的労働者となっているケースも数多く見られる。しかし，正規雇用者と非正規雇用者との間には，賃金制度や処遇制度に大きな格差を設けている企業がほとんどである。従業員の割合では，女性の非正規雇用者が圧倒的に多くても，管理者の割合が少ないのが通常で，女性雇用者数と管理者数とには相関があるとはかぎらない。

雇用形態の多様化と女性労働の関係では，女性の就業者数が増大しても，それは非正規雇用者の増大でしかなく，現在，量的拡大は進んでいるものの質的向上は遅れているのが実情といえよう。今後は，非正規雇用者の処遇制度を改善するとともに，管理的職能を担う女性人材の育成が企業での男女共同参画の課題なのである。

> 就労形態の多様化

　就労形態の多様化とは，1つには，SOHOのような雇用契約以外で働く就労者の増大であり，2つめは，営利組織以外の非営利組織（NPO）やボランティア組織での就労者の増大を意味している。「はたらく」とは企業に属して働くことを意味しなくなってきている。

　まず，第1に，最近，雇用契約を結ばない独立した職人的な働き方が増大しつつある。独立した職人は，取引先から業務委託契約で仕事を請け負う。このように，雇用契約ではなく，業務委託契約で仕事を請け負って働く就労形態が登場している。それは，ITを活用して業務を請け負うSOHOに従事する人々や一部の特殊技能保有の人々に広がりつつある。企業は，社員を雇用すると固定費的な人件費を負担しなければならないが，業務委託であれば，請負人に必要な仕事だけを発注すればよい。この結果，人件費を変動費化でき，利益を確保することが容易となる。働くほうも，労働者としての場所や時間の拘束がなく，請負量に応じて仕事をすればよいわけで，フレキシブルな働き方が可能となる。とくに，SOHOでは，自宅を仕事場とすることができ，労働時間も自由である。

　請負での就労は，両者にとってWin-Win関係（ビジネス上の売り手と買い手，あるいは発注者と受注者といった関係の中で，たがいに利益をもたらす取引関係が成立している状態を意味する）をもたらす一方で，仕事の保障はなく，結果的に生活の保障も十分とはいえない。正規雇用者や一定の条件を満たした非正規雇用者が雇用保険や労災保険で守られているのとは，大きな差がある。

　このように，現在，雇用契約以外での働き方が普及しつつあるが，彼らは労働法上の労働者としてはみなされない。統計上は自営業者と分類されるが，経営者というよりは労働者性が強く，労働者と自営業者の中間的な存在と位置づけることができる。

　こうした新たな就労形態と女性労働との関係はどうであろうか。SOHOを

例にとると，女性は，エージェント（仕事を斡旋する仲介業者）に登録して仕事を斡旋してもらう在宅ワークに従事するのがほとんどである。在宅ワークも，業務委託契約で出来高制での新たな就労形態といわれるが，戦後，女性が従事してきた家内労働と同様の特徴をもっている。これは，女性が早い時期に会社で従事していた職務から離脱することによって，高度な技能あるいは新しい技能を習熟できていない，あるいは取引先のネットワークを保有しないために営業力がないといった問題のためである[4]。

　第2の就労形態である非営利組織やボランティア組織での女性の就労者は，増加する傾向にある。日本では，求人の年齢制限があるため，40歳を過ぎると，女性の求人は一部の職種以外はほとんどない。その影響もあり，ボランティアなどで活躍する女性の割合は，男性と比較して，圧倒的に多い。

　在宅ワークや非営利組織での女性の就労者が多いのは，男性は会社で女性は家庭，男性は会社内で女性は会社外といった，日本での性別役割分業の考え方がそのまま踏襲されている可能性もある。そうした観点から，女性の社会進出を考えたとき，女性が営利企業で中核的役割を果たすことが，本来の男女共同参画につながるということを意識することが重要であろう。

勤務形態の多様化

男女共同参画を可能とする労働生活と家庭生活との両立にもっとも有効なのは，職住の近接性である。パート社員で働くほとんどの女性は，この条件下で働くことが多い。家庭をもっている女性正規雇用者が働き続ける条件の1つも，この職住近接性である。要するに，職住一致の在宅勤務が可能となれば，ワークライフバランスが向上するのは間違いがない。これは，勤務場所の多様化を意味する。自営業者の多くは職住の近接性は高いが，彼らには，勤務時間と勤務場所の法律的な拘束性がない。ゆえに，勤務形態の多様化が議論されるのは，勤務場所と勤務時間の拘束性がある労働者のみに限られる。

　勤務形態の多様化は，勤務場所と勤務時間の自由度を高めることである。場所・時間の決定を労働者の自己裁量に任せるかどうかで，多様化が労働者の働きやすさを高めるかどうかがちがってくる。情報化・サービス化は，ともに勤務形態の多様化を進めるが，自己裁量性については両極をなす。情報化を担う知識労働者の場合は自己裁量性をともなうが，サービス産業従事者は顧客のニ

ーズに対応せねばならず，労働者の自己裁量の余地は小さい。しかしながら，サービス産業でも，顧客ニーズと労働者ニーズをうまくマッチングさせれば，多様な勤務形態は可能となる。サービス産業で女性の雇用者が多いのは，短時間の多様な就業時間を提供しているからである。

　勤務場所の多様化の典型は，主として在宅勤務とモバイル（ITを活用した勤務場所にこだわらない働き方で，営業担当者が顧客先や移動中に必要なデータの授受を行うこと）からなる雇用型テレワーク（雇用者が，ITを活用して勤務場所，勤務時間に拘束されずに働くこと）[5]といわれる。在宅勤務・モバイルは，労働者だけではなく，企業にとっても，社会にとっても，数多くのメリットがある。企業では，オフィスコストの削減・生産性の向上・成果主義の導入などの効果があげられる。社会では，CO_2の削減・交通渋滞の緩和・地域の活性化などで効果的だといわれている。労働者は，通勤時間を削減でき，仕事に集中できるというメリットがある。北欧や米国など，女性の就業率が高い地域は，テレワークの普及率も高く，現在もっとも高いのは，パート社員の活用で経済回復を遂げたオランダの26.4％となっている[6]。

　日本でも，一部の外資系企業などでは積極的に在宅勤務が導入されているが，一般企業の導入率はまだ高いとはいえない。ネットワーク上のコミュニケーションが普及してきており，対面的コミュニケーションが業務遂行にかならずしも必要でなくなっている現在，在宅勤務は多くの知識労働者において可能である。女性の就業率とテレワークの普及率の因果関係は不明であるが，女性の就業者が増大するにつれ，在宅勤務はワークライフバランス達成にもっとも有効な方策となることは間違いない。

　勤務時間の多様化は，裁量労働制などによる時間に拘束されない働き方と，夜間勤務・2交代などの拘束された労働時間の場合とがある。後者は，とくに，小売・サービス業において顕著である。

　勤務形態の裁量性の有無は，雇用者の働きやすさを左右する。ゆえに，勤務形態の多様化を議論する場合には，現象形態としての多様性だけではなく，その内容に着目すべきである。ワークライフバランスを向上させるには，裁量性の高い在宅勤務が有効なのであるが，残念なことに，勤務形態の多様化が進んでいるのは，裁量性の低いサービス業などでの勤務時間の多様化のほうである。

雇用者の多様化　雇用者の多様化は，従来，壮年期男性が中核的労働者であったものが，女性・高齢者・障害者など，多様な就業者により職務が遂行されるようになってきたことをいう。グローバル化や少子化の影響から，今後は，これに外国人労働者も加わる可能性がある。雇用者が多様化すると，これまで述べてきたような雇用形態・就労形態・勤務形態の多様化が同時に進展することになる。

ダイバーシティマネジメントに向けて　これまでの日本的人事管理は，女性・高齢者・障害者・外国人労働者を補助的な労働力として位置づけてきた。彼らの賃金・処遇などは，壮年期男性とは別立てであって，管理的地位に昇進することは困難であった。しかし，女性の労働力率が高まり，定年延長や定年後の再雇用で高齢者も職場に継続して勤務する傾向が高まっている。また，若年層の失業率・転職率の高さも問題となっており，若年層の動機づけも緊急の課題となっている。

　これらを総合的に考えると，今後，職場では，家庭生活との両立を求める女性労働者，経験・熟練に富んでいるが長時間の労働を求めない高齢者，自立を求める障害者，職務経験をもたない若年者など，多様な労働者により職場が構成される。これまでのように，休まない，遅刻しない，帰宅しない労働者ではなく，一定の時間内でだけ働く労働者が増大することになる。ゆえに，賃金や処遇を異にする労働者が高い意欲をもって働ける職場環境の整備が必要となろう。

　その場合，構成員全員の職務充実感と公平感をどのように与えていくかが重要な課題であり，その課題を解決するためのダイバーシティマネジメントの開発が必要となる。パート社員の勤労意欲，定年後の再雇用者の勤労意欲，また，多様な構成員間の公平感を考えると，これまでのような同質的な構成員を対象とした賃金・処遇制度では，すべての構成員に職務充実感や公平感を提供することはできない。他方，成果主義の導入が進められているが，それでもって，この職務充実感や公平感が得られるかどうかも疑わしい。ゆえに，多様な就業者・就労者間の職務充実感と公平感をもたらす賃金・処遇制度の新たな構築が求められている。

KEY WORD 3　男女共同参画

　戦後の世界的な民主化の流れの中で，男女の平等は重要なテーマとして取り扱われてきた。女性は最大のマイノリティであるとの認識がこうした運動の出発点となるが，次ページの〈TOPICS〉に示した国連女性の10年後半期プログラムの中の言葉が，それを象徴的に表している。

　人口の半分を占める女性には，結果の平等も機会の平等も与えられてこなかったのである。そこで，男女平等を目的として，女性に男性と同等の機会を与え，差別的な処遇を撤廃するというフェミニズム運動が始まる。日本の職場でも，かつて，女性は「職場の花」と呼ばれて，お茶汲み・掃除も担当し，男性よりも早い定年制があり，結婚退職制度なども普及しており，民間企業では，女性雇用者の差別的扱いが一般的であった。

　1975年，国連の世界婦人行動計画が策定され，日本の政府もその頃から，徐々に職場における女性の差別的制度の撤廃を求めるようになる。マイノリティの立場にいる人間に機会が平等に与えられても，社会的弱者である人々は，この機会均等をすぐに活用できない。ゆえに，積極的な行動策をとり，機会の平等を高めるという方策がとられる。これが，ポジティブアクションあるいはアファーマティブアクションである。

　このように，当初は，男女平等を達成する方策として，女性差別の撤廃が取り上げられたが，第2回世界婦人会議（コペンハーゲン）の頃から，2つの変化が生じたと山岡熙子は分析している[7]。第1は，女性会議とはいえ，「狭い女性の地位や利害ではなく，地球世界の公正の実現を見据えた多様な視点でなければならない」[8] という視点である。第2は，「『女性の地位向上』から『男女共同参画』，ないし『フェミニズム』から『ジェンダーフリー』へと変わった」[9] ことである。このように，男女平等が「女性」だけの問題ではなく，「男性」側の問題としても，意識されるようになり，人類に共通した課題だと認識されるようになる。

　日本でも，女性の労働力率の向上，あるいは女性に働きやすい職場づくりを考えたとき，女性固有の問題ではなく，男性側の問題であったり，社会全体に関わる問題であることが多い。たとえば，前者であれば，日本社会では，男性

> **TOPICS**
>
> ### 女性は最大のマイノリティ
>
> 「婦人は世界の人口の50％，公的労働の3分の1を占め，全労働時間の3分の2を占めているにもかかわらず，世界の所得の10分の1しか受け取っておらず，世界の生産の1％しか所有していない。」（国連女性の10年後半期プログラム16)。

が家事に従事する時間が圧倒的に少ないという問題がある。女性が職場で同等に活躍するためには，男性の家事時間を増大させることが第1に必要なことなのである。また，後者の社会全体の問題としては，サービス残業が一般化した状況では，女性も同様のサービス残業から逃れることは困難であり，そのような場合，フルタイムの女性労働者では，男性同様，家庭責任を担うことは難しいことになる。

日本においては，1985年に男女雇用機会均等法が制定され，その後も育児・介護休業法，そして，1999年には「男女共同参画社会基本法」が策定されている。しかし，世界経済のグローバル化とともに，1985年に労働者派遣法が制定されたのを皮切りに，労働の世界にも急速に規制緩和政策が推進され，正規雇用者が非正規雇用者に代替されるという流れは続いている。その結果，女性だけではなく男性にとっても労働条件や労働者福祉の切り下げが行われているのが実態である。日本は先進国でありながら，世界のジェンダーエンパワーメント指数で70ヵ国中44位（2002年）という低さであり，この分野では先進国と呼べない状況にあることは事実である。

しかし，少子高齢化問題の中で，女性の労働力率を高め，処遇改善を実施することは，企業内だけではなく，重要な社会的課題だという認識が生まれつつある。2005年の4月には，301人以上の労働者を雇用する事業主は「次世代育成支援対策」の「行動計画」を策定しなければならず，男女共同参画に向けた社会全体としての環境づくりが始まったといえよう。

ジェンダーフリーの社会へ向けて 21世紀において，女性の職場進出・社会進出は産業構造の変化を見通したとき，社会的な必然性をもっている。しかしながら，これまでの社会構造・社会制度・価値観などが，女性の社

会進出を阻んでいるのが実情である。ジェンダーフリー（この章では「ジェンダーフリー」という言葉を，ジェンダー［性差］によってもたらされる差別的対応を取り除くということを意味して用いており，性差をなくすという意味合いでは用いていない）な職場，すなわち男女が平等に共同参画できる企業を実現するには，職場のペイドワークだけではなく，家庭や地域のアンペイドワークにおける男女共同参画が必要だということが，日本においては強調されねばならない。また，現在の社会保障や税金など，世帯主を中心とした社会制度を個人主体の制度に変革することも必要である。

　一方で，ジェンダーフリーな社会とは，すべての女性が仕事をもたねばならないということでもない。男女を問わず，自己の価値観に見合った生き方を選択するということである。専業主婦（夫）も選択肢の1つとして存在するわけで，子育て期における専業主婦の選択が，その後の選択肢を極度に狭める結果をもたらしていることが問題なのである。

　そのように考えるならば，正規雇用対非正規雇用，雇用対非雇用などの二極化した分類枠で，それぞれの範疇への相互の移動が不可能な社会ではなく，ライフスタイルに応じて，働き方を変化させることができる社会の構築がジェンダーフリーな社会に必要なのである。その結果，女性だけがその恩恵を被るのではなく，多様性をもつすべての就労者がその恩恵を受けることができるようになる。

本章のまとめ　この章においては，女性労働の量的拡大・質的向上の必要性について述べるとともに，日本社会においては，実際には，男女共同参画社会実現には多くの課題があることを示してきた。しかし，今後の社会を展望したとき，多様な就業者・就労者がその能力を十分に発揮することができ，同時に職務充実感・公平感を実感できる職場をつくることが，女性だけでなくすべての働く人々にとって重要なテーマであることを認識することが必要である。

ブックガイド

赤岡功『エレガント・カンパニー』有斐閣，1993年。　人生の充実のためには，男は仕事，女は家庭という性役割分業ではなく，男女ともに，労働生活・家庭生活・社会生活の3つの生活（3L）の充実が必要ということを唱えている。

筒井清子・山岡熙子『グローバル化と平等雇用』学文社，2003年。　男女共同参画社会が唱えられるようになった経過を説明するとともに，日本・米国・韓国・ドイツ・チュニジアの取り組みを具体的に紹介し，さらにメンタリング，育児支援，テレワークなど，女性のキャリア育成の必要な事項について解説している。

厚生労働省女性局『平成16年度女性労働白書』（財）21世紀職業事業団，2004年。　平成15年度の女性労働の実情について，具体的データからその実態を明らかにしている。

独立行政法人労働政策研究・研修機構ホームページ（http://www.jil.go.jp/）。　労働全般についての広範囲な情報を収集することができる。

注

1) 労働政策研究・研修機構（2004）第2-10表から抜粋作成（原データは，日本は「労働力調査年報」，その他はILO "Yearbook of Labor Statistics"）。
2) 赤岡（1993）を参照。
3) 労働政策研究・研修機構（2004）第3-8表から抜粋作成（原データは，OECD "Labor Force Statistics"）。
4) 筒井・山岡（2003）を参照。
5) 小豆川・坂本（2003）を参照。
6) SIBISのホームページ http://www.empirica.biz/sibis/statistics/data/4-34.htm より。
7) 筒井・山岡（2003）を参照。
8) 筒井・山岡（2003）p.5より。
9) 筒井・山岡（2003）p.5より。

第IV部 はじめて経営学を学ぶ

17 はじめて経営学を学ぶ

■ 本章のポイント

1. 経営や経営学についてふれたり，その基本的な考え方を学んだりする方法を理解する。
2. 専門の授業やゼミで深く学ぶ方法について理解する。
3. 経営や経営学について理解したことを他人に伝えるプレゼンテーションを学ぶ。

KEY WORD 1 「経営」の考え方や現象についてふれる

経営の重要さ　今日，私たちの社会ではますます「経営」もしくは「マネジメント」を学ぶ意義が高まってきている。クレイナーが表現したように現代は「マネジメントの世紀」であり，マネジメントの重要性がより強く意識されるようになってきた[1]。生活を便利にする商品や快適にするサービスがあったとしても，会社がそれらを私たち消費者に供給するビジネスをうまく経営していなければ，その良さを多くの人は理解できない。それだけではなく，市役所の窓口サービス，NPO の福祉サービスの提供，患者のチーム治療，そして大学の教育の充実など多くの社会的な活動についても，今日それらの「経営」が良いことが求められている。経営が，企業，地方行政，医療福祉，学校などさまざまな面で問題になり，その善し悪しが私たちの生活や社会，経済，行政を変えるという実感を私たちはもつようになってきた。そ

れゆえに経営とそれを研究する経営学を学ぶことが重要となってきている。

ここでは，初心者が経営や経営学について学ぶ方法を考えてみたい。具体的には，まず，①経営と経営学への最初のふれ方，そして，②さらに専門的に深く学ぶこと，とくにゼミや演習で同じ関心をもつ者が共同で学ぶことの意味とやり方，そして，③自分からの経営についてのプレゼンテーションの仕方について大まかにふれることにしたい。

最初に，経営を学ぶ方法を見てみよう。経営について学んだり，ふれたりする方法として，ここでは大きく3つ考える。それは，①大学での講義を通じて，先生から知識を教わるやり方，②経営学についての基本的な教科書や関連の本を読み，まとまって知識を得るやり方，③そして世の中の実際の経営についてふれるために，テレビや新聞，雑誌などのメディアを通じて情報を集めたり，企業を見学して生の経営にふれたりする方法について考えたい。

経営学関連の講義 まず，大学での講義を通じて経営について学ぶ方法を考える。「経営」を理解するには，当然ながらそれに対する見方を学ぶ必要がある。企業や自治体，NPOが経営管理する対象には大きくいって，ヒト，モノ，カネ，情報などがあるけれども，それぞれの経営管理については独特の仕組みがあり，これを研究する学問が経営学である。これは経営に対する見方を広く提供してくれる。そして，経営に関連した問題を分析する会計学，経済学，法学，心理学，社会学やシステム科学がある。こうした経営に関する学問は，企業や非営利組織，行政組織や国際組織における経営がどういう仕組みになっているのか，そしてどのようにヒト，モノ，カネ，情報を管理しているのか，それはどのような問題をもち，その問題に対してはどのような改革をしたほうがよいのかを考えている。大学での講義では経営管理についての基本的な知識を専門の先生が講義や演習というかたちで，じかに教えてくれる仕組みである。講義では，教科書や教材に沿って教わり，必要なことをノートにメモしながら進んでいく。

大学では，こうした経営学に関わる科目を体系的に教えてくれる。経営学に関連するおもな科目群の例として図17-1のようなものがある。それは3つの領域から成り立っている。まず，①経営学入門や経営管理論などの経営学の全体を紹介する科目である。そして，②経営管理の対象によって細かく別れていき，

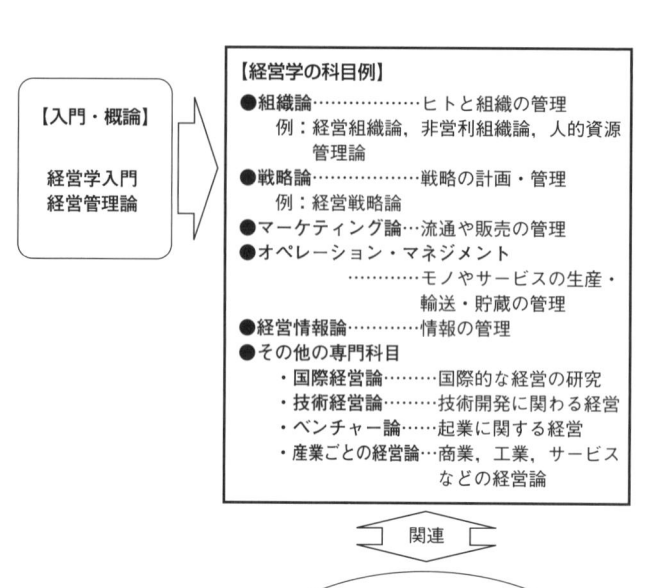

```
┌─────────────┐           ┌─────────────────────────────────────┐
│【入門・概論】│           │【経営学の科目例】                     │
│             │           │●組織論…………………ヒトと組織の管理  │
│ 経営学入門  │ ═══════>  │   例：経営組織論，非営利組織論，人的資源│
│ 経営管理論  │           │       管理論                          │
│             │           │●戦略論…………………戦略の計画・管理  │
└─────────────┘           │   例：経営戦略論                      │
                          │●マーケティング論…流通や販売の管理    │
                          │●オペレーション・マネジメント          │
                          │   …………モノやサービスの生産・         │
                          │         輸送・貯蔵の管理              │
                          │●経営情報論…………情報の管理           │
                          │●その他の専門科目                       │
                          │   ・国際経営論………国際的な経営の研究│
                          │   ・技術経営論………技術開発に関わる経営│
                          │   ・ベンチャー論……起業に関する経営   │
                          │   ・産業ごとの経営論…商業，工業，サービス│
                          │                    などの経営論       │
                          └─────────────────────────────────────┘
                                            ⇕ 関連
                          ╭─────────────────────────────────────╮
                          │         【関連領域】                  │
                          │ 会計学・ファイナンス……資金の計画管理 │
                          │   例：管理会計，財務会計，ファイナンス│
                          │       工学，財務管理論など            │
                          │ 経営史……………企業や経営の歴史分析   │
                          │ 経済学科目………企業行動の経済学的分析│
                          │   例：企業経済学，産業組織論          │
                          ╰─────────────────────────────────────╯
```

図17-1　経営学科目の編成例

組織論，戦略論，マーケティング論，オペレーション・マネジメント，経営情報論，技術経営論などの領域に別れる。そして，③関連する重要領域として，会計学やファイナンス，経営史，企業行動に関わる経済学がある。

　それぞれの講義で得た知識を体系的に整理し，深める方法としては，良い教科書を活用することや，辞書・参考書を活用する方法がある。経営学や経営に関連する見方を学ぶ代表的な入門的教科書としては，もちろん本書がある。そのほかにはもう少し上級のものとして図17-2のようなものがある。またこうした教科書を読んだりするとわからない言葉や概念が出てくることがよくある。その場合に使うのが辞典や参考書である。こうしたものにも代表的なもの

```
●もっと深めるための教科書
・伊丹敬之・加護野忠男『ゼミナール経営学入門』第3版，日本経済新聞社，2003年。
・東北大学経営学グループ『ケースに学ぶ経営学』有斐閣，1998年。
・林伸二・高橋宏幸・坂野友昭『現代経営管理論』有斐閣，1994年。
●おもな参考書
・金森久雄・荒憲治郎・森口親司『有斐閣経済辞典』第3版，有斐閣，1998年。
・神戸大学大学院経営学研究室『経営学大辞典』第2版，中央経済社，1999年。
・野村総合研究所『経営用語の基礎知識』ダイヤモンド社，2001年。
```

図17-2　おもな経営学の教科書や参考書

には図17-2のようなものがある。たとえば，ハンディーなものとしては有斐閣の『経済辞典』がある。そして本格的なものには『経営学大辞典』がある。また，現代の時事的な経営用語についてまとめたものとして『経営用語の基礎知識』などがある。

メディアで経営現象にふれる　経営についての勉強を深めると，現在の企業の実際の活動や非営利組織のさまざまな取り組みについて知りたくなる。手軽にこうした情報を集める手段として，マスメディアやインターネットを使うことや，会社や団体の活動の見学がある。

　会社や非営利組織，団体の経営についての動向を知る手段としてマスメディアやインターネットは便利である。まず今日，多くのマスメディアは企業やNPO，団体のさまざまな動きを日々伝えている。こうした経営情報に関わるマスメディアとしては，①新聞，②雑誌，③テレビ，④企業や団体の経営に関わる本，そして⑤インターネットがある。新聞としては，さまざまな新聞の経済欄に企業経営の動向が出ているが，日本経済新聞や日経の各専門新聞のほうが，より多くの動向が出ている。第2に，雑誌としては，いわゆる経済やビジネスの動向を中心としたビジネス雑誌がある。その代表的なものの例として『日経ビジネス』『週刊東洋経済』『週刊ダイヤモンド』などがある。第3に，テレビでもやはり日本経済新聞社のグループ企業であるテレビ局のテレビ東京が株価情報をはじめ数多くの経済ニュースを流している。とくに「ワールド・ビジネス・サテライト・ニュース」という夜の経済ニュース番組は有名である。3大都市圏以外の地域によっては地上波では見られない場合があるが，その場

```
(1) 新聞
・日本経済新聞や日経の各専門新聞。
・主要新聞の経済欄。
(2) 雑誌
・『日経ビジネス』日経BP社。
・『週刊東洋経済』東洋経済新報社。
・『週刊ダイヤモンド』ダイヤモンド社。
・『ハーバード・ビジネス・レビュー（日本語版）』ダイヤモンド社。
・『会社四季報』東洋経済新報社。
(3) テレビ
・テレビ東京系（東京，大阪，名古屋，福岡，札幌）。
・日経CNBC（衛星CSテレビ：スカイパーフェクトテレビ）。
```

図17-3　企業経営に関わるマスメディアの例

合には，CS衛星テレビ放送の「日経CNBC」チャンネルがテレビ東京系の経済情報番組を流している。第4に，大型書店や図書館に行くと，多くの企業動向を扱った「ビジネス書」のコーナーがある。

　第5に，インターネット上でも数多くの企業や組織・団体の経営情報にふれることができる。今日インターネットの上でも多くの企業や組織・団体が情報を発信しており，その検索は便利だけれども，こうしたインターネット情報は広告であることを割り引く必要がある。インターネットにも多くの有用なデータベースが提供されている。新聞・雑誌の経営関連記事や企業情報を検索できる「日経テレコン21」はよく使われる（有料）。それから雑誌記事のタイトルを調べて，ある具体的な企業や団体の動きについての雑誌記事タイトルを調べる場合には，国立国会図書館（http://opac.ndl.go.jp/）の雑誌記事索引サービス（無料）は大変有用である。

経営を見学しよう　意外と多くの人が知っていながら行わないのは企業見学や団体・組織の見学である。むろん，引き受けてもらう企業や団体，組織の都合や受入能力によって難しい場合も多いけれども，意外と多くのところで受け入れの機会が提供されている。ホームページを調べるとそうしたことがわかる場合もある。ビールやお酒，食品関係の企業は，製

図17-4　企業見学の案内ホームページ例（サントリーのホームページより）[2]

品のPRも兼ねて工場に常設の見学コースをもつものが多い。たとえば，サントリー株式会社では図17-4のホームページのように，工場見学の案内を出している。自動車や電気製品の企業もそうである。自治体や公共団体は，清掃事業や交通事業などの事業に応じて受け入れてくれる場合もある。変わったところでは，財務省造幣局でお札作りの仕組みの見学ができたりする。

　見学の申し込みは，会社や団体の担当者を通じてお願いする。常設の見学コースをもつ場合ともたない場合では異なる。常設の見学コースをもつ場合には，そのコースの申込窓口に相談し，申し込む。そうでない場合には，こちらの見学の希望する内容，人数，希望日時を伝えて，広報や総務の担当者に相談することとなる。先方の都合にもよるが，こちらの見学の目的が先方に受け入れてもらえると見学させてくれたり，簡単に概要説明会をしてくれたりする場合も多い。ただ，多くの場合には，5人や10人以上のまとまった団体として希望する場合に受け入れられる場合が多いので，友人やゼミなどでまとまって申し込んだ方がいいだろう。申し込みの文面の一例をあげておく（図17-5）。

○○○○年　△月　×日

××株式会社
広報部
田中様

　　　　　　　　　　　　　　　　　　　　　○○大学経営学部
　　　　　　　　　　　　　　　　　　　　　　経営学ゼミ
　　　　　　　　　　　　　　　　　　　　　　　代表　□田○子

工場見学のお願いの件

　拝啓　貴社ますますご清祥のこととお喜び申し上げます。
　さて、私ども経営学ゼミでは、いま、▲▲産業での製品戦略について勉強しております。つきましては、その勉強の一環で、その産業の工場見学会を、2月くらいに行いたいと考えております。つきましては、▲▲業界におきまして大変先進的な御社工場を見学させていただきたく思いご連絡させていただきました。もしもご都合がよろしければ、下記の趣旨にてお願いしたく思っております。ご多忙とは思いますがよろしくご検討をお願い申し上げます。
　本学の経営学学習へのご理解をいただき、なにとぞご高配を賜りますようにお願い申し上げます。この点につきましては、後ほどまたご連絡させていただきます。
　上のようにお願い申し上げます。

　　　　　　　　　　　　　　　　　　　　　　　　　　　　敬具

記

○○大学経営学部・経営学ゼミの工場見学会企画の要領

1. 趣旨
　授業の一環として、先進的企業御社の工場見学を行い、理解を深めたいと思っております。
2. 見学希望内容
　全部で1時間半程度でお願いできればと思っております。
　　1）御社の事業概要
　　2）御社の工場見学（見学ラインの見学）
　　3）御社の今後の新製品生産についての基本的な考え方についての質疑応答
4. 参加人員
　10名程度
5. 希望日時
　こちらの勝手な希望で申し訳ないのですが、下記でお願いいたしたく思います。
　　　第1希望　4月　5日　午後1～3時
　　　第2希望　4月12日　午後1～3時
6. 代表者及び見学会連絡責任者
　　○○大学経営学部経営学ゼミ・代表　□田○子
　　住所：〒999-8888　○田市△区×田3－5－12
　　電話・ファックス：000-000-0000
　　電子メール：shikaku@student.marumaru-u.ac.jp
7. 指導教員
　　○○大学経営学部・教授　　△山正○
　　電話・ファックス：000-000-0000
　　電子メール：sankaku@teacher.marumaru-u.ac.jp
　　　　　　　　　　　　　　　　　　　　　　　　　　　　以上。

図17-5　工場見学申し込みの文面

KEY WORD 2　「経営」について深く学ぶ

専門の議論にふれよう　企業や団体の経営についての基本的な知識が身につき，イメージがもててきたら，より深く勉強したくなるだろう。それについて，3つのやり方を示したい。1つは，もう少し専門的な授業でその内容にふれていくことである。2つめは，ゼミという場での勉強である。こうした専門的な内容について共通の関心をもった他の学生や知人とともに，そうしたことの専門家である先生の行うゼミや小人数クラスで相互に関心を刺激しあいながら勉強することである。3つめは自分でテーマを設定して，それについてレポートでまとめることである。

　まず専門的なことを勉強することであるが，これはそうしたことを教える講義の科目をとることである。図17-1で経営学の科目例を示した際に，入門的な科目の上にさらに専門的な内容の科目や経営に関連する科目のいくつかの例について示した。こうした専門的な科目では，企業を中心とした経営のより深い内容について議論している。たとえば，国際経営論では，日本企業が海外進出したり，そのビジネスを国際化したりすることをどのように行い，どのような問題を抱えているのかについて教えてくれる。またそうした専門的な科目に対応して，さまざまな経営についての専門的な本が出版されている。「組織マネジメント」「イノベーション・マネジメント」などのさまざまな深いテーマの本が出されている。こうした本は，大学の図書館の経営学のコーナーに行くと数多く見られる。

ゼミに参加しよう　ゼミ（演習）や場合によっては小人数クラスというのは，少ない人数で，ある専門的なテーマについて，共通の関心をもった仲間と交流しながら主体的に学べる場である。最近は，ヒトづきあいが嫌いで，こうした場に参加することに消極的な学生が多いが，ゼミは経営についての専門的なテーマを仲間と交流しながら学べる大学らしい数少ない場であるので，ぜひ積極的に参加しよう。

　ゼミでは，基本的に経営についてのある特別なテーマについて，それに専門の先生の指導のもとで，共通の関心をもつ少人数の仲間と学んでいく。ゼミにはさまざまなやり方があり，それは指導の先生の勉強のスタイルによって変わ

ってくるけれども，ここでは基本的な場合について説明したい。多くの場合，基本的なやり方は，ある経営的なテーマについての専門的な本を一緒に読み，それについての議論や先生からの補足的な講義を受けたり，そのテーマに関連して自分たちで調べ，意見をまとめて自由報告を行ったりするものである。ゼミの良さはいろいろとあるけれども，まず共通の関心をもつ仲間と交流しながら勉強することである。専門的なことは難しく，1人ではなかなかに勉強が進まない場合が多い。それに対して，ゼミでは仲間と一緒に勉強することができる。そしてある専門的なテーマについて，仲間と考え方について一緒に理解したり，別の見方を交流しあったりすることができる。たとえば，「安さを追求する商品作り」が経営的に優れているかについて，人によっては少し異なる意見が見られるだろう。たしかに安さは消費者にとって魅力である。けれども，安さを追求するために，品質が悪くなったり，デザインが悪くなったりすると顧客は離れていくだろう。仲間同士でいろいろな意見を言いあったり，共有できることについて共感しあうのは楽しい。

　ゼミの基本的な流れは，ある決められた本や資料を何人かで分担をして読む場合には，次のような3段階からなっている。まず，①その日の報告者がその本の一部もしくは全部を報告する。その際に，レジュメを作り，それに従い報告内容をプレゼンテーションしながら行う。次に，②その報告について，教員や他の参加者から質問やコメントをもらう。場合によっては教員のほうから補足的な事柄について説明が行われる。そして，③その報告の内容について，教員や参加者全員で意見交換や議論を行う。最後に報告者や司会役の人間が報告や議論の内容を取りまとめる。

　ゼミの活動については，さらに深めるやり方がある。まず，M&Aについてもっと知りたいとか，国際経営について少し勉強したいとか関心がわいたときには，「サブゼミ」をつくるというやり方がある[3]。サブゼミはゼミのメンバーでさらに深く勉強をしたいことがらが出てきたときに，学生自分たちで自主的に行う勉強会である。臨時に1，2回行うだけでもいいし，ずっと続けてもいい。要は自分の関心を深めるために仲間と自主的に勉強会を開くことである。次に，自分たちの勉強した成果や何をやってきたかについてホームページを作成して，自分たちで記録を共有したり，全国に情報発信したりすることを行う。

ゼミでホームページをもっている例は数多くある。

レジュメを作る　こうしたゼミにおける基本技術として重要なのは，レジュメを作ることと，報告を行うこと（プレゼンテーション）である。報告を行うことは，次節でふれるので，ここでは，レジュメを作る際の重要なポイントについてふれたい。レジュメは，大きくは２通りの場合がある。１つは，ある決められた教科書や本の一部をまとめて報告するためのものである。もう１つは，自分たちで決めた課題やテーマについて自主的に調べて，意見をまとめたものを報告する場合である。まずここでは，前者がよく行われるので，その際のレジュメでのポイントをおもにふれたい。後者については後でふれることにしたい。ある本についてまとめてレジュメを作る際に，基本的なポイントには以下の３つがあるだろう。そして，こうしたポイントに従ったレジュメの例を図17-6に示しておく。

①議論の流れがつかめるようにまとめること。その際に，重要な概念や考え方を中心に抜き出しながら，議論の流れを表すかたちで作ること。

②わからない専門的な言葉や考え方は辞書や参考書で調べておくこと。たとえばCEOやM&A，企業文化などという言葉は，図書館で経営学事典や『経営用語の基礎知識』を見ながら調べておくこと。

③最後に，自分の感想や疑問，コメントそしてゼミで討議する論点を書いておくこと。これは，教科書や本をただ受け身に読むのではなく，より積極的に内容を理解するために行うものである。例に沿えば「国境を越えて合併したほうが改革にとって良かった」という主張の場合には，別の見方を示して疑問や反論点を示すことが，理解を深めるうえで大切であるだろう。

レポートにまとめる　ゼミでは，ふだんのように教科書や本を読み進めていくのではなく，ある程度経営に関するテーマについて設定して，自分で勉強したり，調べたり，考えたりしたことをまとめて報告することも行う。こうしたものを自由報告的なレポートという。とくに，グループ課題の報告や卒業論文の作成などではこうした大きな課題を設定して，自主的にまとめてレポートを作成することを行う。こうした自由報告とレポートの仕方については数多くのハウツー本が出ているので，ここでは概要だけふれた

```
2. ケース：ABBの国際戦略
2.1  ABBの誕生
●ABB＝欧州最大の重電メーカー
 ・世界140ヵ国に21万人
 ・1988：アセア社（スウェーデン）＋ブラウン・ボベリ社（スイス）が合併
 ・欧州における2大重電メーカーの対等合併と電力プラント事業の再編
●変えた人物： 会長兼CEO※  パーシー・バーネヴィック
     ※注 CEO：経営最高責任者
     「企業の形成，改組，合併や解散や基本方針，戦略の形成，最高人事，事業活
     動全般，管理者活動の統制などに最終的責任を負い，また意思決定をする権限
     を有する人物。日本の代表取締役にあたる」
     （有斐閣『経済辞典』）
 ・1941年生まれ，スウェーデン，イェーテボリ経済大学でMBA取得
 ・1980年にアセア社社長に抜擢
●大企業病に苦しむアセア社への一連の改革
 ・研究開発や事業の国際化
 ・小さな本社へ
●ABBの誕生の意味
 ・欧州の経済地図の変化→廃合と合理化→欧州大陸での電力産業の再編
 ・M&A※を通じて米国事業への展開
     ※注 M&A：「企業の合併及び買収のこと」，提携や合弁企業も含まれる
     （野村経済研究所『経営用語の基礎知識』29頁）

            ＊＊＊＊＊＊ 中略 ＊＊＊＊＊＊

■疑問点
 ・なぜ，バーネビック会長はアセア社を改革できたのだろうか。彼以前の経営者は，
  なぜ大企業病を改革できなかったのだろうか。
■議論する点
 ・別の国と合併するよりも，自分の国の会社と合併したほうがより容易に改革できた
  と思われるのではないだろうか。
```

①話の流れを整理 重要な概念や文を整理。記号を用いてわかりやすくする。

②重要だが不明な言葉は辞典などで調べる。

③自分で思った疑問点や問題点，解釈を最後につける。

図17-6　レジュメの例[4]

い。詳しくは，東北大学経営学グループ編『ケースに学ぶ経営学』（有斐閣，1998年）の第18章や滝川好夫『アピールできるレポート／論文はこう書く』（税務経理協会，2004年）を参考にしてほしい。自主的な課題の設定によるレポートの作成は以下のプロセスで行う。

　①テーマを設定し，何が問題かを考える。
　②そのテーマについて教科書や本，ノートを用いて基本的なことがらを調

べる事前調査を行う。
　③②で調べたことを整理して，テーマを再検討して明らかにしたいことを
　　より明確化する。そしてさらに専門的な本や雑誌を調べて深い知識や
　　考え方を知る。
　④実際の経営についてのデータや情報が必要かを考える。必要な場合には，
　　現実の企業や団体，組織の経営についての調査を行い，現場のデータ
　　や情報を収集する。
　⑤そうしたことをまとめてレポートを作成し，見なおしを行う。
　あるテーマや課題について，知識や情報，データを集める際には，大学や一般の図書館をよく使うことになる。そうした使い方や経営のデータの収集の仕方についても『ケースに学ぶ経営学』の第18章を参考にするといい。

KEY WORD 3　「経営」について語る

発表の仕方　最後に，経営についての自分の知識や考え方を多くの人に対して口頭で発表することについて基本的なやり方を考えてみよう。ゼミや小人数演習では，経営について報告する機会があるだろう。また，それだけではなく，将来的にビジネス用のプレゼンテーションの訓練として，経営について自分が学んだことを発表することを積極的に行ってほしい。ここでは，ゼミでの口頭発表を念頭におきながら，視覚機器を活用した報告発表の仕方についてその注意点を大まかにふれたい。

　口頭での報告発表の仕方はプレゼンテーションの仕方と近い。プレゼンテーションとは，一般的にビジネスの場面でよく用いられる。それは「何らかのメッセージの伝達によって，個人または集団の態度を変えようとする意図的な試み」と定義される[5]。どちらかというとプレゼンテーションは，コミュニケーションによる相手の説得や行動変容に重点がおかれる。ここでは，ゼミにおいて，①割り当てられた教科書や資料を分担して報告する場合，②卒業論文や自由報告のように自分で課題やテーマを設定して報告する場合の2つを念頭におく。ビジネスのように売り込む必要はないけれども，できるだけ，説得的な話し方を心がけ，ゼミのメンバーの経営に対する見方や考え方を深めようとする

方向を目指すべきである。

口頭発表の準備　プレゼンテーションにおける口頭発表の準備や実行での仕方を大まかに説明する場合に，①その計画，②事前準備とリハーサル，③実演において，一般的な流れと注意点がある[6]。

①**プレゼンテーションの計画**　計画としては，よくプレゼンテーションの計画書を作ることが行われる。その計画では次の4つのポイントがチェックされる。

1）発表や趣旨の明確化……何を発表するのかをはっきりさせることである。この場合は，ゼミにおいて，自分が経営について教科書を読んで理解したことや自分で課題設定したことを口頭発表することであるので，できるだけ自分が発表内容について理解をし，わかりやすく説明できる内容にすることが第一である。とくに，卒業論文や自由報告の場合には，発表することがらを明確にすることが大切である。

2）目的の明確化……何のために報告するかである。ゼミの場合には，自分の口頭発表が，経営について仲間の学習を進めて，彼らの考え方や見方を高めることにある。

3）聞き手の調査・分析……聞いている相手がどんな人であるかを考えることである。ゼミである場合には，上級生は，多少経営学についての知識をもっているが，下級生はそうでもない。つまり聞き手の①経験や知識のレベル，②彼らの考え方についてよく考えて，聞き手にあわせた発表の仕方を心がける。たとえば基本的な専門用語についてもできるだけ，辞書や教科書の説明を調べて利用をすることも1つである。

4）客観的なデータの収集……発表するテーマについて客観的なデータがあると，聞き手は理解しやすい。たとえば，コーポレート・ガバナンスについて話すときに，新聞記事などを調べてガバナンスの改革を行っている企業のアンケート調査の結果をあげたり，実例を付加したりすると理解しやすい。教科書を割り当てられる場合には，あるテーマについて他の著者はどのような考え方かを参考的に示すのでもよい。たとえば，コーポレート・ガバナンスについては，ある人々は，株主との関係だけで考えているけれども，別の人々は広く地域社会関係者も含めて考えているという議論の仕方のちがいがあるが，それを

示したりする。とくに自由報告の場合には，できるだけ客観的なデータを交えると聞き手の理解は上がる。

②**事前準備とリハーサル**　口頭発表の内容については，割り当てられた課題の報告と自由報告のパターン別に後で述べる流れのかたちに従って，事前に準備を行う。基本的には，①レジュメの作成，②そこから視覚資料の作成，③発表原稿の作成を行う。まず報告用のレジュメを作り，報告の内容を整理する。その後で，パワーポイントやOHPシートを使って口頭発表する際のポイントを整理して，スライドのような報告用の視覚資料を作る。よくパワーポイントの原稿でレジュメを代用する人がいるが，慣れていない人は，パワーポイントの原稿が「ポイント」になっておらず，だらだらと大文字で続いて大変に見づらい公害のような発表をすることが多い。だから，短くてもよいからレジュメを作り，そのハイライトとして視覚資料を作るべきである。そして最後に発表の進行の仕方についてもふれた発表原稿を作る。発表原稿は，レジュメに対して，口頭発表の進行を進めるセリフやト書きを加えた台本である。これにはたとえば，「パワーポイントの5枚目の説明をここで行う」などの進行のト書きも加えたりする。

　それにもとづいて，少なくとも2,3回は報告のリハーサルをしよう。リハーサルの目的はいろいろとある。実際に口頭発表を予行演習してみると，説明の流れがスムーズであるか，自分が報告内容を十分に理解しているのか，内容の説明に適切な言葉づかいをしているか，そして時間配分が実際にうまくいくのかなどを試すことができる。1人でもできるが，友人に聞いてもらえれば，説明の適切さや理解を増す工夫が，反省をしながら行える。何といっても多くの人は発表の際にあがってしまうので，事前にリハーサルをしたほうがよい。また，液晶プロジェクターやパソコン，OHP機器を使う場合には，実際にそうした機器を用いて事前に試したほうが当日の操作トラブルが少なくなりよい。また，報告する当日は15～30分程度，早めに会場に行って，自分のプレゼンテーションに使う会場の機器を試したほうがよいだろう。

実演のポイント　実際の口頭発表のポイントは，聴衆との相互作用のコミュニケーションを楽しんで行うことである。そのポイントは大きくは3つある[6]。

①**大きな声で客観的に説明する**　会場にいる聴衆に聞こえるくらいの声の大きさで，相手を見ながら，自分のテーマを客観的にわかりやすく説明していくことである。多くの人は，あがってしまうので，相手のことを見ながらその理解度を確かめながら発表することがおろそかになってしまう。口頭発表は，双方向のコミュニケーションである。相手の理解を，彼らの表情や反応から確かめながら発表を進めていく。

②**アイ・コンタクトをする**　アイ・コンタクトは，相手の目を見て，反応を確認しながら話を進めていくことである。恥ずかしいので，発表用原稿だけを見て話をしたり，パワーポイントやスライドが投影されるスクリーンだけを見て話をしたりして，まったく聴衆を見ない人がいるがそれはよくない。人は誰でも，当たり前だが，自分に話しかけない人の話は聞かないものである。だから，できるだけ相手の目を見て，話を聞いてもらうようにしよう。

③**スクリーンを見せる工夫をする**　スクリーンにパワーポイント，スライド，OHPシートの画像を投影して発表するので，スクリーンを効果的に見せることを心がけたい。こうしたスクリーンの文字や図表を投影しながら発表することのメリットは，聴衆は，投影された画面情報を見ながら話を聞くことができるので，話の流れがつかみやすく，理解もしやすい。そのためには，スクリーンに映る画像をできるだけ気持ちよく見てもらう工夫をしたい。たとえば，話し手は，スクリーンの前に立って画像投影を邪魔したりせず，スクリーンの近くに立ち適宜説明を加える。また私が，最初に英国人の先生に注意されたのは，必要なときに必要な箇所だけをパワーポイントの画像で映し，聴衆を自分の話にできるだけ集中させるということである。つまり，スクリーンの画像はあくまでも，自分の口頭発表を補助するだけであり，自分の話が一番中心だという意識をもつべきである。

④**レジュメや資料を配付しよう**　口頭発表の際には，それについてのレジュメや報告用の資料をきちんと聴衆に配布して，聴衆がそれを確認しながら，自分の話についていけるようにしよう。

⑤**楽しく話そう**　当たり前だけど，聞き手は，緊張した話し手がこわばった表情でつらそうにする話を聞くのはとてもつらい。口頭発表では，双方向コミュニケーションを心がけ，相手とのアイ・コンタクトをして，自分でも「楽

しく」話すことを心がけよう。

口頭発表の流れ　口頭発表は，レジュメやパワーポイントを棒読みするのではなく，あくまでも口頭での対面的なコミュニケーションである。その基本的な流れは，聴衆に対して，あるテーマに関して語りかけて，関心をもってもらい，説明をし，理解をしてもらうことをすることである。もちろん，①割り当てられた教科書や資料を報告する場合と，②自由報告では若干異なることがある。ただ，基本的な流れは似ている。

口頭発表の基本的な流れは，はじまり，報告の本論，まとめの3部から構成されている[7]。つまり，プレゼンテーションとは，最初に今日話すポイントを話し，次にその内容を詳細に話し，最後にそのポイントをまとめるかたちで行う。とにかく3度同じことを別の言い方で繰り返し伝えるやり方で行うのが基本である。それぞれの部分で語るべき内容とするべき行動がある。

①**はじまり（オープニング）**　今日の報告の内容についてごく簡単に紹介をする。1，2分とできるだけ短い方がよい。話が始まる前に，たいてい聴衆は別のことに気をとられたり，ざわついていたりしているので，話の冒頭はできるだけ，内容に関連した冗談や軽い話をして，聴衆の注目を軽く引きつけて，ソフトに話が始まったことを理解させる。そしてその次に，本日のテーマや課題について簡潔に紹介する。ここでは今日のテーマ，その重要性，そして本日の話のポイント，話しの流れを説明する。そして本題へと移っていく。

②**報告の本論**　報告の本論は，準備した報告の内容について説明を行う部分である。レジュメに沿って，パワーポイントやOHPシートを使いながら，内容を説明していく。本論は，その話の流れを明確に示しながら進めていく。

③**まとめ（クロージング）**　まとめでは，今日の発表についての内容をまとめて，ポイントの理解を再確認するかたちで進めていく。まず，発表内容のまとめを行う。そして，今日の話の重要なポイントとその意義の大切さを強調する。そして，最後に聞いてもらった御礼を聴衆にして終わりにする。

こうした流れはもちろんパターンによって異なる。

（A）割り当てられた課題について話す　この場合には，①まず今日説明する本や資料，課題についての簡単な紹介をする。そこでは自分の担当部分の重要なポイントを紹介し，今日の話の流れを説明する。②そしてレジュメに沿っ

```
┌─────────────────────────────┐  ┌─────────────────────────────────┐
│  ABBの国際化                 │  │  ABBの組織構造                    │
│ ● 欧州最大の重電メーカー        │  │ ● 世界をめぐる事業ネットワーク       │
│ ● 変えた人物                  │  │ ● 140の国と4つの事業を             │
│   会長兼CEO パーシー・バーネヴィック│  │   組織するグローバルマ              │
│ ● アセア社＋ブラウン・ボベリ社が88年合併│  │   トリックス組織構造              │
│ ● 欧州における電力プラント事業の再編   │  │ ● 小さな本社と5000プロ            │
│ ● M&Aを通じて米国事業への展開       │  │   フィットセンター                │
│ ● 多国籍化の進展                │  │ ● トップ・マネジ                  │
│                            │  │   メント・フォー                  │
│                            │  │   ラム                          │
└─────────────────────────────┘  └─────────────────────────────────┘
```

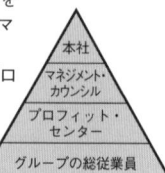

図17-7 パワーポイントの実例

てその分担課題についての説明を進める。本論の終わりに自分のコメント・疑問点を述べる。そして，③最後に，今日の分担課題の重要なポイント，意味について再度確認し，今日のゼミで議論するポイントをあげる。

（B）自由報告を話す　自分で設定したテーマや課題について話す場合である。この場合には，まず，①自分の取り上げるテーマや課題，その重要性，自分の取り上げる見方や考え方の独自性，そして今日の報告の流れについて大まかに説明する。次に，②報告の本論に入る。基本的には，テーマについての説明，その問題点，これまでの研究や説明でわかっていることの整理，そして自分としてのそのテーマについての説明や解釈を行う。また報告が実態を調査分析するものであるならば実際の調査分析データの検討も行う。③最後に今回の報告の内容を要約し，そのポイントを再確認する。自分の報告の他の人に対する意義，今後の課題についても述べる。

視覚資料の活用　今日，パワーポイントをはじめとしたプレゼンテーション用の視覚機材の発達と普及が進み，これを上手に使うと聴衆の理解を高めやすい。じつはパワーポイントも，OHPシートも，スライドも，その特徴は同じように，報告内容のポイントを整理して視覚的にいくつかの画面に要約して示すことにある。今日マイクロソフト社のパワーポイントが普及したので，これを用いて口頭発表を視覚的に演出することで聴衆の理解を高めることが容易になった。視覚資料のもっとも効果的な使い方のポイントは，①枚数をできるだけ少なくした流れの「円滑さ」，②各画面での要

点を整理した「簡潔さ」と，③図の活用による説明の「明解さ」を心がけることにある。よくないパワーポイントの原稿はこれと反対で，やたらと枚数が多く，要点が未整理であり，理解しづらいつくりであることが多い。最近あるアメリカの企業では，むしろパワーポイントを禁止して，より短いプレゼンテーションを促進しようとしている。視覚資料の手段を使うことの目的は，楽しくわかりやすく経営や経営学について生産的にプレゼンテーションをすることである。

ブックガイド

滝川好夫『アピールできるレポート／論文はこう書く！』税務経理協会，2004年。　手軽にレポート，小論文，プレゼンテーションについてのやり方が説明してある。

東北大学経営学グループ『ケースに学ぶ経営学』有斐閣，1998年。　この第18章において，経営学でのレポートの書き方についての注意が簡単に書いてある。企業についての情報の集め方や，そのまとめ方，参考文献のつけ方が書かれている。

畑山浩昭他『自己表現の手法：文章表現・コミュニケーション・プレゼンテーション』実教出版，2004年。　大学の教育活動での，小論文の作り方，プレゼンテーションの仕方，パワーポイントの使い方までが細かく出ている。

注

1) Crainer（2000）を参照。
2) サントリー株式会社のHP（http://www.suntory.co.jp/factory/）より。2005年10月5日現在。
3) 野村（1999）を参照。
4) レジメの対象とした文章は，東北大学経営学グループ（1998）の冒頭部分。
5) 江村（1982）を参照。
6) 早川（2004）を参照。
7) Walters & Walters（2002）第2章を参照。

おわりに

　ここ数年で「戦略を立てて組織をつくって人を動かす」ことが経営学の内容のエッセンスであるという点に関してはほぼ合意ができつつあるのではないだろうか。このことは戦略論と組織論と人的資源管理論が経営学の中心になることを意味している。戦略論に関しては，企業全体の観点からみずからの事業領域を決定する全社レベルの企業戦略の話（1章）と，同様の事業を行う競争相手に対する競争優位性をいかに確保し長期的に維持するかという競争戦略の話（2章）に区分することができる。

　組織論に関しては，ヒエラルヒー型（階層型）組織からネットワーク型組織への転換をどう進めるか（3章），トップの経営理念やビジョンや戦略にフィットするような組織をいかに計画的にデザインするか（4章），古い企業文化を改変して新しい企業文化をいかに醸成していくか（5章），組織固有のダイナミックな特性を見通すためには，どのようなメガネで組織を見ればよいか（6章），などのテーマが重要になる。

　最後の人的資源管理論については，組織内外でみずからのキャリアを形成し自分らしい生き方をつくっていく（7章），組織の中で目的達成に向けて人をどのように誘導するか（8章），何が人をヤル気にさせるか（8章），誰がどのようにして起業家になるか（9章），学習する主体として組織を考える（10章），など多様なテーマが並んでいる。

　しかし本書の目次を一瞥してもわかるように，「経営戦略を立てる」ことや「組織をデザインすること」や「リーダーシップを発揮しヤル気を引き出しキャリアをつくる」こと以外にも非常に多くのテーマが経営学で話題になっている。こうした動きは，第Ⅲ部のNPO問題，イノベーション問題，環境問題，企業倫理問題，女性問題などを扱っている章を一読するだけで理解してもらえるのではないだろうか。これ以外にも，障害者雇用や支援，ホームレス，福祉

ビジネス，など多くの社会的問題が顕在化している。そしていずれのテーマも経営学と無関係とはいえなくなりつつある。むしろこうしたテーマについて積極的に発言していくことが求められる時代になっているのではないか。

経営学＝金儲けの学問というイメージから経営学に取り組む学生も多い。経営学＝企業を研究する学問，経営学＝経営者のための学問，という発想をする学生も多い。しかしこれからは，金儲けだけでなく，社会的問題を解決しながらいかに社会に貢献するかという視点が必要になるのではないか。また営利組織としての企業だけでなく，NPOやNGOを含むさまざまな組織体を研究する学問であることも強調したい。さらに経営者のための経営学，トップのための経営学だけではなく，ミドルやローワ，さらには一般社員のための経営学という視点も必要であろう。

経営学を勉強すると考え方が積極的になり自分の生き方まで主体的になると講義していた高名な経営学者のことを聞いたことがある。起業やイノベーションや戦略やリーダーシップなど経営学の言葉には主体的で革新的なニュアンスが含まれていることが多い。はじめて経営学を学ぶ大学院生を含むビジネスマンの人は，経営学の扱う領域が広範囲になりつつあることを理解しながら，今後生じてくるであろうさまざまな社会的問題や社会的課題に対して積極的に発言していくための勇気や元気の元として，さらには現実の社会的問題を発見し解決策を探し出すときの知恵袋として経営学的思考を身につけてほしいと思う。また学部1年2年で経営学を勉強する学生は，本書で提起した数多くのテーマの中から夢中になれるテーマを選び，そのテーマの動向についてアンテナを張り巡らしながらより深い洞察力で本質を探し出す努力を続けてほしい。

佐々木利廣

参考文献

【第1章】

Ansoff, H. I.（1965）*Corporate Strategy*, McGraw Hill.（広田寿亮訳『企業戦略』産業能率大学出版部，1997年）

Barnard, C. I.（1938）*The Functions of the Executive*, Harvard University Press.（山本安次郎・田杉競・飯野春樹訳『経営者の役割』ダイヤモンド社，1968年）

Barney, J. B.（2001）*Gaining and Sustaining Competitive Advantage*, 2ed, Prentice-Hall.（岡田正大訳『企業戦略論』（上）（中）（下），ダイヤモンド社，2003年）

Chandler, A. D.（1962）*Strategy and Structure : Chapters in the History of the Industrial Enterprise*, MIT Press.（有賀裕子訳『組織は戦略に従う』ダイヤモンド社，2004年）

石井淳蔵・加護野忠男・奥村昭博・野中郁次郎（1996）『経営戦略論』有斐閣。

伊丹敬之（2005）『経営戦略の論理』日本経済新聞社。

伊丹敬之・加護野忠男（2003）『ゼミナール経営学入門 第3版』日本経済新聞社。

桑田耕太郎・田尾雅夫（1998）『組織論』有斐閣。

Penrose, E.（1959）*The Theory of the Growth of the Firm*, Basil Blackwell.

新宅純二郎（1994）『日本企業の競争戦略』有斐閣。

【第2章】

Arrow, K. J. (1974) *The Limits of Organization*. W. W. Norton.

伊丹敬之 (2003)『経営戦略の論理 第3版』日本経済新聞社

Lippman, S. A. & Rumelt, R. P. (1982) Uncertain Imitability: An Analysis of Interfirm Differences in Efficiency under Competition, *The Bell of Economics*, Vol.13, No.2, pp.418-438

Porter, M. E. (1980) *Competitive Strategy*. Free Press.（土岐坤・中辻萬治・服部照夫訳『競争の戦略』ダイヤモンド社，1982年）

Rumelt, R. P. (1984) Toward a Strategic Theory of the Firm, in R. Lamb (ed.), *Competitive Strategic Management*, Prentice Hall, pp.556-570.

【第3章】

芦塚格（1998）「ベンチャー企業とネットワーク」，忽那憲治他編『日本のベンチャー企業：アーリーステージの課題と支援』日本経済評論社。

Burns, T. & Stalker, G. M.（1967）*The Management of Innovation*, Tavistock.

Daft, R. L.（1997）*Organization Theory and Design*, 6th ed, South-Western College Publishing.

Doz, Y. L. & Hamel, G.（1998）*Alliance Advantage: The Art of Creating Value through Partnering*, Havard Business School Press.（和田正春訳『競争優位のアライアンス戦

略：スピードと価値創造のパートナーシップ』ダイヤモンド社，2000年)
Granovetter, M（1985）Economic Action and Social Structure: The Problem of Embeddedness, *American Journal of Sociology*, Vol.91, No.3, pp.481-510.（渡辺深訳「経済行為と社会構造」,『転職：ネットワークとキャリアの分析』ミネルヴァ書房，1998年)
Gulati, R.（1998）Alliances and Networks. *Strategic Management Journal*, No.4, pp.293-317.
Knoke, D.（2000）*Changing Organizations: Business Networks in the New Political Economy*, Westview Press.
松行彬子（2000）『国際戦略的提携：組織間関係と企業変革を中心として』中央経済社。
Miles, R. E. & Snow, C. C.（1995）The New Network Firm: A Spherical Structure Built on a Human Investment Philosophy, *Organizational Dynamics*, Vol. 23, No.4, pp.5-17.
下谷政弘（1993）『日本の系列と企業グループ：その歴史と理論』有斐閣。
寺本義也（1990）『ネットワークとパワー——解決と構造』NTT出版。
Rifkin, J.（2000）*The Age of Access*, Jeremy P. Tarcher.（渡辺康雄訳『エイジ・オブ・アクセス』集英社，2001年)

【第4章】

Barnard, C. I.（1938）*The Functions of the Executive*, Harvard University Press.（山本安次郎・田杉競・飯野春樹訳『経営者の役割』ダイヤモンド社，1968年)
Chandler, A. D., Jr.（1962）*Strategy and Structure*, MIT Press.（三菱経済研究所訳『経営戦略と組織』実業之日本社，1967年)
Daft, R. L.（2001）*Essentials of Organization Theory & Design*, 2nd ed, South Western College.（高木晴夫訳『組織の経営学』ダイヤモンド社，2002年)
Davis, S. M. & Lawrence,P.R.（1977）*Matrix*, Addison-Wesley.（津田達男・梅津祐良訳『マトリックス経営』ダイヤモンド社，1980年)
古川久敬（1988）『組織デザイン論』誠信書房。
Galbraith, J. R.（1980）*Designing Complex Organization*, Addison-Wesley.（梅津祐良訳『横断組織の設計』ダイヤモンド社，1980年)
Galbraith, J. R.（2001）*Designing Organizations : An Executive Guide to Strategy, Structure, and Process*, Jossey-Bass.（梅津祐良訳『組織設計のマネジメント』生産性出版，2002年)
Galbraith, J. R. & Nathanson, D.（1978）*Strategy Implementation*, West Publishing.（岸田民樹訳『経営戦略と組織デザイン』白桃書房，1989年)。
Gerstner, L. V.（2002）*Who Says Elephants Cant Dance?: Inside IBM's Historic Turnaround*, Harperbusiness.（山岡洋一・高遠裕子訳『巨象も踊る』日本経済新聞社，2002年)
稲葉元吉（1979）『経営行動論』丸善。
岸田民樹（1985）『経営組織と環境適応』三嶺書房。
Miles, R. E. & Snow, C. C.（1994）*Fit, Failure, and the Hall of Fame: How Companies Succeed or Fail*, Free Press.
Mintzberg, H.(1983) *Structure in Fives: Designing Effective Organizations*, Prentice-Hall.
Nadler, D. & Tushman, M.（1988）*Strategic Organization Design*, Scott, Foresman and

Company.（斎藤彰悟・平野和子訳『競争優位の組織設計』春秋社，1999年）
沼上幹（2004）『組織デザイン』日本経済新聞社．
Pfeffer, J.（1978）*Organizational Design*, AHM Publishing.
Roberts, J.（2004）*The Modern Firm*, Oxford University Press.
Scott, W. R.（2002）*Organizations: Rational, Natural, and Open Systems*, 5th ed, Prentice-Hall.
寺本義也（1990）『ネットワーク・パワー』NTT出版．
山倉健嗣（1998）「組織論の構想」,『横浜経営研究』Vol.19, No.2, pp. 167-177.
横浜国立大学経営研究グループ編（1993）『現代経営学への招待』有斐閣．

【第5章】
Deal, T. E. & Kennedy, A. A.（1982）*Corporate Cultures*, Addison-Wesley.（城山三郎訳『シンボリック・マネジャー』岩波書店，1997年）
伊丹敬之・加護野忠男（2003）『ゼミナール経営学入門 第3版』日本経済新聞社．
北居明（2000）「組織文化」, 加護野忠男・山田幸三監修『戦略型ビジネスリーダー養成コース2』日本能率協会マネジメントセンター．
Kono, T. & Clegg, S. R.（1998）*Transformations of Corporate Culture*, Walter de Gruyte.（吉村典久・北居明・出口将人・松岡久美訳『経営戦略と企業文化』白桃書房，1999年）
Peters, T. J. & Waterman, R. H. Jr.（1982）*In Search of Excellence*, Harper & Row.（大前研一訳『エクセレント・カンパニー』英治出版，2003年）

【第6章】
Aldrich, A.E.（1999）*Organizations Evolving*, Sage.
Argyris, C.（1957）*Personality and Organization: The Conflict between System and the Individual*, Harper & Row.（伊吹山太郎・中山実訳『新訳 組織とパーソナリティ』日本能率協会，1970年）
Barnard,C.I.（1938）*The Functions of the Executive*, Harvard University Press.（山本安次郎・田杉競・飯野春樹訳『新訳 経営者の役割』ダイヤモンド社, 1968年）
Carroll, G.R. & Hannan, M.T.（2000）*The Demography of Corporations and Industries*, Princeton University Press.
岸田民樹（2001）「状況適合理論」, 山倉健嗣・岸田民樹・田中政光『現代経営キーワード』有斐閣．
Burns, T. & Stalker, G.M.（1961）*The Management of Innovation*, Tavistock.
DiMaggio, P.J. & Powell, W.W.（1983）The Iron Cage Revisited: Institutional Isomorphism and Collective Rationality in Organizational Fields, *American Sociological Review*, Vol.48, No.2, pp.147-160.
Hannan, M.T. & Freeman, J.（1989）*Organizational Ecology*, Harvard University Press.
Lawrence, P.R. & Lorsch, J.W.（1967）Organizations and Environment, Harvard Business School.（吉田裕訳『組織の条件適応理論』産業能率大学出版部, 1977年）

March J.G. & Simon, H.A.（1958）*Organizations*, John-Willy.（土屋守章訳『オーガニゼーションズ』ダイヤモンド社, 1977年）

McGregor, D.C.（1960）*The Human Side of Enterprises*, McGraw-Hill.（高橋達男訳『企業の人間的側面』産業能率大学出版部, 1966年）

McKelvey, B. & Baum, J.A.C.（1999）Donald T. Campbell's Evolving Influence on Organizational Science, in J.A.C. Baum & B. McKelvey（eds.）, *Variations in Organization Science: in Honor of Donald T. Campbell*, Sage, pp.1-15.

Merton, R.K.（1957）*Social Theory and Social Structure*, 2nd ed, Free Press.（森東吾ほか訳『社会理論と社会構造』みすず書房, 1961年）

Meyer, J. & Rowan, B.（1977）Institutionalized Organizations: Formal Structure as Myth and Ceremony, *American Journal of Sociology*, Vol.83, No.2, pp.340-363.

中牧弘允・日置弘一郎編（1997）『経営人類学ことはじめ――会社とサラリーマン』東方出版。

野中郁次郎（1990）『知識創造の経営――日本企業のエピステモロジー』日本経済新聞社。

Roethlisberger, F.J. & Dickson, W.J.（1938）*The Management and the Worker*, Harvard University Press.

Simon, H.A.（1957）*Administrative Behavior : A Study of Decision-Making Processes in Administrative Organization*, 2nd ed, MacMillan.（松田武彦・高柳暁・二村敏子訳『経営行動』ダイヤモンド社, 1965年）

Taylor, F.W.（1911）*The Principles of Scientific Management*, Harper.（上野陽一訳『科学的管理法』産業能率大学出版部, 1957年）

Thompson, J.D.（1967）*Organizations in Action*, McGraw-Hill.（高宮晋監訳、鎌田伸一・新田義則・二宮豊志訳『オーガニゼーションズ　イン　アクション』同文舘, 1987年）

Weber, M.（1956）*Wirtschaft und Gesellschaft*, 4.Aufl, J. C. B. Mohr.（世良晃志郎訳『支配の社会学Ⅰ』創文社, 1960年）

Weick, K.E.（1979）*The Social Psychology of Organizing*, 2nd ed, Mcraw-Hill.（遠田雄志訳『組織化の社会心理学　第2版』文眞堂, 1997年）

Woodward, J.（1965）*Industrial Organization*, Oxford University Press.（矢島鈞次・中村寿雄訳『新しい企業組織』日本能率協会, 1970年）

【第7章】

Argyris, C.（1964）*Integrating the Individual and the Organization*, John Wiley & Sons.（三隅二不二・黒川正流訳『新しい管理社会の探求』産業能率短期大学出版部, 1969年）

Barnard, C. I.（1938）*The Functions of the Executive*. Harvard University.（山本安次郎・田杉競・飯野春樹訳『経営者の役割』ダイヤモンド社, 1968年）

Gouldner, A. W.（1957-58）Cosmopolitans and Locals : Toward an Analysis of Latent Social Roles, *Administrative Science Quarterly*, Vol.2, 3.

Likert, R.（1967）*The Human Organization*, McGraw-Hill.（三隅二不二訳『組織の行動科学』ダイヤモンド社，1968 年）
March, J. G. & Simon, H. A.（1958）*Organizations*, John Wiley & Sons.（土屋守章訳『オーガニゼーションズ』ダイヤモンド社，1977 年）
McGregor, D.（1960）*The Human Side of Enterprise*, McGraw-Hill.（高橋達男訳『企業の人間的側面　新版』産業能率大学，1970 年）
南　隆男（1988）キャリア発達の課題，三隅二不二他編『組織の行動科学』福村出版。
太田　肇（1994a）『日本企業と個人』白桃書房。
太田　肇（1994b）『仕事人(しごとじん)と組織』有斐閣。
Pink, D. H.（2001）*Free Agent Nation*, Warner Books.（池村千秋訳『フリーエージェント社会の到来』ダイヤモンド社，2002 年）
Schein, E. H.（1978）*Career Dynamics*, Addison-Wesley.（二村敏子・三善勝代訳『キャリア・ダイナミクス』白桃書房，1991 年）
Taylor, F. W.（1991）*The Principles of Scientific Management*, Harper.（上野陽一訳編『科学的管理法』産業能率短期大学出版部，1957 年）

【第 8 章】
秋重義治（1986）『禅の心理学――悟りの構造』法政大学出版会。
Bass, B.M.（1961）Some Aspects of Attempted Successful and Effective Leadership, *Journal of Applied Psychology*, Vol.45, pp.120-122.
Blanchot, M,（1983）*La communauté inavouable*, Minuit.（西谷修訳『明かしえぬ共同体』ちくま学芸文庫，1997 年）
Fiedler, F, E.（1967）*A Theory of Leadership Effctiveness*, McGraw-Hill.（山田雄一監訳『新しい管理者像の探求』産業能率短大出版部，1970 年）
藤田　正・三隅不二不（1972）「組織体における監督行動の自己評定と部下評定の関連に関する実証的研究」，『実験社会心理学研究』，Vol.12, No.1, pp.53-64。
藤田　正（1975a）「ＰＭ感受性訓練――組織変革のためのトレーニング」，集団力学研究所編『組織変革とＰＭ理論』ダイヤモンド社。
藤田　正（1975b）「問題解決過程の構えに及ぼすＰＭ式監督類型の影響について」，『実験社会心理学研究』，Vol.15, No.2, pp.116-128。
藤田　正（1976）「組織体におけるリーダーシップ行動測定値としてのＬＰＣ得点の妥当性の吟味とＰＭ――得点との関係についての実証的研究（1）（2）」，『心理学評論』，Vol.19, No.3, pp.190-206, 207-231。
藤田　正（1979）「ＰＭ式監督類型の概念形成過程に及ぼす影響に関する実験的研究」，『中京大学文学部紀要』，pp.14-31。
藤田　正（1982a）「小売業組織体におけるＰＭ式組織開発の効果に関するアクション・リサーチ」，『実験社会心理学研究』，Vol.21, No.2, pp.93-111。
藤田　正（1982b）「サブ・リーダーの発生率に及ぼすフォーマル・リーダーシップ類型の影響に関する実証的研究」，『神戸女子短期大学論攷』，Vol.27, pp.49-61。
藤田　正（1984）「リーダーシップ機能の職階的変換過程の分析（2）　工場部門の一般従業

員の評定にもとづく第二線・第一線の関係」,『大阪女子大学人間関係論集』, 創刊号, pp.46-57。
藤田 正（1985）「リーダーシップ機能の職階的変換過程の分析（3） 営業部門の一般従業員の評定にもとづく第二線・第一線の関係」,『大阪女子大学人間関係論集』Vol.2, pp.1-15。
藤田 正（1987）「組織開発」, 佐々木薫・永田良昭編『集団行動の心理学』有斐閣。
藤田 正（2005）「陽炙と陰炙のフィールドワーク」,『大阪女子大学人間関係論集』, Vol.22（印刷中）。
Goffman, E.（1959） *The Presentation of Self in Everyday Life*, Doubleday & Company.（石黒毅訳,『行為と演技——日常生活における自己呈示』誠信書房, 1974年）
三隅二不二（1978）『リーダーシップ行動の科学』有斐閣。
三隅二不二・関 文恭（1968）「ＰＭ式監督条件効果の動機論的考察——達成動機との関連において」,『教育・社会心理学研究』, Vol.8, pp.25-33。
佐藤静一（1968）「課題遂行とレミニッセンスにおけるモチベーションの効果——ＰＭ式監督行動類型を媒介としたモチベーションの効果」,『教育・社会心理学研究』, Vol.7, pp.159-167。
Weber, M.（1947）*Typen der Herrschaft*, J. C. B. Mohr.（濱島朗訳『権力と支配』有斐閣, 1967年）

【第9章】

Alderfer, C. P.（1972） *Existence, Relatedness, and Growth*, Free Press.
Berlew, D. E.（1986） Managing Human Energy : Pushing versus Pulling, in S. Strivastva and associates（eds.） *Executive power : How Executives Infuence People and Organizations*, pp.33-50. Jossey-Bass.
Conger, J. A. & Kanungo, R. N.（1988） The Empowerment Process : Integraing Theory and Practice, *Academy of Management Review*, Vol.13, pp.471-482.
Csikszentmihalyi, M.（1990） *Flow : The Psyhology of Optimal Experience*. Harper & Row.（今村浩明訳『フロー経験——喜びの現象学——』世界思想社, 1996年）
Deci, E. L.（1971） Effects of Externally Mediatecd Rewards on Intrinsic Motivation. *Journal of Personality and Social Psychology*, Vol.18, pp.105-115.
古川久敬（2003）『チームマネジメント』日本経済新聞社。
Hackman, J. R. & Oldham, G. R.（1975） Development of the Job Diagnostic Survey, *Journal of Applied Psychology*, Vol.60, pp.159-170.
Herzberg, F.（1966） *Work and the Nature of Man*, World Publishing.（北野利信訳『仕事と人間性——動機づけ—衛生理論の新展開』東洋経済新報社, 1968年）
井手 亘（2000）「仕事への動機づけ」, 外島裕・田中堅一郎編『産業・組織心理学エッセンシャルズ』ナカニシヤ出版。
石田正浩（2001）「モチベーション」, 田尾雅夫編『組織行動の社会心理学』北大路書房。
金井壽宏（1999）『経営組織』日本経済新聞社。
金井壽宏（2002）『組織を動かす最強のマネジメント心理学』中経出版。

金井壽宏・高橋潔（2004）『組織行動の考え方』東洋経済新報社。
Locke. E. A., & Latham, G. P.（1990） *A Theory of Goal Setting and Task Performance*, Prentice Hall.
Maslow, A. H.（1954） *Motivation and Personality*, 2nd ed, Harper & Row.（小口忠彦訳『改訂新版人間性の心理学』産業能率大学出版部，1987年）
Porter, L. W., & Lawler Ⅲ, E. E.（1968） *Managerial Attitudes and Performance*, Dorsey Press.
高橋伸夫（2004）『虚妄の成果主義——日本型年功制復活のススメ』日経BP社。
Thomas, K. W. & Velthouse, B. A.（1990） Cognitive Elements of Empowerment : An "Interpretive" Model of Intrinsic Task Motivation, *Academy of Management Review*, Vol.15, pp.666-681.
Vroom, V. H.（1964） *Work and Motivation*, Wiley.（坂下昭宣・榊原清則・小松陽一・城戸康彰訳『仕事とモチベーション』千倉書房，1982年）

【第10章】

Burns, J. M.（1978） *Leadership*, Harper & Row.
Conger, J. A. &Kanungo, R. N.（1988） *Charismatic Leadership*, Jossey-Bass.（片柳佐智子他訳『カリスマ的リーダーシップ』流通科学大学出版，1999年）
Dollinger, M. J.（1999） *Entrepreneurship : Strategies and Resources*, 2nd ed. Prentice-Hall.
Gartner, W.（1985） A Conceptual Framework for Describing the Phenomenon of New Venture Creation, *Acdemy of Management Review*, Vol.10, pp.696-706.
Heimovics, R. D. *et al.*（1993） Executive Leadership and Resources Dependence in Nonprofit Organizations : A Frame Analysis, *Public Administration Reviw*, Vol.53, pp.419-427.
Henton, D. *et al.*（1997） *Grassroots Leader in a New Economy*, Jossey-Bass.（加藤敏春訳『市民企業家』日本経済評論社，1997年）
Hisrich, R. D. & Peters, M. P. P.（1998） *Entrepreneurship*, 4th ed, Irwin/McGraw-Hill.
House, R. J. & Baetz, M. L.（1979） Leadership : Some Empirical Generations and New Research Directions, *Research in Organizational Behavior*, Vol.1, pp.341-423.
Kanungo, R. N. (ed.)（1998） *Entrepreneurship Innovation : Model for Development*, Sage.
Lorange, P. & Vancil, R. F.（1976） How to Design Strategic Planning System, *Harvard Business Review*, Vol.54, No.5, pp.75-81.
Quinn, R. E. & Cameron, K. S.（1983） Organizational Life Cyclesand Shifting Criteria of Effectiveness : Some Preliminary Evidences, *Management Science*, Vol.29, pp.33-51.
Swedberg, R. (ed.)（2000） *Entrepreneurship*, Oxford University Press.
田尾雅夫（1999）『ボランタリー組織の経営管理』白桃書房。
田尾雅夫（2003）『成功の技法——起業家の組織心理学』中公新書。
Tichy, N. M. & Ulrich, D. O.（1984） The Leadership Challenge : A Call for the Framework and Leader, *Sloan Management Review*, Vol.26, No.1, pp.59-64.

Tichy, N. M. & Devanna, M. A.（1986）*The Transformational Leader*, Willy.（小林薫訳『現状変革型リーダー』ダイアモンド社，1988 年）
Tropman, J. E.（1989）Human Service Entrepreneurship : The Four "C" Approach, *Administration in Social Work*, Vol.13, pp.219-242.
Young, D. R.（1985）*Casebook of Management for Nonprofit Organizations*, The Haworth Press.

【第 11 章】

安藤史江（2001）『組織学習と組織内地図』白桃書房。
Argyris, C. & Schön, D. A.（1978）*Organizational Learning : A Theory of Action Perspective*, Addison-Wesley.
Brown, J. S. & Duguid, P.（1991）Organizational Learning and Communities of Practice : Toward a Unified View of Working, Learning and Innovation, *Organization Science*, Vol.2, No.1, pp.40-57.
Dixon, N. M.（2000）*Common Knowledge*, Harvard Business School Press.（梅本勝博・遠藤温・末永聡訳『ナレッジ・マネジメント5つの方法』生産性出版，2003 年）
Fiol, C. M. & Lyles, M. A.（1985）Organizational Learning, *Academy of Management Review*, Vol.10, No.4, pp.803-813.
Harvard Business Review（1987, 1991, 1993, 1996, 1997 and 1998）*Harvard Business Review on Knowledge Management*, Harvard Business School Press.（DIAMOND ハーバード・ビジネス・レビュー編集部訳『ナレッジ・マネジメント』ダイヤモンド社，2000 年）
Hedberg, B. L. T.（1981） How Organizations Learn and Unlearn, in P. C. Nystrom & W. H. Starbuck（eds.）, *Handbook of Organizational Design*, Vol. 1, Oxford University Press, pp.3-27.
Huber, G. P.（1991）Organizational Learning, *Organization Science*. Vol.2, pp.88-115.
本間正明・金子郁容・山内直人・大沢真知子・玄田有史（2003）『コミュニティビジネスの時代』岩波書店。
Kotter, J. P. & Heskett J. L.（1992）*Corporate Culture and Performance*, Free Press.（梅津祐良訳『企業文化が高業績を生む──競争を勝ち抜く「先見のリーダーシップ」』ダイヤモンド社，1994 年）
Lave, J. & Wenger, E.（1991）*Situated Learning*, Cambridge University Press.（佐伯胖訳『状況に埋め込まれた学習』産業図書，1993 年）
Nevis, E. C., DiBella, A. J. & Gould, J. M.（1995）Understanding Organizations as Learning Systems, *Sloan Management Review*, Winter, pp.73-85.
Nonaka, I. & Takeuchi, H.（1995）*The Knowledge-Creating Company : How Japanese Companies Create the Dynamics of Innovation*, Oxford University Press.（梅本勝博訳『知識創造企業』東洋経済新報社，1996 年）
Senge, P. M.（1990）*The Fifth Discipline*, Doubleday/Currency.（守部信之訳『最強組織の法則』徳間書店，1995 年）

Senge, P., Kleiner, A., Roberts, C., Ross, R. B. & Smith, B. J.（1994）*The Fifth Discipline Fieldbook : Strategies and Tools for Building a Learning Organization*, Doubleday.（柴田昌治・スコラ・コンサルト監訳・牧野元三訳『フィールドブック 学習する組織「5つの能力」』日本経済新聞社，2003年）

Senge, P., Kleiner, A., Roberts, C., Ross, R., Roth, G. & Smith, B.（1999）*The Dance of Change : Mastering the Twelve Challenges to Change in a Learning Organization*, Doubleday.（柴田昌治・スコラ・コンサルト監訳・牧野元三訳『フィールドブック 学習する組織「10の変革課題」』日本経済新聞社，2004年）

下河辺淳監修・香西泰編（2000）『ボランタリー経済学への招待』実業之日本社．

Von Krogh, G., Ichijo, K. & Nonaka, I.（2000）*Enabling Knowledge Creation : How to Unlock the Mystery of Tacit Knowledge and Release the Power of Innovation*, Oxford University Press.（ゲオルク・フォン・クロー・一條和生・野中郁次郎著『ナレッジ・イネーブリング』東洋経済新報社，2001年）

Wenger, E., McDermott, R. & Snyder, W. M.（2002）*Cultivating Communities of Practice*, Harvard Business School Press.（野村恭彦監修・野中郁次郎解説・櫻井祐子訳『コミュニティ・オブ・プラクティス』翔泳社，2002年）

【第12章】

Fukuyama, F.（1995）*Trust : The Social Virtues and the Creation of Prosperity*, Free Pres.（加藤寛訳『「信」無くば立たず』三笠書房，1996年）

Herman, R. D. & Heimovics, R. D.（1991）*Execrative Leadership in Nonprofit Organizations : New Strategy for Shaping Executive-Board Dynamics*, Jossey-Bass.（堀田和宏・吉田忠彦訳『非営利組織の経営者リーダーシップ』森山書店，1998年）

Lee, C. M., William F. Miller, Hancock, M. G., & Rowen, H. S.（2000）*The Silicon Valley Edge : A Habitat for Innovation and Entrepreneurship*, Stanford University Press.（中川勝弘監訳『シリコンバレー——なぜ変わり続けるのか（上・下）』日本経済新聞社，2001年）

Putnam, R. D.（1993）*Making Democracy Work : Civic Traditions in Modern Italy*, Princeton University Press.（河田潤一訳『哲学する民主主義——伝統と改革の市民的構造』NTT出版，2001年）

Salamon, L. M. & Anheier, H. K.（1997）*Defining the Nonprofit Sector-A Cross-National Analysis*, Manchester University Press.

吉田忠彦・團泰雄・芦塚格（2002）「経営資源としてのソーシャルキャピタル」，『商経学叢』（近畿大学），Vol.48, No.2.

吉田忠彦編（2005）『地域とNPOのマネジメント』晃洋書房．

【第13章】

Abernathy, W. J.（1978）*The Productivity Dilemma*, Johns Hopkins University Press.

Brown, S. L. & Eisenhardt, K. M.（1995）Product Development: Past Research, Present Findings, and Future Directions, *Academy of Management Review*, Vol.20, pp.343-378.

Clark, K. B. & Fujimoto, T.（1991）*Product Development Performance: Strategy, Organization, and Performance in the World Auto Industry*, Harvard Business School Press.（田村明比古訳『製品開発力』ダイヤモンド社，1993年）

Galbraith. J. R. & Kazanjian, R. K.（1986）*Strategy Implementation: Structure, Systems and Processes*, 2nd ed, West.

Ghoshal, S. & Bartlett, C. A.（1997）*The Individualized Corporation: A Fundamentally New Approach to Management*, Harper Business.（グロービス・マネジメント・インスティチュート訳『個を活かす企業』ダイヤモンド社，1999年）

藤本隆宏（2004）『日本のもの造り哲学』日本経済新聞社。

Kline, S.（1990）*Innovation Systems in Japan and the United States: Cultural Bases; Implications for Competitiveness*, Stanford University Press.

国領二郎（1999）『オープン・アーキテクチャ戦略：ネットワーク時代の協働モデル』ダイヤモンド社。

Levinthal, D. A.（1998）The Slow Pace of Rapid Technological Change: Gradualism and Punctuation in Technological Change, *Industrial and Corporate Change*, Vol.7, pp.217-247.

Mowery, D. & Rosenberg, N.（1979）The Influence of Market Demand, *Research Policy*, Vol.8, pp.102-153.

沼上幹（1999）『液晶ディスプレイの技術革新史：行為連鎖システムとしての技術』白桃書房。

Sanchez, R. & Mahoney, J. T.（1996）Modularity, Flexibility, and Knowledge Management in Product and Organization Design, *Strategic Management Journal*, Vol.17（Winter Special Issue）, pp.63-76.

新宅純二郎（1994）『日本企業の競争戦略：成熟産業の技術転換と企業行動』有斐閣。

Souder, W. & Sherman, J.（1994）*Managing New Technology Development*, McGraw-Hill.

椙山泰生（2000）「カラーテレビの製品開発：戦略的柔軟性とモジュール化」，藤本隆宏・安本雅典編『成功する製品開発』有斐閣。

Teece, D. J.（1986）Profiting from Technological Innovation: Implication for Integration, Collaboration, Licensing and Public Policy, *Research Policy*, Vol.15, pp.285-305.

Thomke, S. H. & Fujimoto, T.（2000）The Effect of 'Front-Loading' Problem-Solving on Product Development Performance, *Journal of Product Innovation Management*, Vol.17, pp.128-142.

Tripsas, M.（1997）Unraveling the Process of Creative Destruction: Complementary Assets and Incumbent Survival in the Typesetter Industry, *Strategic Management Journal*, Vol.18（Summer Special Issue）, pp.119-142.

Tushman, M. L. & Anderson, P.（1986）Technological Discontinuities and Organizational Environments, *Administrative Science Quarterly*, Vol.31, pp.439-465.

Ulrich, K. T.（1995）The Role of Product Architecture in the Manufacturing Firm, *Research Policy*, Vol.24, pp.419-440.

von Hippel, E.（1988）*The Sources of Innovation*, Oxford University Press.

Winter, S. G.(1987)Knowledge and Competence as a Strategic Assets, in D. J. Teece (ed.), *The Competitive Challenge: Strategy for Industrial Innovation and Renewal*, Ballinger, pp.159-184.

【第14章】
長谷川公一編(2001)『講座環境社会学 第4巻』有斐閣。
Hoffman, A. J.(2000)*Competitive Environmental Strategy*, Island Press.
松下和夫(2002)『環境ガバナンス』岩波書店。
Myers,N.(1999)*The Gaian Corporation*.(福島範昌訳『よみがえる企業』たちばな出版、1999年)
佐々木利廣(1999)「環境問題の組織間関係論的分析に向け──CERESの形成過程と企業の対応を中心に」、『日本経営教育学会創立20周年記念論文集 第2巻』学文社。
佐々木利廣(2000)「CERES形成過程とセリーズ原則署名への株主行動」、『経済経営論叢』、Vol.35, No.3,4。
Stead. W. E. & Stead, J. G.(1996)Environmental Management, in M.Warner(ed.) *International Encyclopedia of Business and Management*, Routledge ,pp.1231-1245.
Steger, U.(1993)*Umweltmanagement*.(飯田雅美訳『企業の環境戦略』日経BP社、1997年)
谷本寛治(2002)『企業社会のリコンストラクション』千倉書房。
丹下博文(1995)『検証地球環境志向の潮流』同文館。
寺本義也・原田保編(2000)『環境経営』同友館。

【第16章】
赤岡功(1993)『エレガントカンパニー』有斐閣。
Behnig, U. & Pascual, A. S.(2001)*Gender Mainstreaming in the European Employment Strategy*, ETUI.(高木・麻生訳『ジェンダー主流化と雇用戦略──ヨーロッパ諸国の事例』明石書店、2003年)
Harvard Business School(2001)*Harvard Business Review on Managing Diversity*, Harvard Business Press.
堀眞由美(2003)『テレワーク社会と女性の就業』中央大学出版会。
内閣府男女共同参画局(2004)『逐次解説男女共同参画社会基本法』ぎょうせい。
労働政策研究・研修機構(2004)『データブック国際労働比較2004』労働政策研究・研修機構。
下﨑千代子(2003)「日本的人事システムの変革とテレワーク」、『日本労務学会誌』、Vol.5, No.1。
下﨑千代子(2003)「就業の多様化とテレワーク」、『勤労者福祉』、No.74。
SOHOシンクタンク(2002)『SOHO白書』同文館。
小豆川裕子・坂本有芳(2003)「2002年テレワーク実態調査にみるテレワークの現状と課題」、『第5回日本テレワーク学会研究発表大会予稿集』日本テレワーク学会。
筒井清子・山岡煕子(2003)『グローバル化と平等雇用』学文社。

辻村みよ子（2003）『世界のポジティブアクションと男女共同参画』東北大学出版会。
山岡熙子（1995）『新雇用管理論』中央経済社。

【第17章】

Crainer, S.（2000）*The Management Century : A Critical Review of 20th Century Thought & Practice*, Jossey-Bass.（岸本義之・黒岩健一郎訳『マネジメントの世紀：1901〜2000』東洋経済新報社，2000年）。
江村潤朗（1982）『ビジネスマンのための説得力ある発表技術のすすめ』ビジネス・オーム社。
野村一夫（1999）『社会学の作法・初級編 改訂版』文化書房博文社。
早川芳敬（2004）「目と耳に訴えかけたい」，畑山浩昭他『自己表現の手法』実教出版。
畑山浩昭他（2004）『自己表現の手法：文章表現・コミュニケーション・プレゼンテーション』実教出版。
滝川好夫（2004）『アピールできるレポート/論文はこう書く!』税務経理協会。
東北大学経営学グループ（1998）『ケースに学ぶ経営学』有斐閣。
Walters, D. E. & Walters, G. C.（2002）*Scientists Must Speak: Bringing Presentations to Life*, Routledge.（小林ひろみ・小林めぐみ訳『アカデミック・プレゼンテーション』朝倉書店，2003年）。

事項索引

あ

ROI（投下資本利益率）　13
アイ・コンタクト　258
アウトソーシング　38, 44, 60
アカウンタビリティ　139
アストン研究　51
アファーマティブアクション　238
アントレプルナー　141
アントレプルナーシップ　141
アンペイドワーク　231
暗黙知　33, 155
ERG 理論　124
イノベーション　7, 35, 141, 183
　　──による競争　37
医療法人　167
因果関係の曖昧性　32
Intermediary　175
イントレプルナー　148
Infrastructure Organization　175
「5つの力」　23
衛生要因　126
エクセレント・カンパニー　75
エコ・エフィシエンシー　209
エコ産業革命　204
エコファンド　207
SRI（社会的責任投資）　204, 207, 213, 225
NGO　169, 201
NPM（ニュー・パブリック・マネジメント）　168, 176
NPO　146, 162, 171, 201, 204
NPO 法人　167
MPS（モティベーションの程度）　129
MSO（マネジメント・サポート・オーガニゼーション）　175
LPC 得点　116
エンパワメント　133, 136
エンプロイアビリティ　104
OJT　105
オーナー経営者　218
オーバーラップ型開発方式　191
オープン・アーキテクチャ戦略　195
オープン・システム　83
off-JT　105
オペレーション・マネジメント　246

か

ガイア企業　201
会社のカラー　69
開放系　83
科学的管理法　84, 100
学習コミュニティ　162
学習サイクル　155
学習主体　152
学習する組織　157
革新的組織　58
隔離メカニズム　32
仮想企業体　35, 36
「金のなる木」　15
株主代表訴訟　219
カリスマ　141, 148
環境　82
環境会計　208
環境学習　202
環境決定論　87
「環境と開発に関する国際会議」　200
環境配慮型商品　208
環境報告書　208
環境マネジメント　205
環境問題　199

間接統合　102
完全競争　22
官僚制組織　37, 42, 83, 85
官僚制論　51, 83
機械的システム　85
機械的組織構造　42
企業アイデンティティ　71
企業間の規模の格差　23
企業グループ　35, 43, 59, 60
企業見学　248
企業戦略　3, 4
企業特殊的資源　30
企業評価団体　204
企業文化　69
企業文化論　68
企業倫理　214
企業倫理規定　216
技術経営論　246
技術シナジー　14
技術プッシュ型　184
既存企業間の対抗度　23
期待理論　134
機能横断的チーム　193
機能戦略　4
技能多様性　128
機能部門別組織　56
規模の経済性　26
キャリア　94
　——開発　94
　——カウンセリング　103
供給業者の交渉力　23
業績尺度　173
競争戦略　3
競争優位　4, 13, 15, 31, 61
共同化　155
業務提携契約　44
巨大な初期投資　26
グリーン購入　208
グリーン・ステイクホルダー　200, 204

グループ・マネジメント　59
クローズド・システム　83
クロスファンクショナルチーム　62, 63
経営学に関連するおもな科目群　245
経営学入門　245
経営管理論　245
経営資源　3
経営情報論　246
経営人モデル　82
経営戦略　3, 18
経営のスピード競争　37
計画・統制システム　53
経験曲線効果　11
経済人モデル　82
経済のサービス化・ソフト化　37
形式知　155
系列取引　43
顕在的な競争　25
限定された合理性　82
コア・コンピテンシー　179
公益法人　167
高次学習　153
公式構造　80
公式組織　80
構造　80
構造形態論　51
構造的慣性　89
工程イノベーション　183
行動規範　71
口頭発表　255
　——の基本的な流れ　259
　——の準備・実行　256
　——のはじまり　259
　——のポイント　257
　——のまとめ　259
　——のリハーサル　257
合弁事業　44
後方統合（川上統合）　6
公民パートナーシップ　176

278

ゴーイング・コンサーン　138, 180
コーポレート・ガバナンス　214, 218
コーポレート・シチズン　222, 225
顧客の交渉力　23
国際化戦略　5
心の習慣　180
固定費と在庫費用の高さ　25
コミュニケーションシステム　53
コミュニティ　161
コミュニティ・ビジネス　176
雇用型テレワーク　236
雇用形態の多様化　233
雇用者の多様化　237
コンティンジェンシー・モデル　116
コンティンジェンシー理論　54, 55, 85, 86, 87
コンプライアンス　213, 223

さ

Third Sector　170
在宅ワーク　235
サブゼミ　252
参加の意思決定　82
産業内の企業数　23
産業の成長力　24
CSR（企業の社会的責任）　203, 213, 222, 225
ジェンダーフリー　240
視覚資料　260
事業システム　62
事業戦略　3
事業部制組織　56, 63
資源ベースの戦略論　29
自己組織性　38, 90
仕事人　96
システム　81
システム・アプローチ　157
システム思考　159
システムとしての組織　80

次世代育成支援対策　239
持続可能性（サステナビリティ）　199
持続可能性経営　203
持続可能な発展　200
辞典　246
シナジー効果　13, 152
資本参加　44
社外取締役　219
社会福祉法人　167
社会ネットワーク資本　48
社内ベンチャー制　59
社風　69
就業形態の多様化　98
宗教法人　167
集団・人間関係の維持　111
重量級プロダクト・マネージャー　193
就労形態の多様化　234
少子高齢化社会　230
勝者連合　47
情報処理モデル　54, 55
情報取引のパラドックス　32
職務特性モデル　128
自律性　128
進化　87
新・企業グループ型組織　59
新規参入の脅威　23
シングル・ループ学習　153
人材マネジメント　53
新制度派　88
新人間関係学派　101
信頼　213, 215, 219
垂直統合（分割）戦略　4, 6, 8
垂直分割　59
水平分業型　194
スター型モデル　61
スペシャリスト　97
正規雇用者　233
性差（ジェンダー）　228
生産シナジー　14

事項索引　279

制度的環境　88
制度論　88
製品アーキテクチャ　194, 195
製品イノベーション　183
製品コンセプト　190
製品・サービスをめぐる競争　25
製品差別化の難しさ　25
製品 - 市場戦略　4
製品ライフサイクル　9, 183
政府の規制　26
性別役割分業　228
SECIモデル　155
ゼネラリスト　97
ゼミ　251
　——における基本技術　253
　——の基本的な流れ　252
セリーズ原則　205
先行者利益の獲得　47
潜在的な競争　25
漸進的イノベーション　186
前方統合（川下統合）　6
専門的な科目　251
戦略的組織デザイン　60
戦略的提携　39, 43, 44
戦略論　246
創造的な破壊　141
贈与　173
Socially Responsible Business　203
ソーシャル・アントレプルナー　146
ソーシャル・エンタープライズ　178
SOHO　230
組織　50, 79
　——の価値観　70
　——の過程　80
　——の定義　79
　——の中の意思決定　82
　——のパラダイム　70
　——のライフ・サイクル　139
組織学習　151

組織学習論　89
組織間ネットワーク　39
組織構造　17, 37, 39, 51, 80
「組織構造は戦略に従う」　18, 61
組織人　96
組織人格　101
組織図　52, 80
組織生態学　89
組織調査　86
組織デザイン　8, 36, 38, 39, 51
組織内地図　160
組織風土　69
組織文化　69, 89, 161, 217
組織文化論　68
組織変革　159
組織変動　86
組織論　79, 246

た

第3セクター　170
代替品の脅威　23
ダイバーシティ　232
ダイバーシティマネジメント　232, 237
多角化　5, 59
多角化戦略　4, 62
タスク・アイデンティティ　128
タスクフォース　190
脱系列化　43
脱成熟　16
ダブル・ループ学習　153
男女共同参画　238
男女雇用機会均等法　239
地域愛　180
地域の経営　178
知識コミュニティ　162
知識創造の組織論　90
知識創造理論　155
知識の暗黙性　32, 33
知的財産権　188

地方公共団体　167
中間支援組織　174
長期的取引関係　44
超マネジメント　179
直接統合　101
提携　35, 37, 60
低次学習　153
動機づけ要因　126
投資シナジー　14
特定非営利活動促進法　171, 174
ドメイン　3
トランスフォーメーション・リーダー　141
取引困難な資源　31
トリプル・ボトムライン　201

な

内発的動機づけ理論　126
内部告発　220
内面化　156
内容理論　124
ナレッジ・マネジメント　154
ニーズプル型　184
入門的教科書　246
2要因理論　125
人間関係論　84, 100
ネットワーク組織　35, 38, 39, 59
　——独特のもろさ　45
　——のメリット・デメリット　40
能力温存・増強型　188
能力開発　103
望ましい文化　73

は

パートタイム　99, 233
買収　44
派遣社員　99, 233
パス・ゴール・モデル　110
場づくり　159
「花形」　15

範囲の経済　5
販売シナジー　14
PFI（プライベート・ファイナンス・イニシアティブ）　176
PM理論　111
PPM（プロダクト・ポートフォリオ・マネジメント）　15
PPP（パブリック・プライベート・パートナーシップ）　176
ビール・ゲーム　159
非営利組織　171
非公式構造　80
非公式組織　80
ビジネス雑誌　247
ビジネス書　247
非正規雇用者　233
表出化　155
フィードバック　128
フィランソロピー　222
フェミニズム運動　238
フリーエージェント　99
フルライン戦略　5
ブルントラント委員会　200
プレゼンテーション　253, 255
　——の計画　256
フロー体験　129
プロジェクト・チーム　35, 36, 39, 40, 48, 58, 134
プロフェッショナル　97
フロントローディング　192
文化　69
　——と経営戦略　72
　——の変革　77
閉鎖系　83
ペイドワーク　231
変革のマネジメント　64
ベンチャー　48, 139
報酬システム　53
ホーソン実験　84

補完的資産　189
ポジショニング・スクールの戦略論　23
ポジティブアクション　238
ポスト・モダン　90
ホメオスターシス　112
ボランティア　166

モバイル　236
模倣困難性　188
模倣困難な資源　31
問題　8
「問題児」　15

ま

マーケット・イン　36
　──への対応　37
マーケティング論　246
「負け犬」　16
マトリックス組織　39, 40, 41, 57
マネジメントを学ぶ意義　244
マネジメントシナジー　14
マネジリアル・グリッド　114
「見えざる資産」　32
ミッション　172
メセナ　222
目標管理　101
目標設定理論　135
目標の達成　111
モジュール化　194
モティベーション　123, 129, 158

や

有機的システム　85
有機的組織　101
欲求階層説　124

ら

リーダー　108
リーダーシップ　64, 80, 108, 141
　──開発　114
　──の2次元　109
　──の発揮過程　115
利益をめぐる競争　27
リコール隠し　213
流通チャネルの確保　26
レジュメを作ること　253
連結化　155
労働の人間化　101
6大企業集団　43

企業・団体名索引

あ

IBM　28, 61, 70, 194, 195, 196
アサヒビール　73, 154
アシアナ航空　46
アモコ　206, 207
アルコア　76
一ノ蔵　210
インテル　28, 195
ヴァリグ・ブラジル航空　46

H・B・フラー　205
エア・カナダ　46
NEC　28
MCA　67, 68
LOTポーランド航空　46
オーストリア航空　46

か

花王　36, 151
カシオ　7, 26

キャタピラー　76
キヤノン　12, 17, 26, 202
黒壁　177

さ

サン石油　205, 206, 207
GE　14, 15
GM　205
シーグラム　68
シーメンス　45
シャープ　7, 23
シンガポール航空　46
スカンジナビア航空　46
スズキ　29
スターアライアンス　44, 46
スパンエアー　46
3M　182
セイコー　16, 17
ゼロックス　76
全日空　46
ソニー　23, 26, 28, 33, 47, 74, 144, 145

た

ダイエー　145
タイ国際航空　46
ダイハツ　29
デュポン　2, 12, 13
トステム　210
トヨタ　23, 28, 29, 151, 224

な

日産　23, 29, 44, 45, 61, 62, 63, 73
日本経済新聞　247
日本テトラパック　202

日本電産　73
ニュージーランド航空　46

は

パンアメリカ航空　9
ピープル・エクスプレス　157
日立製作所　14
富士重工　29
藤田商店　45
富士ゼロックス　154
富士通　28, 45
ブリティッシュ・ミッドランド航空　46
米国三菱電機　202
ベスレヘム・スティール　206
ボストンコンサルティンググループ　14
ボディショップ　224
ポラロイド　205
ホンダ　23, 29, 144, 145, 224

ま

マイクロソフト　28, 195
マクドナルド　45, 76
松下電器　23, 26, 28, 47, 67, 68
松下冷機　210
マツダ　29
ミスミ　36
三菱自動車　28, 29

や

USエアウェイズ　46

ら

ルノー　44, 45
ルフトハンザ　46

企業・団体名索引　283

人名索引

あ

アージリス（Argyris,C）　84, 101, 152
秋重義治　120
アルダーファ（Alderfer,C.P.）　124
アンゾフ（Ansoff,H.I.）　58
安藤史江　160
伊丹敬之　32
一條和生　156
井手亘　126, 135
井深大　144
ウェイク（Weick,K.E.）　89
ウェーバー（Weber,M.）　51, 83, 85, 109
ウェンガー（Wenger,E.）　162
ウォーターマン（Waterman,R.H.）　75
ウッドワード（Woodward,J.）　55, 85
ヴルーム（Vroom,V.H.）　134
オルダム（Oldham,G.R.）　128

か

ガースナー（Gerstner,L.V.）　61
ガートナー（Gartner,W.）　142
加護野忠男　62
カヌンゴ（Kanungo,R.N.）　141
ガルブレイス（Galbraith,J.R.）　54, 55, 61, 62
木内孝　202
キャノン（Cannon,W.B.）　111
クノック（Knoke,D.）　36, 38
グルドナー（Gouldner,A.W.）　96
クレイナー（Criner,S.）　244
クレグ（Clegg,S.R.）　74, 75
ゲイツ（Gates,B.）　144
ケネディー（Kennedy,A.A.）　75, 77
河野豊弘　74, 75
ゴーン（Ghosn,C.）　61, 63, 73

ゴッフマン（Goffman,E.）　119, 120

さ

サイモン（Simon,H.A.）　81, 82, 97
サラモン（Salamon,L,M.）　172
下谷政弘　43
シャイン（Schein,E.H.）　95
ショーン（Schön,D.A.）　152
ストーカー（Stalker,G.M.）　42, 55, 85
スナイダー（Snyder,W.M.）　162
スノー（Snow,C.C.）　39, 59
セシ（Sethi,S.P.）　214
センゲ（Senge,P.）　157

た

チクセントミハイ（Csikszentmihalyi,M.）　130, 131, 132, 133
チャンドラー（Chandler,A.D.）　17, 61
ディール（Deal,T.E.）　75, 77
ディクソン（Dixon,N.M.）　156
テイラー（Taylor,F.W.）　84, 100
デシ（Deci,E.L.）　126, 128
寺本義也　38
ドリンガー（Dollinger,M.J.）　142
トロプマン（Tropman,J.E.）　145

な

永江重信　73
ナドラー（Nadler,D.）　64
野中郁次郎　156

は

ハーズバーグ（Herzberg,F.）　125, 126, 128
パーソンズ（Parsons,T.）　109
バーナード（Barnard,C.I.）　19, 79, 81,

	101, 216, 223, 225	
バーンズ (Burns, T.)	42, 55, 85	
バス (Bass, B.M.)	115, 118, 119	
ハックマン (Hackman, J.R.)	128, 129	
ピータース (Peters, M.P.P.)	142	
ピーターズ (Peters, T.J.)	75	
樋口廣太郎	73	
ヒスリッヒ (Hisrich, R.D.)	142	
ピンク (Pink, D.H.)	99	
フィードラー (Fiedler, F.E.)	115, 116	
フォン・クローク (Von Krogh, G.)	156	
藤沢武夫	144	
藤田正	111, 120	
ブランデンバーグ (Brandenberg, F.E.)	58	
古川久敬	135	
ブレーク (Blake, R.)	114	
ベールズ (Bales, R.F.)	109	
ヘドバーグ (Hedberg, B.L.T.)	152	
ポーター (Porter, M.E.)	23, 28, 62, 134	
ホワイト (White, R.)	110	
本田宗一郎	144	

ま

マーチ (March, J.G.)	82, 97	
マートン (Merton, R.K.)	83, 84, 86	
マイアーズ (Myers, N.)	201	
マイルズ (Miles, R.E.)	39, 59	
マクダーモット (McDermott, R.)	162	
マグレガー (McGregor, D.)	84, 101	
マズロー (Maslow, A.H.)	124	
松下幸之助	144	
松行彬子	44	
三隅二不二	109, 111	
ムートン (Mouton, J.)	114	
村井勉	73	
メイヤー (Meyer, J.)	88	
メイヨー (Mayo, G.E.)	100	
盛田昭夫	144	

や

山岡熙子	238	
山路敬三	202	

ら

リオタール (Lyotard, J.F.)	90	
リカート (Likert, R.)	101	
リピット (LippiTT, R.)	110	
レヴィン (Lewin, K.)	115, 116	
レスリスバーガー (Roethlisberger, F.J.)	100	
ロウワン (Rowan, B.)	88	
ローシュ (Lorsch, J.W.)	55, 85	
ローラー (Lawler, E.E.)	134	
ローレンス (Lawrence, P.R.)	55, 85	

【執筆者一覧】（執筆順）

桑田耕太郎［1章］
　首都大学東京都市教養学部教授（経営学，組織論）
　［出身校］東京大学大学院経済学研究科
　［著書］『組織論』（有斐閣，共著）など

箕輪雅美［2章］
　京都産業大学経営学部准教授（経営戦略論，経営組織論）
　［出身校］東京都立大学大学院社会科学研究科

若林直樹［3章，17章］
　京都大学大学院経済学研究科教授（組織社会学）
　［出身校］東京大学大学院社会学研究科
　［著書］『組織調査ガイドブック』（有斐閣，共著）など

山倉健嗣［4章］
　横浜国立大学経営学部教授（経営戦略論，経営組織論）
　［出身校］東京大学大学院経済学研究科
　［著書］『組織間関係』（有斐閣）など

吉村典久［5章］
　和歌山大学経済学部教授（経営戦略論，経営組織論）
　［出身校］神戸大学大学院経営学研究科
　［著書］『経営戦略と企業文化』（白桃書房，共訳）など

高瀬武典［6章］
　関西大学社会学部教授（社会学）
　［出身校］東京大学大学院社会学研究科

太田　肇［7章］
　同志社大学政策学部教授（組織論）
　［出身校］神戸大学大学院経営学研究科
　［著書］『ホンネで動かす組織論』（ちくま新書），『選別主義を超えて』（中公新書）など

藤田　正［8章］
　追手門学院大学経営学部教授（社会心理学，グループダイナミクス）
　［出身校］九州大学大学院教育学研究科
　［著書］『私論　被災者の心理』（ナカニシヤ出版）など

髙木浩人［9章］
　　愛知学院大学心身科学部教授（組織心理学，社会心理学）
　　［出身校］京都大学大学院文学研究科
　　［著書］『組織の心理的側面』（白桃書房）など

田尾雅夫［10章］
　　愛知学院大学経営学部教授（経営管理論，組織論，組織心理学）
　　［出身校］京都大学大学院文学研究科
　　［著書］『会社人間はどこへいく』（中公新書），『モチベーション入門』（日経文庫）など

安藤史江［11章］
　　南山大学経営学部准教授（経営組織論，組織学習論）
　　［出身校］東京大学大学院経済学研究科
　　［著書］『組織学習と組織内地図』（白桃書房）など

吉田忠彦［12章］
　　近畿大学経営学部教授（非営利組織経営論）
　　［出身校］近畿大学大学院商学研究科
　　［著書］『地域とＮＰＯのマネジメント』（晃洋書房，共著）など

椙山泰生［13章］
　　京都大学経営管理大学院准教授（経営戦略論，技術経営論）
　　［出身校］東京大学大学院経済学研究科
　　［著書］『グローバル戦略の進化』（有斐閣）など

佐々木利廣［14章］
　　京都産業大学経営学部教授（組織間関係論，企業とNPO）
　　［出身校］明治大学大学院経営学研究科
　　［著書］『現代組織の構図と戦略』（中央経済社）など

庭本佳和［15章］
　　甲南大学会計大学院教授（経営組織論，経営戦略論）
　　［出身校］関西大学大学院商学研究科

下﨑千代子［16章］
　　大阪市立大学大学院経営学研究科教授（人的資源管理論，経営情報論）
　　［出身校］大阪市立大学大学院経営学研究科
　　［著書］『現代企業の人間行動』（白桃書房）など

編者紹介
田尾雅夫（たお　まさお）

1946年香川県生まれ。1970年京都大学文学部卒業。1975年京都大学大学院文学研究科博士課程修了。現在、愛知学院大学経営学部教授。経済学博士。京都大学名誉教授。『組織の心理学』（有斐閣）、『ヒューマン・サービスの経営』（白桃書房）、『高齢者就労の社会心理学』（共著、ナカニシヤ出版）、『会社人間はどこへいく』『成功の技法』（中公新書）など著書多数。『行政サービスの組織と管理』（木鐸社）で第33回日経・経済図書文化賞、第7回組織学会高宮賞受賞。

佐々木利廣（ささき　としひろ）

1951年愛媛県生まれ。1974年明治大学政治経済学部卒業。1980年明治大学大学院経営学研究科博士後期課程単位取得。ノースカロライナ大学チャペルヒル校客員研究員を経て、現在、京都産業大学経営学部教授。著書に『現代組織の構図と戦略』（中央経済社）。

若林直樹（わかばやし　なおき）

1963年東京都生まれ。1987年東京大学文学部卒業。1991年東京大学大学院社会学研究科博士課程中退。東京大学新聞研究所助手、東北大学経済学部助教授を経て、現在、京都大学大学院経済学研究科教授。著書に『ケースに学ぶ経営学』『組織調査ガイドブック』（いずれも共著、有斐閣）。

はじめて経営学を学ぶ

2005年11月30日　初版第1刷発行
2012年3月1日　初版第7刷発行

定価はカヴァーに表示してあります

編　者　田尾　雅夫
　　　　佐々木利廣
　　　　若林　直樹
発行者　中西　健夫
発行所　株式会社ナカニシヤ出版
〒606-8161　京都市左京区一乗寺木ノ本町15番地
　　　　　Telephone　075-723-0111
　　　　　Facsimile　075-723-0095
　　　　Website http://www.nakanishiya.co.jp/
　　　　Email　iihon-ippai@nakanishiya.co.jp
　　　　　郵便振替　01030-0-13128

装丁＝鷺草デザイン事務所／印刷・製本＝ファインワークス
Printed in Japan　Copyright © 2005 by M.Tao, T.Sasaki & N.Wakabayashi
ISBN 978-4-88848-994-2

◎本書のコピー、スキャン、デジタル化等の無断複製は著作権法上での例外を除き禁じられています。本書を代行業者等の第三者に依頼してスキャンやデジタル化することは、たとえ個人や家庭内での利用であっても著作権法上認められておりません。